悠然见南山

Weiwei Shen

沈玮玮 著

My Gaze Upon the Southern Mountain Rests:
Answers to 50 Questions in the History of Chinese Law

中国法律史释疑 50例

华南理工大学出版社
·广州·

图书在版编目（CIP）数据

悠然见南山：中国法律史释疑 50 例/沈玮玮著. —广州：华南理工大学出版社，2022.2

ISBN 978 – 7 – 5623 – 6677 – 5

Ⅰ.①悠… Ⅱ.①沈… Ⅲ.①法制史 – 研究 – 中国 Ⅳ.①D929

中国版本图书馆 CIP 数据核字（2021）第 060743 号

悠然见南山：中国法律史释疑 50 例

沈玮玮 著

出 版 人：卢家明
出版发行：华南理工大学出版社
　　　　　（广州五山华南理工大学 17 号楼，邮编 510640）
　　　　　http：//hg. cb. scut. edu. cn　E-mail：scutc13@ scut. edu. cn
　　　　　营销部电话：020 – 87113487　87111048（传真）
责任编辑：付爱萍
责任校对：詹伟文
印 刷 者：广州市人杰彩印厂
开　　本：787mm × 960mm　1/16　印张：18.75　字数：300 千
版　　次：2022 年 2 月第 1 版　2022 年 2 月第 1 次印刷
定　　价：68.00 元

版权所有　盗版必究　印装差错　负责调换

前　言

南唐末年，张洎（934—997）收集唐代诗人张籍（约766—约830，世称"张司业"）400多首诗，北宋诗人钱公辅（1021—1072）将其命名为《木铎集》十二卷刊印发行并赠送给王安石（1021—1086）一套。王安石认真拜读后大加赞赏，即兴创作了《题张司业诗》："苏州司业诗名老，乐府皆言妙入神。看似寻常最奇崛，成如容易却艰辛。"作为读书人，欲亲自实践"尽信书不如无书"，尚需要妙手著文章来向先贤讨教。尤其是在人心浮躁之世，为文不易，更需要利用零碎休息时间，付出艰辛的努力。子曰："学而不思则罔，思而不学则殆。"结合近年来的写作经验，"思而不写则殆"才算准确。有想法能表达固然重要，但光有嘴上功夫没有笔头功夫，不论有多少奇思妙想都会随着时间的流逝而荡然无存，唯有及时论证和拓展，之后再示之于人，不断修正完善才能于己身和后学均有裨益。本书是对在学习中国法律史相关教材或在阅读相关论著时容易生发的疑虑困惑进一步努力解答的成果合集。正所谓"看似寻常最奇崛"，举凡50例问题看似寻常，如要完成尽善尽美的回答则颇具挑战性。50例释疑均是从我已经发表的百例文稿中选出，择文标准亦是从代表性和创新性两方面着手，内容尽可能涉及历朝历代的核心问题，并区分为法律通史、断代史和专题史。文章内容涵盖法律制度史、法律思想史、法律文化史，力图全面展现中国法律史的要旨。

上篇首先聚焦于古代中国法典编纂的整体描述，突出法典以简驭繁的核心特征，并且以律注举例说明；接着，以凌迟为例阐释重刑的中国传统法是如何使用法外酷刑的。当然，为突出农业社会对中国法发展的影响，以普遍关注的自然资源规划之法反思中国古代的法律旨趣，可谓传统行政法之样态；随后从婚姻的"门当户对"原则和契约的"国家干预"原则探讨古代私法的实践样态，进而讨论了公法和私法的互相转化问题；再则，着重探讨了作为司法主体的法庭之隐喻、侦讯手段之偏好、审判舆论之制造、裁判效果之兼顾、审判过程之翻译等富有特色的司法文化，可谓集主体、侦察、审理、裁判为一体，全面解析古代司法特色突出和趣味盎然的关键问题；最后，以"风闻言事"这一传统经典的监察手段收尾，可谓兼及文本的法和行动的法、实体的法和程序的法，便于综合把握中国法律史上的立法、行政、司法和监察制度。

中篇以断代为线，突出各个时段较为突出的思想制度事件，探究学习中国历代法律史难以理解的诸多问题，以点连线，以线带面，从局部呈现历代法律史的整体画面。内容兼及百家争鸣的法律思想关联、春秋之际法典公开化运动之过程；秦代皇帝制度建立之前的法政转型困境；西汉的削藩和春秋决狱以及酷吏政治之关系、东汉民事类判例的编撰对法典篇目发展的影响，以及汉代诉讼程序特色的传覆制度；西晋泰始律制定者背后的政治集团干预、以刘颂和张斐为代表的西晋法律思想的意义、北魏公主之死案牵扯的法律争议以及北魏形成的复数审判机制改革雏形；唐律相关规定的立法逻辑、太宗纵囚归狱的初衷、初唐复仇案引发的百年争议、中唐时期铁面执法者的做法、唐人的依法执政观念；宋代在"任法"和"任人"上的选择、北宋鞫谳分司和南宋《洗冤集录》的成因，以及南宋通过赐封民间神祇治理地方的举措；辽金元法制汉化的过程；明代选用宦官治国并掌管司法的动机、万历十五年的法制意义、海瑞审判民事疑难案件欲达到的效果、龚自珍关于法律起源学说的目的以及明代欲通过功过格规范行为和治理社会；清代的抄没制度于反腐败的效果、晚清武官对混乱的边陲地方的治理等。从篇幅安排上而言，先秦3篇、汉代5篇、魏晋4篇、唐代5篇、宋代4篇、辽金元1篇、明代5篇、清代2篇，意在表明汉唐宋明法制对中国法律史发展的关键且核心之作用。

下篇旨在梳理近代法律史转型过程中的关键人物和行动评价，以人物为线索解析清末以来在新旧制度变革过程中历史的制度安排——包括清末立宪关键人物达寿的作用、变法修律的态度倾向、立法主持者伍廷芳的人格和才气对清末修律的贡献；以非法科科班出身的颜惠庆和法科科班出身的杨荫杭为代表的民国留洋学子，分别在国际外交政法舞台和国内政法舞台上的行动表现，来解读弱国和病国法政进步的艰难；不过，亦有始终能在国内和国际舞台上游刃有余并娴熟地游走于学术和政治之间的法律人王世杰，以及生于民国的法学大家瞿同祖，他编著的《中国法律与中国社会》一书已成为永恒的经典；最后以抗战时期特有的"抗战夫人"案分析民国私法和司法的具体实践困境。由人到案，以案析人，深刻理解中国新旧法律在近代转换时虽遇时局维艰，然仍砥砺前行的故事。

历史承载着思想与文化，惯性地影响着我们今天的思维和行动。在不自觉中，我们会被历史牵绊。思想文化的载本是制度实践，而制度实践的背后却是世道人心。世道虽变，人心未变。但凡以"同情之理解"看待古代中国的律法思想和制度体制，我们便可平静而谦和地找到当代法治疑惑的真正答案。

沈玮玮

2020年9月

目录

上篇·中国法律史的整体观照

1. **古代国家立法的供需状况如何?** / 3
   秦汉魏晋南北朝法制简繁之变的供给侧改革
   唐宋之际法典繁简变换的供给侧争论与实践
   明清遵循的简约立法及其需求侧的改革回应

2. **古代法典为何尚简但又做到了以简驭繁?** / 9
   思想观念,最初来源
   农耕基础,礼治追求
   模糊与确定,有限与无限
   一体与多元,人与法协同

3. **如何区分古代的注律与律注?** / 22
   秦汉时期的注律与律注
   魏晋南北朝的注律与律注
   唐宋之际的律注与注律
   明清之际的律注与注律

4. **古代中国使用了哪些法外酷刑?** / 28
   源流:凌迟之意与行刑
   鼎盛:两宋的凌迟适用
   终结:非常酷刑在法外

5. **古代真的有环境保护法吗?** / 34
   治水:自然资源规划法之本源
   算地:自然资源规划法之雏形
   经国:自然资源规划法之传统

6. **古代婚姻缘何看重"门当户对"?** / 37
   "门当户对"的传统解释与衍生说法
   "门当户对"的判断主体与操作标准
   "门当户对"的民事意义与刑罚规避
   "门当户对"的过往实践与当下意义

7. **古代官府为何要积极干预民间私约?** / 41
   订约管制
   契税征收
   履约干涉

8. **古代是否有公法的私法化和私法的公法化?** / 45
   私法向公法转换举例
   公法向私法转换举例
   公私立法转化的意义

9. **为何古代地方官员办案都偏爱"用谲"?** / 49
   用谲之术、情理之本与注重实质
   治理成本、形象塑造与正谲之别
   民事案件、办案程式与用谲效果

10. **古代审判需要公共理性的支持吗?** / 53
    先秦奠定的观念制度基础
    明代思想家顾炎武的态度

11. **为何自古审判都要兼顾社会效果?** / 56
    司法裁判兼顾的社会效果之真意
    古代裁判兼顾社会效果经验基础
    裁判兼顾社会效果与情理之关系

12. **古代方言不同影响审判怎么办?** / 61
    语言障碍与司法翻译人的选择
    司法翻译人的质量保证与作用发挥
    涉外司法翻译人的选择及翻译水平
    司法翻译人的真实效果与原因分析

13. **古人究竟是如何做到"风闻言事"的?** / 65
   从民风到专责
   从监察到司法
   从风闻到告密
   以行政制风闻
   从直言到不言

中篇·中国法律史的局部探究

14. **儒法道之间有何关联以及怎样为统治服务?** / 73
   和战转换之际的儒法之别
   儒家向后看与法家向前看
   儒法的解纷态度与治理应对
   道家之于儒法的启示

15. **春秋小国郑国和大国晋国为何相继公开法典?** / 76
   春秋铸刑事件：郑晋两国的相同遭遇
   郑国铸刑书：叔向的反对及子产的坚守
   晋国铸刑鼎：孔子的反对与晋国的法政历程
   郑晋异同：铸刑的法制理路与制刑的法制趋势

16. **从秦国向秦朝的转型有什么法制困难?** / 83
   秦国剪除亲贵势力的方法与时机
   秦朝清除亲贵势力的方法与恶果
   早期中国贵族法政体制转型的阵痛

17. **董仲舒为何选择《春秋》来决狱?** / 87
   春秋决狱的目的和手法
   春秋决狱的正负面效应

18. **西汉削藩对政法建设有什么影响?** / 91
   改革伊始：西汉初年分封改革及其不彻底性
   巩固改革：从政治军事削藩到法制削藩的转变
   深化改革：系统化罪名的产生与皇权内容的丰富

19. **西汉酷吏张汤做了哪些法制贡献?** / 94
    张汤过人之处与老练的政治手腕
    武帝大业的股肱之臣与酷吏政治

20. **东汉司徒鲍公撰写的《嫁娶辞讼决》是什么?** / 97
    东汉司徒鲍公的学识履历及其主导的决事比编撰
    《嫁娶辞讼决》与《辞讼比》之关系及编撰环境
    古代律典婚姻单独成篇与婚户律融合之缘

21. **传覆是什么样的汉代诉讼制度?** / 110
    传覆之渊源:从兵家到法家的防诈术
    传覆之内容:从技术到程序的再发展
    传覆之动因:从法家到儒家的再利用

22. **泰始律的制定者只有张斐和杜预吗?** / 116
    晋律抑或泰始律
    参与制律的不同政见者
    作为尝试政治制衡的制律
    晋律成功的政治动因

24. **西晋刘颂和张斐的法律思想有何关联?** / 121
    晋律制定背景下的刘颂和张斐故事
    张斐的制律观和司法观及其与刘颂等人之异同
    张斐与刘颂的可比性及二人思想的意义

24. **北魏兰陵公主之死还有什么内情?** / 127
    案外人的反对:案情简述及处理异议
    参与者的处境:异议剖析与汉化进程
    决策者的关系:细节回溯及背后缘由

25. **从单一审判制变成多审复议制是什么时候开始的?** / 133
    作为监督中央单一审判制的尚书属官
    北魏三省直接插手中央审判权之改革
    多审复议制的形成与隋唐之后的完善

26. **唐律规定的"六赃""七杀"为何如此分类?** / 140
    赃罪的分类标准

杀人罪的分类标准

唐律罪名分类标准的特质及意义

27. 唐太宗纵囚归狱所为何事？/ 146

纵囚前因：司法改正行政之过

纵囚后果：快速司法决策之虑

归狱补救：行政弥补司法之失

28. 初唐徐元庆复仇案的处理意见为何出现反转？/ 153

徐元庆复仇案在初唐的处理

徐元庆复仇案在中唐的反转

复仇案论争背后的政治姿态

29. 唐代有哪些铁面无私的执法者？/ 157

武后强权与铁面执法者

律令体制与法条主义

据法抗争与据礼力争

冥判信仰与制度基础

30. 唐代是如何诠释依法执政的？/ 161

地方为官应做的依法执政之行动

中央为官应有的依法执政之态度

柳宗元代表的依法执政之理想

31. 宋人是怎么看待"任法"还是"任人"的？/ 166

皇帝"任法"及其招致的士人批评

士人"任人"及其来自皇帝的防备

32. 是什么导致北宋发明了"鞫谳分司"？/ 170

官分文武：以文制武与设官分职的宋代之变

北宋地方司法改革：从合司到分司的过程

形灭而神在：鞫谳分司的推行与后续制度接替

33.《洗冤集录》为什么恰好在南宋宋慈手中诞生？/ 178

宋慈《洗冤集录》的研究回顾与内容要点

耳濡目染后效仿：宋代法典编纂的类书影响

理性、广博与专业：宋慈《洗冤集录》成功的原因

面向多元化需求：作为类书推广流行的优势

34. **南宋为何要通过赐封民间神祇管制民间信仰？** / 184
    南宋民间神祇的官僚化及其赐封制度
    地方请封神祇的阶层力量与社会整合
    朝廷赐封神祇的精神与物质双重收益

35. **怎么才能看懂辽金元的立法过程？** / 187
    辽金法制的汉化
    元代法制的汉化

36. **为什么宦官对明代法政体制如此重要？** / 190
    明代宦官的得势及其权势集团的形成
    宦官获得非正式权力的内容及其滥用
    宦官系非正式官僚集团的优势与劣果

37. **万历十五年在法律史上关键吗？** / 198
    万历《问刑条例》：对祖制的坚守与放弃
    万历《大明会典》：编纂过程与士人评判
    技术治理自觉：万历《大明会典》之意义

38. **清官海瑞是怎么审理民事案件的？** / 202
    为何一定要判：民事判决的社会功能
    以什么方式判：民事解纷的基层做法
    一直坚持这样判：海瑞偏执的改革理想

39. **龚自珍怎么认为法律源自于农？** / 207
    论证及动因
    基础性与统一性
    历史周期与改良局限
    从农本到农宗

40. **明代为何通过计算"善恶有报"规范社会秩序？** / 212
    功过格的起源：传统报应观与儒释道融合
    功过格的传播：精英的功过格与儒家的善恶观
    功过格的跃进：挑战儒家伦理与治理社会方法

41. **清代抄家对反贪治腐有用吗？**／216
    抄没的性质及内容
    抄没的效果与目的
    抄没反腐的古今之别与应对

42. **武官是如何治理好晚清边陲地方的？**／221
    尚勇好斗的明清潮州地方社会治安
    方耀其人及清理地方械斗积案之法
    武官方耀的选举清乡法与制度革新
    武官方耀的文臣治理能力及其评价

下篇·中国法律史的新旧嬗变

43. **清末立宪的关键人物达寿是谁？**／233
    两次之"体"察：大清国出洋考察大臣与清末变法
    达寿之国"体"：坚持清廷之国本与大权政治
    达寿之通"达"：沟通与传达日本帝国宪法
    暂时之抵"达"：日方导师与幕后操盘者

44. **清末变法修律考虑过民主和科学吗？**／243
    因应时局的变法
    无视民意的修律

45. **为何伍廷芳是主持清末修律的最合适人选？**／246
    南下西洋：西法采撷者
    北上入世：法理躬行者
    主刀修律：法制设计者
    元老风骨：共和缔造者

46. **以颜惠庆为代表的民国外交家是如何力争法权的？**／252
    颜惠庆的文学专业和法学底子及外交机缘
    颜惠庆在法政之内打造的外交原则和法则
    民国外交官群体与法政之外的外交家颜惠庆

47. **杨绛之父杨荫杭：民国留洋法律人有着怎样的理想？/ 260**
　　博学慎思：渐进改良的立宪主张者
　　明辨笃行：新式司法的坚决践行者
　　黯然离场：政法理想的坚守与幻灭

48. **近代法政人王世杰是如何在学术与政治间游走的？/ 266**
　　而立之年法政人的相似过往
　　学术主张的生成与切身实践
　　学人从政的法制经略与施展
　　外交应对的法制观念与困顿
　　学术与政治纠缠的法政命运

49. **瞿同祖的《中国法律与中国社会》缘何成经典？/ 275**
　　冷眼观中国：立足法律与社会研究的本土化
　　思路方法：言简意赅的教学操作和学术创作
　　在美发现学术：开创法社会学研究范式

50. **民国战时"抗战夫人"是如何挑战婚姻法的？/ 279**
　　民国"抗战夫人"与原配夫人战后的夺夫之争
　　萨本驹案的审判结果与民国法官的审判考量
　　民国婚姻法对"抗战夫人"的直接和间接保护
　　南京国民政府对"抗战夫人"案的应对及后果

后　记 / 285

上篇 中国法律史的整体观照

1. 古代国家立法的供需状况如何？

中国历代统治者都十分看重立法，皆因法典乃王者主权地位和统治中心的象征。不过，历代皆逃不出从宽简之法走向苛繁之法的历史怪圈，这是立法多从供给侧考量，而对需求侧过于忽视，供需关系严重失衡所致。

公元前536年，郑国执政子产"铸刑书"，大夫邓析提出质疑，并做《竹刑》与之抗衡，此乃中国史上法制需求侧最早发出的立法动议。子产的继任者驷歂虽"杀邓析，而用其竹刑"①，但此后，鲜有法制需求侧的声音出现，一直是供给侧的意志主导立法的宽简或苛繁。虽然法家很早就对苛繁之法有所警惕，如韩非认为"法省而民讼简"，② 故而主张"以简治繁"；儒家以仁德立身，更是宽简之法的力推者；道家老子主张的"治大国若烹小鲜"③ 则成为后世帝王治国的圭臬。立法尚简成为统治共识，然而事与愿违，古代法律由简到繁的增长速度与人口的增长颇有同步性，王朝前期在经历战乱后倾向采取休养生息之策，约法简刑；人口逐渐恢复增长，社会经济逐渐发展，统治者强化统治的愿望愈浓，更多的法律成为必须；到了王朝后期，乱世再起，更需要依赖法典来加强统治，苛繁之法成为必然。11世纪晚期的儒者刘挚对先贤关于法律演进之路进行了总结："法者，天下之大命也。先王制法，其意使人易避而难犯，故至简至直而足以尽天下之理；后世制法，惟恐有罪者之或失也，故多张纲目，而民于是无所措其手足矣。世轻世重，惟圣为能变通之。"④ 他一语道出了古代中国立法从宽简走向苛繁的原因，即立法满足的是统治者的治理需求，而非守法者的实际要求，且只有圣人才能变通制法。这就是说，历代君臣多在供给侧上考虑立法，而少有在需求侧上平衡供需关系，故而难以达到立法的繁简适中。

---

① 《左传·定公九年》。
② 《韩非子·八说》。
③ 《道德经·第六十章》。
④ 《宋名臣奏议》卷九八。

秦汉魏晋南北朝法制简繁之变的供给侧改革

秦亡于苛法，是汉人给出的答案。然而，汉代在批评秦法苛繁的同时，却也从最初相当简约的"约法三章"逐步走向了苛繁。到西汉末年，已是"文书盈于几阁，典者不能遍睹"，以致"罪同而论异。奸吏因缘为市，所欲活则傅生议，所欲陷则予死比"。① 汉代的"比"没有得到很好的控制，给了酷吏上下其手的机会，致使冤狱泛滥。而法网应当"疏而不漏"，这一观点在后世不断被强调，否则正如通儒杜林所言："渐以滋章，吹毛求疵，低欺无限"，故"国无廉士，家无完行，至于法不能禁，令不能止，上下相遁，为敝弥深"。② 因西汉"通经入仕"的诱惑，经学大兴，解经的章句之学成为引经注律的主要方法，不同的经学师法和家法导致法律解释杂乱。这种基于供给侧的功利主义注律观忽视了需求侧的意愿。最后，君王只能强制推行"一家之言"，删繁就简。据《晋书·刑法志》所载："叔孙宣、郭令卿、马融、郑玄，诸儒章句，十有余家，家数十万言。凡断罪所当由用者，合二万六千二百七十二条，七百七十三万二千二百余言。言数益繁，览者益难。天子于是下诏，但用郑氏章句，不得杂用余家。"不过，此种权宜之计并未彻底化解法律苛繁的难题。

魏晋玄学为简约律法提供了契机。晋代律学家张斐看重名教，以20个法律基本概念以及"刑名"为总则，高度精炼律典。如同儒家之"正名"，基本法律概念统一了法条适用的尺度，总则整顿了律条的重复或矛盾，均使律典大为简化。在司法上，张斐还提出"慎其变，审其理"的用律原则，注重"常"与"变"，要求在不破坏律典稳定的前提下，从既有的法条中寻找解决问题的方案，而不是无节制地制定新法，徒增苛繁。这是"以不变应万变"的规范法学进路。与张斐并称的杜预则从供给侧道出了苛繁之弊："简书愈繁，官方愈伪；法令滋彰，巧饰弥多。"③ 他还进一步提出律令分野，以剔除律典掺杂的令条，

---

① 《汉书·刑法志》。
② 《后汉书·杜林传》。
③ 《晋书·杜预传》。

瘦身律典。在二人的努力下，晋律共 620 余条，2.7 万余字，相较于汉律竟压缩了 90%。为了保障晋律的实施，张斐和杜预又响应需求侧，为晋律作注，该成果后被帝王认可而赋予了同律典一样的效力。因此，晋律又称"张杜律"。

时至南北朝，由于汉化之需，律典成为北方统治者合法性来源的重要基础。《北魏律》虽然维持了西晋《泰始律》的篇目，但条文大幅增加，后被延用到《北齐律》，条文已近千条。北周则另辟蹊径，以复古为特色，依照上古之际的《尚书》《周礼》起草法典，法条有一千五百余条。北周此种只考虑供给侧统治者一方，而忽略需求侧的"创新"之法，实在是律典沦为具文的滥觞。隋代深知此法不当，故而虽承北周立国，但立法却以北齐为蓝本。

遵循注律的习惯以及对注文的依赖是南朝律典适用过程中的普遍现象，南朝齐曾试图把张斐、杜预所做律注与晋律合为一书，但未能如愿。这算得上是基本考虑了立法的供需关系。梁律便是按南齐合并张杜律注的底本修订律典的，并将不少律注加入律条，使条文增至 2500 余条，开唐代将律文和疏文合并成律之先河。南陈完整地承袭了这一立法遗产，后被隋唐吸收。

唐宋之际法典繁简变换的供给侧争论与实践

传世经典《唐律疏议》的简约和周备在一定程度上代表了初唐和盛唐时期的立法成就，且被严格遵守。统治者凭借 502 条便开创了盛世善治，实属举世之成就。而到了中晚唐，地方藩镇割据，中央政令难行，皇帝不得不通过修改律令以及直接发布"敕"的方法来号令地方，律令和制敕数量骤增，立法趋于苛繁。安史之乱后直到唐亡，修律达 10 次之多，修令和"格"各 14 次。除去数量繁多的"式"和大规模发布的"敕"，中晚唐较为集中的立法多达 46 次，平均每 6 年就有一次。[①] 针对这一密集的立法供给侧行为，有识之士争相评论，最为典型的当属白居易。他认为止狱措刑关键在于富而教之："刑之繁省，系于

---

① 陈灵海：《唐代刑部研究》，北京：法律出版社 2010 年版，第 317 页。

罪之众寡也；教之废兴，系于人之贫富也。圣王不患刑之繁，而患罪之众；不患教之废，而患人之贫。故人苟富，则教斯兴矣；罪苟寡，则刑斯省矣。"① 此乃儒家经典预防犯罪的观念。他还认为："官不察其所由，人不知其所避。若然，则虽有贞观之法，苟无贞观之吏，欲其刑善，无乃难乎？"也即，作为供给侧一方的官员的主观能动性对善治起着关键性作用，可谓荀子之论"有治人，无治法"②的绝佳注释。那么，立法如何平衡繁简才能到达善治呢？白居易指出刑政应当适中，疏密合制，恰如"理大罪而赦小过也"——法律过于苛繁，则"刑烦犹水浊，水浊则鱼喁"；法律过于宽简，则"政宽犹防决，防决则鱼逝"。"是以善为理者，举其纲，疏其网。纲举则所罗者大矣，网疏则所漏者小也。"如此这般才能做到既不"失于恢恢"，又不"务于察察"，"上施畏爱之道，下有悦服之心"。③ 这是白居易对立法当"疏而不漏"的详细阐释。至于立法要如何具体操作，他并未给出详细的答案。

对敕的过度依赖是造成唐宋法律苛繁的根源，致使唐代的律令体制被宋代的敕例体制取代，虽然宋代还专门成立了编敕所这一机构以规范敕的编纂。"敕"的肆意增长尚未得到控制，"例"又开始盛行。如果说"敕"是为了方便行政，"例"则是为了便宜司法。二者皆是在供给侧抛弃正律之后的立法应对，但均是供给侧以新法（敕例）来救旧法（律令）之弊的结果，遂使两宋立法日益苛繁。此种"立法以救法"的供给侧偏好，乃因宋帝欲以法律竟事功，通过制度建设完成帝国功业。故而两宋帝王十分热衷立法，人均制定13.4部法典，立法最频，可谓前无古人，后无来者。士大夫对此亦多有回应，或赞同或批评。例如北宋苏洵的《衡论》强调："古之法简，今之法繁；简者不便于今，而繁者不便于古，非今之法不若古之法，而今之时不若古之时也。先王作法也，莫不欲服民心，服民之心必得其情，情然耶而罪亦然，则固入吾法矣。而民之情又不皆如其罪之轻重大小，是以先王忿其罪而哀其无辜，故法举其略，而吏制其详。"苏洵认为苛繁之法乃时代所需，但他未考

---

① 《白居易全集·策林四·止狱措刑》。
② 《荀子·君道》。
③ 《白居易全集·策林四·使人畏爱悦服》。

虑到苛繁带来的危害。加之北宋和南宋均有主流思想家主张严刑峻法，例如司马光和朱熹。前者主张"严刑峻法，以除盗贼"①，后者认为"刑愈轻而愈不足以厚民之俗，往往反以长其悖逆作乱之心，而使狱讼之愈烦"，因而主张"严刑以为威""惩其一以戒百"。② 二人的地位和影响力在一定程度上纵容了供给侧对苛繁之法的偏爱。

当时主张"宽仁"的名臣亦有很多，譬如窦仪、包拯、杨万里、陈亮和叶适等人。窦仪主张"哀矜在念，钦恤为怀，网欲自密而疏，文务从微而显"③；包拯则主张"三者亦当上体天道，下为民极，故不宜过用重典，以伤德化"④。这些主张都是传统儒家思想的具体化，是从道德层面来讨论立法宽简。南宋杨万里的《刑法论》也是如此回应："古之圣人，其法初不及后世之备也，惟不使仁之穷而民之狎也，是以法立而刑不试；后之法盖详且密矣，然文详而举之也略，网密而漏之也疏也。天下之民窥其略也，则知其详必至于不举；习其疏也，则知其密必至于甚漏；知其不举，则犯之也易；知其甚漏，则犯之也频，刑安得不数？而民安得不怨哉？"他认为法详则必不举，唯有疏而不漏才是立法之准。陈亮则指出"持法深者无善治"⑤，因为"法愈详而弊愈极"⑥；只有立法宽简，才能收"狱治日简，教化浸行"⑦之功效。然而，这些大儒们的论述均未超越前人，未能从技术层面给出解决方案。毕竟他们无法了解立法的需求侧，尤其是民众的意愿，不能真正深入民众调研实情。即便是北宋时期的张载早就喊出了"为生民立命"的"横渠四句"，立法的供不"应"（回应）求也依旧如是。

明清遵循的简约立法及其需求侧的改革回应

鉴于宋代依靠苛繁之法仍未避免亡国的教训，明太祖朱元璋在制定

---

① 《司马温公文集·言除盗札子》。
② 《朱子大全集·戊申延和奏札》。
③ 《宋刑统·进刑统表》。
④ 《包拯集·乞开落登州冶户姓名》。
⑤ 《陈亮集·持法深者无善治》。
⑥ 《陈亮集·铨选资格》。
⑦ 《陈亮集·谢杨解元答》。

大明律时，始终秉承"法贵简当"的原则，并定为祖制，永世遵循。然而，需求侧不会因为律的简约而减少需求。为了确保简约之律，明代不惜代价，顺应需求侧，造就了"以律为依据的例的时代"①，"条例"开始成为律之辅助以应对社会之需。不过，明代的条例修订者几乎都贯彻了"因时制宜，不贵于繁，惟贵于简；不贵于多，惟贵于精"②的精神，这是来自前人不断警示苛繁之弊的启示。以弘治十三年（1500）三月草成的《问刑条例》为例，该条例仅279条，3万余字，随后经三次修订后即成定制，自1585年到1643年约60年间再无修订。这与明代疆域缩减，皇帝奉行简约治理的思路密不可分。例的增多逐渐让统治者意识到必须相应提升其地位，万历十三年（1585）遂将条例与《大明律》合编为《大明律附例》。与此同时，民间也撰成《大明律集解附例》加以回应，此乃需求侧的鲜有发声。

满人入关后，摄政王多尔衮提出"参汉酌金"的立法原则。面对统治疆域内大部分的明代遗老遗少，清廷尊重需求侧的意愿，《大明律集解附例》成为顺治朝的立法模板，律例合编体制得到延续，不过，此时例依然只是副法而非主法。雍正五年（1727）颁行《大清律集解》，含律文436条，附例824条。该律名刻意省去了"附例"二字，实现了制定一部纯正的大清律之愿望，因为在传统看来，只有正律才是立国之基。然而，明代以来律例并存的立法供给模式，清人断不可能强行"去例"。于是，乾隆五年（1740）刊行了《大清律例》，一改明代"律附例"之名，共436条律文，相较于《大明律》的460条更少，反映了清廷追求更少的律文统治更大的帝国之目的。随后，例依旧继续增多，为了调和供给侧和需求侧，清廷确立了"五年一小修，十年一大修"的修例原则，将例的规模控制在1200余条。然而，到了中后期，社会进一步发展加剧了律典供给不足的情况，清廷只有依靠不断增长的例，才能维持立法的基本供给。同治之际，例更是增至1800余条，"以

---

① 杨一凡：《日本学者考证中国法制史重要成果选译·明清卷》，北京：中国社会科学出版社2003年版，第39页。
② 《明孝宗实录》卷七十五。

例破律"层出不穷,"律既多成空文,而例愈滋繁碎"①。随着律权威的丧失,中央权威也开始沦丧。尤其是在列强入侵后,社会急剧变迁,律例组合的立法供给模式难以应对。晚清法制遂丧失了自主设计和应变的能力,只得求助西方法律移植,以西方为需求侧改革法制,借以改变清廷的法制颓势。

宽简之法可以省去很多麻烦,而且可以凸显治国能力之高超,当然是历代帝王的首选。不过,随着帝王对统治之术掌握的日益精进和对专制集权统治的极度追求,宽简之法就会走向苛繁,两汉即是例证。历经魏晋的精简之路,南北朝之时,北方民族政权本可在没有任何历史包袱的前提下大刀阔斧地创新法典,但在汉化过程中却深受汉人苛繁立法的影响,法典趋繁。为了维护律典之简约,历代帝王们发展出了一系列其他的法律形式来弥补统治阶层对复杂而精细的统治的需求,到隋唐定型为"律令格式"这一经典的立法供给模式。到了晚唐,统治者根据乱世之需发展出了新的法律形式试图改善统治,动摇了"律令格式",并深刻地影响了两宋。唐宋立法的成熟及其不断向纵深方向探索的经验,引发了诸多关于宽简与苛繁的法律供给之争,这些争论虽然只是重复先贤之论,并未根本改变苛繁的立法偏好,但深刻地影响了明清统治者。以史为鉴,明清统治者始终坚持简约的法制供给之路,而且能很好地处理主法"律"与副法"例"的关系,也能颇具偶然性地回应需求侧的民间诉求;然而一旦到了王朝后期,"以例破律"重又出现,重蹈宋代"以敕破律"之覆辙。直到域外的冲击打碎了历代均未慎重考虑立法供需关系的简约立法之梦,清廷才开始变法修律,但结果又导致供过于求,制定了太多迎合西方需求侧,进而忽视国民需求侧的超前之法,最终自绝于世。就此而言,古代中国立法的供需关系演变无不时刻提示当下,立法的民主性何其重要。

2. 古代法典为何尚简且又做到了以简驭繁?

中国历代王朝在建立之初,帝王都急于编纂法典,其目的是让法典

---

① 《清史稿·刑法志》。

成为王者主权地位和统治中心的象征。例如明孝宗朱祐樘在弘治十五年（1502）十二月颁布的《大明会典》御制序文中就开宗明义讲道："朕惟自古帝王君临天下，必有一代之典，以成四海之治。"① 中国古代帝王之所以孜孜不倦地制定和修纂法律，不仅因为法律是为巩固统治阶级利益服务的管理手段，而且也是一种宇宙观。天人感应的儒家意识使得全社会均把社会秩序视为宇宙秩序的一部分，皇帝和民众都相信自然现象和社会现象彼此之间具有内在关联。如果碰上了自然灾害，收成欠佳，朝廷就要考虑是否需要改正刑罚，是否要进行大赦。因此，皇帝和百官都很关注国家立法。② 这些因素都使得古代中国较早就形成了简约且完备的律典。

思想观念，最初来源

在对立法简约的理想追求上，古人形成了关于律典简约的系统思想。例如战国《商君书·说民》载："法详则刑繁，法简则刑省。"《吕氏春秋·适威》认为："礼烦则不庄，业烦则无功，令苛则不听，禁多则不行。"唐代《贞观政要·赦令》强调："国家法令，惟须简约，不可一罪作数种条。格式既多，官人不能尽记，更生奸诈，若欲出罪即引轻条，若欲入罪即引重条。"宋代苏轼《策别第八》有云："法令明具，而用之至密，举天下惟法之知。"清代王夫之《读通鉴论》亦云："法贵简而能禁，刑贵轻而必行。"比较有代表性的是晋代杜预的观点："法者，盖绳墨之断例，非穷理尽性之书也，故文约而例直，听省而禁简，例直易见，禁简难犯；易见则人知所避，难犯则几于刑厝。刑之本在于简直，故必审名分，审名分者必忍小理。……今所注皆纲罗法意，格之以名分，使用之者执名例以审趣舍，伸绳墨之直，去析薪之理也。"杜预首先确定了法律作为基本载体的性质，然后从民众接受和遵守的知识角度进行推论，其核心论点在于律法并非穷理尽性之书，因此需要文约例直，并不需要繁杂难懂的文字，否则一般人难以理解和遵

---

① 《明孝宗实录》卷一百九十四。
② 【德】何意志：《法治的东方经验：中国法律文化导论》，李中华译，北京：北京大学出版社2010年版，第86页。

守。同时，他十分重视"名例"（总则性律条）的作用，号召用法之人应对之加以充分运用，如此，分则性的律条便毋需再作细密繁苛的规定。杜预还认为，"简书愈繁，官方愈伪；法令滋彰，巧饰弥多"①。法多繁苛，就会给舞文弄墨奸邪耍滑者更多的可乘之机。

中外在立法简约的追求上有共通之处，即立法要适中宽和。"法令苛繁，禁术无厌，则民苦而不听令。"②"法详则刑繁，法简则刑省。"③ 孟德斯鸠认为"适中宽和"应当是立法者的精神，这更是他撰写《论法的精神》的初衷。立法代表一种秩序的建构，为的是实现社会最大的"善"。然而，有些立法者竟然把作为"劝说"来实现的事务当做"戒律"来执行，以致每天都需要制定新的法律，督促人们达到至善。然而，由于古人对刑罚过分迷信，国家立法极易误入重刑主义的迷途。中外的立法史已经表明，野蛮、残酷的法律不过是人类初级的产物，唯有那些适中宽简的法律才足以证明立法者的伟大，代表人类的智慧。

孟德斯鸠认为，人们会将结构繁冗的法典看做是一部浮夸的作品。既然只是一部具有观赏意义的作品，当然也就毫无遵守的价值和意义，无所不包的法律将会丧失其固有的尊严和威信。因此，他主张立法者应该通盘考虑，不只是局限于细碎繁琐的问题而一事一立法。立法还应当语言简练，不要徒增细节规定，否则又需要更多的细节去弥补。④ 这同汉代刘安的观点颇为一致："非易不可以治大，非简不可以合众。大乐必易，大礼必简。"⑤"以简驭繁"乃古典中国中庸之道。

兵刑同源，然宽和的立法与军法似乎矛盾。兵者，凶也，与慈相对立，慈不带兵。严格以法治军并不代表军法本身的严苛，相反，简约与军法紧密相关。军令如山倒，"令"在最初的意义上即命令，需要简洁而明晰地表达才能迅速有力地执行。《吴子·论将》主张军法要"约"："约者，法令省而不烦。"《司马法·定爵》也强调法要简单、少罚：

---

① 《晋书·杜预传》。
② 《管子·正世》。
③ 《商君书·说民》。
④ 【法】孟德斯鸠：《论法的精神》（上），张雁深译，北京：商务印书馆1982年版，第286-298页。
⑤ 《淮南子·诠言训》。

"凡战……约法，省罚。"同时，军令必须稳定，《孙膑兵法·将失》强调："令数变，众偷，可败也。"如果军令变化太快，军队就会松散懈怠，导致作战失败；而军令的重要作用是统一军队，"令不行，众不一，可败也"，即孙膑要求军令必行，全军一致行动。法家对此十分认同，认为法律应当适应时势和人性，简明易知并公之于众，必须以具有普遍意义的事实为依据，而不能以一时一事的个案为指南。同时，法律在制定、公布时必须统一、完善。新法必须在废除旧法的基础上制定，以免法令条文之间产生矛盾。韩非就曾批评过申不害："申不害，韩昭侯之佐也。韩者，晋之别国也。晋之故法未息，而韩之新法又生；先君之令未收，而后君之令又下。申不害不擅其法，不一其宪令，则奸多。故利在故法前令则道之，利在新法后令则道之，利在故新相反，前后相勃。"① 可见，法家与兵家的某些见解如出一辙，甚或兵家早于法家。

儒家则不同，荀子虽然认为律法不能将复杂多变的世界统揽无遗，并且需要保持一定的稳定性，不能随时应变，但"法而不议，则法之所不至者必废；职而不通，则职之所不及者必队。故法而议，职而通，无隐谋，无遗善，而百事无过，非君子莫能"。就此而言，荀子所代表的儒家更关注人的作用，有君子在，即使法有不至，职有不通，也可做到"其有法者以法行，无法者以类举""则法虽省，足以遍矣"。否则，"法虽具，失先后之施，不能应事之变，足以乱矣。"进而，他认为"有良法而乱者，有之矣；有君子而乱者，自古及今，未尝闻也"②。这是儒家重视教化作用的根本原因。

农耕基础，礼治追求

在孟德斯鸠看来，法律数量的多少与每个民族的生存方式密切相关，一个以商业为主的民族所需要的法律显然要比一个以农业为主的民族要多。此结论同样适用于古代中国，其理想的政治设计几乎难以超出小农经济的生存方式——一切法律制度的设计均以一个小农家庭为蓝

---

① 《韩非子·五蠹》。
② 《荀子·王制》。

本，由家到国，家国同构。以"五亩之宅，树之以桑，五十者可以衣帛矣。鸡豚狗彘之畜，无失其时，七十者可以食肉矣"①的经济规模来设计的治理架构和法制规则，必然是极其简约的，如此才能应对经济发展水平极低的农业社会，从而以最小的成本维持安稳的农业生活秩序。古代中国的基本法典正是极尽简约，高度浓缩为单一的刑律，诸法合体，仅涵盖了刑事法规和带有行政性质的官吏制度。此种情形虽然因宋代以后商品经济的发达和人文精神的发展有所改变，但以刑律为主、体系单一的国家律典之形式并未发生根本转变。

　　传统中国的农耕社会最看重稳定，其因循守旧和安土重迁的特点在古代立法上得到了充分的体现，最典型的表现是忌讳变法。正如《商君书·更法》所言："法古无过，循礼无邪""利不百不变法，功不十不易器"。历代君王在律典颁布之时无不强调律典的不可更改性。宋代更是以"祖宗之法不可变"作为基本国策世代遵守。作为正统思想的儒家对此有着十分清晰的认识，孔子主张"仍旧贯，何必改作""不愆不忘，率由旧章"②。孟子认为，"遵先王之法而过者，未之有也"③。《荀子·天论》认同"百王之无变，足以为道贯"，目的就是要反对继位者改革旧法，任意创新。儒家认为，对继位统治者的这一要求如同要求孝子"三年无改于（亡）父之道"一样，这是孝和忠的当然要求。正是这样的一种变法禁忌影响了中国历代律典保持着最初的简约样态。并且，只有简约的律法才能世代相传，否则无法适应不断变化的社会。这得益于中国政治的早熟，早熟的政治让古代法典自《法经》始，就已经呈现出了一个十分简约而完备的体系。如此历代相沿，成就了中国古代法典的千古流传。于是，中国历代律典陈陈相因的痕迹十分明显，学界有汉承秦制、宋承唐制、清承明制之说。这在律典的结构上表现得更为明显，例如《法经》（约公元前407年）将具有总则性质的具律置于尾篇后，直到曹魏之际（大约公元229年）才将具律置于律首，竟历经了630余年的时间，可见因循之甚。不过，律典更新缓慢更多的是

---

① 《孟子·梁惠王上》。
② 《论语·雍也篇》。
③ 《孟子·离娄上》。

人为所致。开国君王在颁布律典之时,均明令此后继任者不得擅自修改。例如明太祖就曾明令"群臣有稍议更改,即坐以变乱祖制之罪",①大明律便被完整保留了200余年。清代只许修例不许修律,自乾隆五年(1740)后的160余年里,大清律不曾作一字之改。这一做法部分基于律典连续性和稳定性的考量,但更多的却是出于对"不变祖制"的谨守。曾子曰:"慎终追远,民德归厚矣。"② 这种对先人的信奉和崇拜在古代中国律典上即表现为十分明显的崇古倾向。

简约治理同儒家的政治理想紧密相连。中国古代地方广泛地使用了半正式的行政方式,对基层主要依赖民间治理,这是一个高度集权但尽可能保持简约的中央专制体制。儒法合一的意识形态则是这种治理方案的理论根基。法家希望通过严刑峻法和官僚制来实现社会治理,其所向往的是一种"霸道"的统治模式。儒家则倡导"王道",以仁政作为理想的终极追求,期望对社会较少干预,依赖道德模范的治理。儒法合流的事实使得中国古代社会呈现出"集权的简约治理"的治国模式。中央集权和官僚制可视为法家的影响,而简约主义和君主世袭制则可视为儒家的要求,③ 总体上追求一种简约治理的效果,立法也就自然追求简约。

儒家通过"礼"的规训来实现社会和谐的目标,其核心价值是"仁"。《论语·八佾》曰:"人而不仁,如礼何?人而不仁,如乐何?"仁是礼的价值目标,礼是仁的外在标准。"内仁外礼"是孔子确立的道德原则。儒家之"礼"乃是一个覆盖一切社会关系的行为规范体系,规范的内容包括君臣(上下)、夫妇(内外)、父子、兄弟、姑姊、甥舅等诸多方面。一旦违反了作为规范的"礼",刑就介入了,即"礼之所去,刑之所取,出礼则入刑,相为表里者也"。是故,礼"禁于将然之前",刑"禁于已然之后"④。在"仁者爱人"的指引下,以"圣人"

---

① 《明太祖实录》卷八十二。
② 《论语·学而》。
③ 【美】黄宗智:《集权的简约治理——中国以准官员和纠纷解决为主的半正式基层行政》,载《开放时代》2008年第2期。
④ 《古文观止·治安策第一》。

的标准克己复礼,在"成圣"的感召下充分发挥榜样的力量,实行"有教无类"的道德教化,使人达至"至善",逐步实现自我价值和社会善治。当儒家思想作为正统意识形态在帝国广泛宣传和推行时,其依赖以仁为核心的自我行为约束和矫正的简约治理模式,便会时刻提醒和抑制法家对刑罚和官僚集权体制的过度追求。恰恰是体现仁的礼,得以让法家之法能够以简约适应万千变化的社会,这便是古代中国律典"引礼入法"的动因。

引礼入法,实则引仁入律,这与天人合一的传统观念密不可分。因为"仁"乃天道之要求,董仲舒认为:"天,仁也。……人之受命于天也,取仁于天而仁也,是故人之受命天之尊,父兄子弟之亲,有忠信慈惠之心,有礼义廉让之行,有是非顺逆之治。文理灿然而厚,知广大有而博,惟人道为可以参天。"① 自此,天人合一成为传统中国礼法的终极参照,天道成为礼法的最终来源。"天地之大德曰生",天或自然的一切存在的实质及目的是"生生",天德贯于人性便是"仁德"。因此,圣人创制律典就要做到"顺乎天而应乎人"。

儒家强调"教而后诛"的治理方式,以及德法并重的社会秩序框架都为反对法之繁苛提供了思想基础。其他流派思想无不以简约作为律典之本,例如墨家"尚贤",道家"法自然"更是彻底否定了立法繁杂。总之,古代中国的集权统治、农耕需求、民族习惯以及礼法共治共同塑造了国家律典的简约传统。

《唐律疏议》文字骈四骊六,对偶排比,音调铿锵,琅琅上口,即使纳入文选,亦不失上乘之作。这一风格一直延续到清代,英国《爱丁堡评论》曾对大清律赞不绝口,称其"极近情理,明白而一致,条款简洁,意义显豁,文字平易。每一规定都极冷静,简洁,清晰,层次分明。由此可见,中国法典是世界上过去数千年人类的一大部分极贵重的心力造诣的结晶"。② 然而文字简约也会给法典带来一些负面影响,例如古代法典表述过于笼统和刻板,过分追求精简条文,导致弹性不

---

① 《春秋繁露·王道通三》。
② 转引自杨鸿烈:《中国法律发达史》(上),上海:上海书店出版社1990年影印版,第6页。

足，造成了欲简弥繁的后果。梁启超就认为"若夫弹力性，则我律文中殆全无之。率皆死于句下，无所复容解释之余地。法之适用所以日狭，而驯即于不为用者，皆此之由"。① 如何在繁简之间收放自如、张弛有度，是古今立法皆要面临的难题。

模糊与确定，有限与无限

简约的律条确实会在表达上制造模糊性，自秦代以来大量存在的私家注律和官方注律，就是为了弥补法条简约表述的缺陷。然而，模糊性以及因模糊性而产生的不确定性正是法律的基本特征。追求不确定性有时是立法者的必然选择，比如对复仇的规定，既要有明确的复仇惩罚类型，又要有可免责的例外，具体适用时则需要具体情况具体分析。这种立法技术直到现在依然适用。

春秋之际，成文法公开引起的激烈争论就同法律的确定性有关。相对于确定性而言，模糊性的法当然会有利于统治。官府会利用模糊性为自己免责，因为法律的最终解释权掌握在他们手中。西汉末年已经繁荣的私家注律曾引起了官方对法律解释的重视，而后统一和垄断了法律解释权。以律疏为载体的唐律则将法律解释权运用到极致，官方以"议曰"的形式避免法律的非理性和无序性。然而，不论法律再怎么确定，官员以及讼师也会因事因人而对之进行任意解释，他们很可能会效仿引经决狱，从而偏离严格依法的轨道。官员的任意解释可能给表述确定的律条带来语用模糊的效果。官方是否会规避确定的条文，与是否会适用模糊的规则一样不确定。② 国家只能规范法律解释方法，而难以规范使用解释方法的人，法律的模糊性在所难免。不过，对于多数情况而言，法律需要保持确定性，尤其是在确权和定罪方面必须如此，否则法律只是一纸空文，并没有可操作性。

法家虽主张"一断于法，凡事皆有法式"，但对君王却没有法律限

---

① 梁启超：《梁启超法学文集》，范忠信选编，北京：中国政法大学出版社1999年版，第181页。

② 【英】恩迪科特：《法律中的模糊性》，程朝阳译，北京：北京大学出版社2010年版，第241页。

制,一旦君王滥用法律,即便是再确定的法律也会变得不确定。儒家则不关注法律确定与否,更关注法律的社会效果,主张法律要有变通性,但变通必须是在礼的指引下,由"仁"所体现的一种共同行为道德来控制。正因如此,儒家所主张的法律变通是确定的,只不过这种"确定"是一种由社会认同的生活经验和终极价值共同确认的,体现的是民众对社会秩序的共同期待。汉代以来,儒法互为表里就很好地实现了古代法的稳定与灵活,保证了法律的相对确定。此后,古代法在模糊与确定之间不断协调和融合,实践了"中庸"之理想——"致中和",让法律在内部(立法)和外部(执法)都达到一种和谐的状态。

如何以有限的律条来应对无限的世界?古人并非只是简单地依赖无限地增加法条,反倒是依靠立法技术的完善和执法主体素养的提高来简化律文。晋律和唐律最具有代表性。晋律通过对律令各自功能的定位、对法律原则的高度概括、对法律术语的准确解释、对法律条文设立及其覆盖面的细致斟酌反而更加宽简而完备。《唐律疏议·名例》率先规定了"诸断罪而无正条,其应出罪者,则举重以明轻;其应入罪者,则举轻以明重"。这一原则使唐律的兼容性大为增强,有效防止了"文寡罪漏"的弊病。同时,《唐律疏议·断狱》规定"诸断罪皆须引律令格式正文,违者笞三十",较好地杜绝了无限"比附"律文的弊病。如此前后连贯、严谨细密的立法技术随处可见。可见,律条的简约完全不妨碍律典的全面与完整。

简约的律典是否只是形式上的摆设?许多学者对历经几千年而少有损益并保存完整的中国古代法典的生命力及其与中国社会现实之间是否相适应产生了怀疑。当然,律典在某种意义上只是一个"政治符号",很多情况下都是例行公事和政治装扮。统治者实际上并不愿意将其付诸真正意义上的实施。① 梁启超早就对此观点提出了批评:"今之法律非他,唐律之旧也。唐律非他,汉律之旧也。汉律非他,李悝之旧也。夫李悝距今则二千年矣。唐之距今则亦千年矣。即曰社会进步淹滞,亦安

---

① 封丽霞:《法典编纂论:一个比较法的视角》,北京:清华大学出版社2002年版,第66页。

有千余年前之法律，适用于千年之后，而犹能运用自如者？……法遂成为博物院中之法，非复社会关系之法矣。"① 日本学者浅井虎夫认为："盖中国法典率理想之法典为目的，有详细之规定而在当时实未实行。盖法典所规定与实际相异……苟认为良法虽非现制，亦必采入法典之中。……此外，记载过去之事例，或以虽非现行法而留备参考，或以祖宗成例不可易，而死法亦敬谨保存者，则《清律》其适例也。又如，《唐律疏议》关于应科死刑之罪及其执行方法，皆有详细规定；而在当时实未尝实行。盖法典所规定，与实际相异。如此，故知历代法典所规定者非尽为现行法也。"② 美国学者马伯良更是直言不讳："律条是作为一个死亡了的神圣遗物而继续存在，被使用的则是其他的法律形式。"③ 若从社会的复杂程度和发展变化来看，即便是《唐律疏议》，其理想化和滞后性的缺陷亦十分明显。不过，基于中国历史的连续性和超稳定性，加上法典与社会结构的高度同质性，很难因法典历经数千年并未发生根本改变，就得出古代法典与社会实际脱离的结论。古代律典具有对内灵活性和对外守成性的独有特征。简约立法主要体现在律典的对内灵活性上。明确的律典概念、轻重相比原则、概括主义量刑观及富有弹性的条文等为司法实践的灵活应变提供了前提。律典的对外守成性则体现了以国家和家族为本位，家国一体的立法主旨。不论社会如何巨变，只要社会结构不发生根本变化，律典就不会发生大的改变，让国家保持超稳定结构。可以说，律典在技术上的灵活性弥补了法律过于僵硬的缺陷，在内容上的应变能力则解决了不稳定社会状态下的法典延续问题。只要律典赖以生存的社会环境不发生质变，律典便完全能够应对因朝代的更迭而带来的社会巨变，④ 最大程度地降低法制变迁的成本，很好地

---

① 梁启超：《梁启超法学文集》，范忠信选编，北京：中国政法大学出版社1999年版，第177页。

② 【日】浅井虎夫：《中国法典编纂沿革史》，陈重民译，北京：中国政法大学出版社2003年版，第269页。

③ 【美】马伯良：《〈唐律〉与后世的律：连续性的根基》，载【美】高道蕴、高鸿钧等：《美国学者论中国法律传统》，北京：中国政法大学出版社1994年版，第259页。

④ 张中秋：《中西法律文化比较研究》，北京：中国政法大学出版社2007年版，第205-218页。

解决变革社会之初的法制匮缺的难题,保证中国历史长时段地稳定发展。

由于古代中国律典的作用并非只是为社会提供行为准则,还具有政治宣言及道德教化的作用,因此,历代君王一再强调律法当万世而不更。律典的稳定性象征着政权的稳固,同时强化了后代君王的守祖意识。况且,法律与社会脱节几乎是成文法与生俱来的弊病,古代立法者无不是通过提高立法技术,发展出多样的法律样式来缓解律典的弊端,以简驭繁,才能以不变应万变,历万世而不变。

一体与多元,人与法协同

在一个存续较久的法律体系中,从第一次编纂法典开始,就需要一种能够补充正式法律的辅助性法律形式来适应不断变化的社会。中国古代的法律渊源主要有律、令、科、比、格、式、敕、例等。尽管名称不一,但来源和性质大致相同,且律典居于核心地位,以保证中国传统法在本质上的单一性。例如律例关系,"两者效力之源泉,均系出于人君之统治大权,但于各该朝代实定法之体系下,应认例为一次级(次于律)之规范。然例之实际效力实优于律,此乃其为次级规范(细目法)之结果(在实施上,细目法排除了根本法)。"① 此其一。其二,同一法律关系由不同的法律形式来调整。如唐律规定了"违令罪"和"违式罪","令"和"式"为律的补充,且如违反其他法律形式之规定又必须"一断于律",确保律典权威。其三,其他法律形式之间互相配合。如"格"有时是"令"的实施细则,如宋代在"荐举令"后编录了"荐举格","荐举格"就是"荐举令"的实施细则。同时,古代的司法机构不具有创设法律的权力,虽然较高级别的司法机构可以确立成例,但必须经由皇权的认可才具有实质效力。这种立法权威的单一性保证了古代法的"一体性"或者"一统性"。

所谓"一体性"指的是法存在某种统一性,意味着同一时代、同一国家、同一地区的不同法律具有共同的属性和功能,且在形式上不可

---

① 黄静嘉:《中国法制史论述丛稿》,北京:清华大学出版社2006年版,第273页。

分割。法的一体性依赖于政治和文化的一体化。古代中国律典大都产生于社会变革和政权更迭初期,是重构社会秩序和建构国家统治合法性的重要工具。如果说秦汉律典的统一主要是汉民族内部法的"一体性",那么隋唐律典实现的"一体性"则是在汉民族法基础上小范围内各民族法的"一体性",直到元明清时期较大范围法的"一体性"才实现。作为统一王权"一体性"的简约律典,并不妨碍其实现维护社会稳定的功能。因为除了一体性的法之外,还有多元性的法。古代中国法始终存在着"一体性"与"多元性"同步发展的趋势,除了各种法律形式并存之外,尚有"法"与"礼"并存、中央法与多民族法并存、中央法与诸侯国法并存、国家法与民间法并存。① 这种法律的多元性形成了古代中国法"一极二元主从式多样化"的构造形式。一极性是指由国法所确立的至高无上、一统天下的社会大秩序;多样化则是指由家礼家法、乡规民约、帮规行规等各种民间法所确立的小秩序;二元主从式则是指社会秩序由以国法为主的大秩序和以民间法为从的小秩序所构成。具有同质性构造的这两种秩序恰恰与中国本土追求的"道"相符,即一极(道)二元(阳与阴)主从式(阳主阴辅)多样化(阴阳变化无穷)的"道"理。②

  由个人、家庭、村落小团体、社会大团体构成的诸多共生性组织发明的民间规则和解纷模式为国家法提供了强有力的补充。社会控制系统基本分为五个主要的次系统:个人伦理控制、合约控制、规范控制、组织控制和法律控制。许多情况下法律并非维持社会秩序的核心要素,法律时常被抵制或回避。只有当事人之间的社会距离加大、纠纷所涉利益的总量增加或法律提供了第三方费用承担的机会时,才可能选择法律来解纷。③ 这些控制系统对简约立法产生着极为重要的促进作用。

---

  ① 严存生:《法的"一体"和"多元"》,北京:商务印书馆2008年版,第183 - 194页。

  ② 张中秋:《乡约的诸属性及其文化原理认识》,载《南京大学学报〈哲学·人文科学·社会科学〉》2004年第5期。

  ③ 【美】埃里克森:《无需法律的秩序:邻人如何解决纠纷》,苏力译,北京:中国政法大学出版社2003年版,第346 - 350页。

王安石在《周礼义序》中指出："制而用之存乎法，推而行之存乎人。其人足以任官，其官足以行法。"不论是儒家还是法家，始终看重人的作用。人既包括用法之人，也包含率先垂范的君王，其可以在立法与执法中发挥强大的能动性，"唯法是从"便是刻板机械。法律在中国历史上一直被视为工具而非目的，就与此种关注人的作用密切相关。"苏门四学士"之一的张耒在《悯刑论》中毫不怀疑地指出："天下之情无穷，而刑之所治有极，使天下之吏操有限之法，以治无穷之情，而不得少议其中。惟法之知，则天下之情无乃一枉于法而失其实欤？是以先王之时一权诸人而不任法。是故，使法出于人，而不使人出于法。至于后世，其所以治天下之具不能如先王之盛时，淳厚之德衰，而吏有率私以立法，恃其无法而放肆者。故后世始有刑法之书以治天下。然天下之弊虽不可以不救，而天下之情不可枉也。是故，法简网疏，而人与法两立而不偏废。"执法不能只知有限的法，而不发扬无限的情，应当"使人出于法"，方可"不失其实"。即便是繁苛之法也难以满足社会变动的需求，还有可能适得其反。正如美国法学家埃里克森所言，如果过分重视国家正式规则的治理能力，忽视了促成社会合作的非正式规则，就很可能会制造更多法律但更少秩序的社会。① 同时，张耒提醒我们，繁苛之法是法吏出于便于用法的考虑而造成的，不断增多的法律让世人在权衡利弊并做出决断时，心中只知有法，而不讲人情伦常。此类忠诚于规则主义的酷吏，或许始终只是在法条的世界中，刻薄寡恩，忽视甚至放弃了儒家一再强调的人类基本的情感需求和道德伦理。

古人提倡立法简约，律条简要，就是为了兼顾法家所主张的规则主义与儒家强调的道德主义，发挥人与法的各自优点——灵活性与原则性，促进儒法相容。这既防止了法吏的唯法是从、毫无人性，又促进了人类社会道德境界的提升，此即古代中国在国家立法上引礼入法、礼法合一，在社会治理上采用外儒内法的理由。也是基于这一考虑，才确保了古代律典能够化繁为简，以简驭繁。

---

① 【美】埃里克森：《无需法律的秩序：邻人如何解决纠纷》，苏力译，北京：中国政法大学出版社2003年版，第354页。

3. 如何区分古代的注律与律注？

公元前536年3月，《左传·昭公六年》载"郑人铸刑书"，即郑国执政子产最早成规模且永久性地公布了国家法，这是子产于公元前543年到前522年在郑国变法的重大举措。当时郑国国民颇有参政热情，喜欢聚集在乡校议论国政。子产认为这是以民为师再好不过的机会，主张不毁乡校，韩愈曾作《子产不毁乡校颂》对此大加赞誉。这一开放的舆论环境给了民间挑战官方立法权威的可能，国人邓析即制作《竹刑》质疑子产所铸刑书。邓析（前545—前501）曾"数难子产之政"，"欲改郑所铸旧制，不受君命，而私造刑法，书之于竹简，故言《竹刑》"。他甚至聚众讲学，令子产的继任者驷歂难以应付，于是"杀邓析，而用其《竹刑》"。[①]《竹刑》应当是邓析招收门徒并传授法律知识和诉讼技巧，以及承揽诉讼等法律实践的产物，可以视为最早的广义上的私家注律。驷歂虽杀邓析，但依然认可《竹刑》，乃官方最早接受私家注律之证。

秦汉时期的注律与律注

秦代开始推行"以法为教，以吏为师"，帝国意识形态皆由法律文本塑造。于是，法家十分注重律文的权威释读，作为基本法律形式的《法律问答》可以算作是律注的官方雏形。"防民之口甚于防川"，到了西汉，作为复兴儒家的领袖董仲舒对法家发起了挑战。其先是通过"引经决狱"实现了儒家参与司法并协调疑难案件的目的，博取帝王和民众的好感，进而"引经入律"，直接将儒家经义转化为立法。经义往往微言大义，甚至诘屈聱牙，这是为儒生继续注律而专门设计的。儒家"引经注律"开始全面掌控国家法制。武帝设置"五经博士"后，通经致用成为察举制下士人飞黄腾达的必经之路。于是，经学大兴，附庸经学的汉代律学，以章句之学来注律在东汉开始昌盛，私家注律之风席卷

---

① 《左传·定公九年》。

全国。

经学在两汉又大致分为今文经学与古文经学两派。今文经学派注重从经文中阐释孔子思想，继承和发扬儒家学说；而古文经学注重对发掘的战国古经文的本义理解和典章制度的阐明。直至东汉末年，两派仍然争论不休。东汉诸儒章句十有余家，既有世代注律，传为佳话的，如杜周、杜延年父子的"大杜律"与"小杜律"；亦有博通儒家经典、各承师法的，如叔孙宣、郭令卿、马融等，各为章句，律学遂成为经学的一大分支而得以发展。由于师法与家法对儒家经义理解各自不同，故而各学派和各家对法律的解释均有不同。这一方面促进了律学的形成与发展，另一方面也使得律令日趋繁杂而混乱。据《晋书·刑法志》载："若此之比，错糅无常。后人生意，各为章句。叔孙宣、郭令卿、马融、郑玄诸儒章句，十有余家，家数十万言。凡断罪所当由用者，合二万六千二百七十二条，七百七十三万二千二百余言。"当时的经学大师郑玄以古文经学为主，兼采今文经学，将二者加以融合，使经学暂时进入了统一时代。除此之外，他还对汉律诸多原则、制度、概念作了注解，且经皇权确认成为权威性解释，深刻影响了后世。

魏晋南北朝的注律与律注

三国曹魏时期，因律学章句"言数益繁，览者益难"，曹丕即下诏"但用郑氏章句，不得杂用余家"，即依靠君权强行统一律注适用标准。西晋之时，律学已从经学独立出来，自成一体，主要体现为注释内容的规范化和科学化，从单纯的解经方法转变成为以探究立法技术、刑名原理、定罪量刑原则以及法律术语的规范化为核心的法律之学，这为律注的进一步发展完善奠定了基础，律学开始成为名副其实的注释律学。如张斐的《汉晋律序注》《律解》，杜预的《律本》，贾充和杜预合著的《刑法律本》等。

郑玄注律虽被视为律注的权威标准，但律注与律文仍是分离，律注仍为私家所著，事后才被官方认可；而张斐和杜预为《泰始律》作注，经晋武帝批准一并颁行，律注与律文具有了同等的法律效力。当时张斐为廷尉明法掾，杜预为河南尹，均为官方注律，而且是立法者撰写的律注，相当于立法解释，这与作为民间儒家大师的郑玄注律颇有不同。南朝萧齐曾试图把张斐、杜预的注解与晋律合为一书，但未能执行。注律的习惯以及对律注的依赖依然是南朝律典适用过程中普遍的现象。南梁律便是按萧齐的设想根据"张杜律注"的底本修订晋律的，将不少律注内容加入律条，律注与律条相互杂糅，难以区分，致使条文从《泰始律》的600余条增加至2500余条。

北魏首开北朝重视法典编纂之风，从公元398年到479年《北魏律》历经80年改定而成，延续了《泰始律》20篇的体例，条文增加了200余条。此后的《北齐律》共949条，在《北魏律》基础上增加了100余条，并将20篇压缩为12篇。为赢得汉人士族阶层的支持，北周按《尚书》《周礼》起草法典，为了与《尚书·大诰》相当，将《北周律》称为"大律"，共25篇1537条，比《北魏律》增加了近一倍，可谓今古杂糅，烦而不当，礼律凌乱。由于北朝十分注重编纂律典的政治意义，即争取汉人对北朝的统治认同，所以不断增加的律条内容很可能杂糅了汉代以来的律注和儒家之礼仪规范，而部分律注已经被参与立法的汉族儒生融合到律条之中了。此后，隋文帝将《开皇律》控制在500条，即在效仿《北齐律》12篇的基础上缩减了一半律条，成为唐律（《永徽律》）的母版。因502条的唐律素有"一准乎礼"的美誉，所以《开皇律》删掉的法条多为《北齐律》所接受的西晋以来的律注。

唐宋之际的律注与注律

《永徽律》简约的形式给司法的统一带来了困扰。因简约无法保证确定性，于是唐高宗再次把眼光放在高祖、太宗早已忽略的律注上。同时，结合张杜律注，发展出了一种新的官方解释律文的种类——律疏。律注与律文开始合二为一，律疏附于律文之下。"疏"本义为疏通，引申为对问题的分析，成为当时注释古籍的一种体例。汉代臣僚上书有时称上疏，以此分析问题的奏章别称为疏。自唐宋以后上奏皇帝的文书统称奏议，多数称为奏疏。"律疏"即是臣僚向皇帝上奏解释法条的奏疏。元代之后，因律文后的疏释部分以"议曰"二字开头，故合称为"疏议"，唐律也就被称为《唐律疏议》：唐律乃"律文"代称，"疏

上篇·中国法律史的整体观照

议"乃"律注"代称。"议"即表明此"疏"为讨论之后的结果,让法典保留了大臣对律文的看法。当时,唐高宗令召集律学通才和一些重要臣僚对《永徽律》进行逐条逐句解释,"条义疏奏以闻",参与律注之人的范围更广,颇有民主立法的味道,此乃唐初较为开明的政治环境所致。同时,注律权被收归中央,正式成为皇帝立法权的一部分,律注由个人解释变成了集体解释,最后再由皇帝个人认可。律疏之外,尚有"问答",进一步解释律文,乃继承秦代《法律问答》之形式。

《宋刑统》在唐律各篇下分213门,便于统类,又增加"臣等起请"32条,针对北宋特有情形进行专门规定。宋承唐制,"臣等起请"可以视为唐律的"疏议曰",都保留了大臣集体研讨进奏的痕迹。因宋代格外看重例,例开始进入法律渊源的行列,敕例并行,可见例之地位。例主要是断例,体现了法司刑名士大夫官僚的意志,其他的法律形式如指挥、申请、看详均体现的是士大夫官僚集团针对某事或某项法令所作的批示或解释,可视为广义上的官方注律,但并未融合到法典之中,尚未形成律注。这种官方解释的多样和繁荣,得益于自北宋开始确立"与士大夫共治天下"的祖制,士大夫官僚集团的意见能够干预甚至主导宋代法制或政治。

明清之际的律注与注律

元代统治者对繁杂的立法并不习惯甚至厌恶,钟爱"一事一例"的方式来应对帝国法律事务,并以"断例"名之,"例"继续成为主法适用。明太祖恢复汉制,在吴元年(1367)律令颁布后又编撰《律令直解》为其注释,以便百姓周知通晓。至洪武三十年(1397)将《钦定律诰》147条附于律文460条之后,正式颁布天下,命子孙守之,永世不得更改。为了应对时局变化,后世君主只能继续适用例,又称条例,包括判例和编纂而成的事例。到明朝中叶,条例日渐繁杂,"一事三四例者有之",以例代律,以例破律者亦有之。于是,弘治年间为规范"例"的适用,将诸多条例加以编纂,形成《问刑条例》。虽为副法,但几乎是当时主要的用法依据。万历十三年(1585)条例数增至382条,并以"律为正文,例为附注",将条例与《大明律》合编刻印，称《大明律附例》。附例可视为官方对律文的注解和释义。因谨守祖制，明代官方极少对《大明律》做统一解释，仅在明初为了普法需要才编著过《律令直解》，但内容多为户律等节录，并未做充分疏解。官家律注不太发达，但私家律注远胜于唐宋，律注成果90余部，这与当时的社会经济发展和经世致用的思想密切相关。尤其是私家独创的"集解""谨详律意"等形式，共同疏解律例，为清代官方所继承。然而，律注成果虽然不少，但始终未能形成官方"定本"，反映出立法者对《大明律》的谨守和对法律解释的谨慎。

明代律注多以"集解"命名，私家注律者往往科举出身，常任职于地方和司法机关，少有儒学大师。① 最为著名的当属《大明律集解附例》，编纂于万历年间，时任巡按浙江监察御史郑继芳等3人订正，浙江布政使洪启睿等11人校定。该集解标明明确出处的有8家，可见明代律注多为集体成果，意味着集思广益有助于提升法律适用的水准是当时的普遍观点，乃古代经注传统在法律上的延伸。与《唐律疏议》不同的是，既然是集体解释的集合，当然会容许不同意见，因《唐律疏议》乃官方定本，旨在统一司法适用标准，疏议中就不能反映法律解释的不同意见。②

清代依旧采用比附定案，用以比附的案件称为"成案"。随着成案的不断增加，刑部遂将某些成案简化为条文，经皇帝批准后附载律文之后即为"例"。顺治四年（1647），详绎明律，颁行《大清律集解附例》459条，附例434条。《大明律集解附例》所增小注多保留，其中不乏明人王肯堂注律的观点。因顺治律条文渐不应时，加之条例新旧杂陈，司法机关无所适从。律乃祖宗成法，不可轻易增删，于是"例"既可补充律之不足，又可经常修订。结合自顺治律以来近30年的司法实践状况，康熙十八年（1679）出台了264条《刑部现行则例》，所举名目皆为顺治律所无，为大清自创之例。此后则例之纂定，一秉于此。清人

---

① 李守良：《明代私家律学的法律解释》，《中国古代法律文献研究》2012年第2辑。

② 张伯元：《〈大明律集解附例〉"集解"考》，《华东政法学院学报》2000年第6期。

沈之奇所著《大清律辑注》开始受到重视,《大清律辑注》涉及律文458条,条例480条,可谓全面细致。刻印后即被奉为私家注律权威,虽无官方认可,但被司法机关广泛采用,对雍乾两朝立法亦有影响。雍正三年(1725)清廷颁布了《大清律集解附例》,共30门436条,附例824条。因清代从未有过诸家律注汇集解释,乾隆五年(1740)将律名中的"集解"二字去掉,将附例增至1049条。例文的不断增加意味着自清代中期以来,以例代律、有例则置其律的现象层出不穷。在乾嘉考据学派的助推下,律例考证成为注律的经典形式,且官私并举,盛极一时。为了控制例文增长,乾隆之后的例均遵循"五年一小修,十年一大修"。至同治九年(1870),例增至1892条,所增之例依然可视为广义上官家律注之成果。

综观中国古代的注律与律注史,私家注律在先,而后官方为应对律文所不周而效仿,主动以法律解释作为广义上的官家律注。私家注律渐成规模,律学开始萌芽,附庸经学,乘引经决狱之势,到汉代发展成章句律学;经官方认可,儒生注律成为与正律有同等效力的法律渊源。魏晋之际,私家注律自成一体,南朝开始将私家注律和官方律文合并,但未区分律文和律注。隋唐精简律条,到《永徽律》始觉律注对司法适用之重要,因此,官家律注出现,成就《唐律疏议》,律文与律注虽同为一体,但区分明显。宋承唐制,随着中央专制的不断强化,官家律注和私家注律始终相距甚远。宋元兴起用例之风,例遂成为条例作为广义上的官家律注。明代首重律典,不注重官家律注,然为适应不断变化的社会,律与例单独颁行,直到万历年间才合二为一。随着士人思想的活跃,明代发展出集解注律的新方法,私家注律勃兴,清代官家律注全面加以继承。总之,注律发端于民间私家,官家律注不断吸收私家注律,以满足司法之需,遂带动律学昌盛。私家注律与官家律注并举,官民互动,共同成就了中国的传统律典与律学。

---

① 张晋藩:《清代律学兴起缘由探析》,载《中国法学》2011第4期。

4. 古代中国使用了哪些法外酷刑？

古代中国除了律典正式规定的刑种之外，时现法外之刑，如"迁徙""充军""发遣""凌迟""枭首"等。唐代以及此后各朝律典明文规定的法定死刑只有绞、斩二刑。"汉，任人者也；唐，人法并行也；本朝（指宋朝），任法者也。"① 颇为讽刺的是，凌迟并未正式列入宋代法典，使用凌迟始于诏书，且一直沿用，直至清末沈家本和伍廷芳上奏《删除律例内重法折》，请求删除律例内重法，包括"凌迟""枭首""戮尸"，凌迟才宣告终结。

源流：凌迟之意与行刑

凌迟，亦称"陵迟""脔割"，民间称其为"杀千刀""千刀万剐"。西方学者大多认为凌迟之"凌"常见的解释是"冰"，"迟"则为"拖延"和"晚"，组合含义演化为"慢慢死去"或"死亡像冰块融化一样缓慢"。多数中国学者认为凌迟有其他之义，有认为凌迟来源于契丹语的音译，但没有具体证据。也有认为凌迟即如小土岗逐渐侵蚀。②《荀子·宥坐篇》载："百仞之山任负车登焉，何则？凌迟故。"又有杨倞注曰："迟，慢也。凌迟，言丘陵之势渐慢也。"更有认为凌迟是如同徐缓上坡，形容缓慢处死的状态，沈家本就认为"凌迟之义，本言山之由渐而高，杀人者欲其死之徐而不速也，故亦取渐次之义。"③总之，这些解释均是为了阐明凌迟所造成的痛苦程度。因为，统治者认为有时仅只是处死人犯尚且不够，必须想方设法延长人犯的死亡过程，让人犯备受苦楚，痛苦死去，甚至要达到生不如死的状态，如同陆游的

---

① 陈亮：《陈亮集·人法》卷一一。
② 【加】卜正民等：《杀千刀：中西视野下的凌迟处死》，张光润、乐凌、伍洁静译，北京：商务印书馆2013年版，第84-85页。
③ 沈家本：《历代刑法考》刑法分考二"凌迟"，邓经元、骈宇骞点校，北京：中华书局1985年版，第111页。

描述那样："肌肉已尽,而气息未绝,肝心联络,而视听犹存。"① 又如《宋文鉴》载:"身具白骨而口眼之具尤动,四脚分落而呻痛之声未息。"

现存残本的南宋《庆元条法事类》卷七三《决遣·断狱门》有规定"凌迟若干"的字样,可惜未能找到南宋凌迟的具体条文。关于凌迟发端于何时有多种说法。有观点认为凌迟源于秦汉的磔刑。"磔本意为裂牲,是指在宗教献祭仪式中杀牲祭神,后演变为一种割裂肢体、挖出内脏的酷刑,用于惩罚群盗等重罪。"② 凌迟保留了磔刑的一些行刑手段,譬如割裂肢体,而沈家本指出"磔有张、开义……开义与凌迟为近,然谓磔即凌迟,恐未必然。"③ 况且宋代也施行磔刑,凌迟和磔刑已是两种不同的刑罚,虽有相似性,但难以确证凌迟起源于磔刑。南宋陆游认为凌迟起于五代,"五季多故,以常法为不足,于是始于法外特置凌迟一条。"④ 沈家本考证认为"放翁谓起于五季,然不详为何时。"⑤ 魏晋之时已出现"脔㕞",又称"脔割",北魏孝文帝之子拓跋绍弑父夺位失败之时,皇帝下令将参与的宫人于"城南都街生脔割而食之";⑥ 唐代武则天之际,大臣阎知微勾结突厥作乱,武后"令百官脔割,然后斩之,并夷三族。"⑦ 五代后晋哀帝开运三年(946)仍用"割"一字,并未见"凌迟"二字。

就此而言,宋代凌迟极有可能是源自于辽。《辽史·刑法志》载:"死刑有绞、斩、凌迟之属。"辽太祖神册六年(921),"滑哥预诸弟之乱,事平,群臣议其罪,皆谓滑哥不可释,于是与其子痕只俱凌迟而

---

① 陆游:《渭南文集》卷五《条对状》。
② 曹旅宁:《秦汉磔刑考》,载《湖南大学学报(社会科学版)》2007年第1期,第14页。
③ 沈家本:《历代刑法考》,邓经元、骈宇骞点校,北京:中华书局1985年版,第113-114页。
④ 陆游:《渭南文集》卷五《条对状》。
⑤ 沈家本:《历代刑法考》,邓经元、骈宇骞点校,北京:中华书局1985年版,第109页。
⑥ 《北齐书·文襄本纪》。
⑦ 《旧唐书·阎立德传》。

死。"① 这表明凌迟在辽代已有正式名称，但是否已入律仍无可考。明代丘濬认为"自隋唐以来，除去前代惨刻之刑，死罪惟有斩、绞二者，至元人又加之以凌迟处死之法焉。……前代虽于法外有用之者，然不著于刑书，著于刑书始于元焉。"② 然而明清两代并未将凌迟入五刑，只是散见于某些律文当中，以显示其存在。

凌迟的行刑之法多是师傅口传心授，并无官方标准，因此方法各异。清代王明德认可的行刑方式是"寸而磔之，必至体无余脔，然后为之割其势，女则幽其闭，剖其腹，出其脏腑以毕其命。仍为支分节解，菹其骨而后已"③。沈家本认为"今律亦不言此法。相传有八刀之说，先头面，次手足，次胸腹，次枭首，皆刽子手师徒口授，他人不知也。京师与保定亦微有不同，似此重法。而国家未明定制度，未详其故，今幸际清时，此法已奉特诏删除，洵一朝之仁政也"④。西方学者则认为，"刽子手先从犯人的胸部将肉一片片割下来，接着是他的二头肌、大腿肉。在进一步行刑之前，刽子手快速刺穿犯人心脏，致其死亡，然后开始系统地剜割四肢，先是手腕和脚踝，其次是手肘和膝盖，后是肩膀和臀部，最后则是一刀割下头颅。""老练的刽子手可以三十六刀完成这个过程，尽量避免犯人尸体过于零散。"⑤ 由此可见，凌迟并无固定之法，各地刽子手师法不同，做法自然迥异。

鼎盛：两宋的凌迟适用

凌迟在北宋并非一开始就受到皇帝的支持，迟至真宗时，尚不允许使用凌迟。大中祥符七年（1014），"御史台尝鞫杀人贼，狱具，知杂

---

① 《辽史·耶律滑哥传》。
② 《大学衍义补》（中）。
③ 《读律佩觿》卷四下。
④ 沈家本：《历代刑法考》，邓经元、骈宇骞点校，北京：中华书局1985年版，第111页。
⑤ 【加】卜正民等：《杀千刀：中西视野下的凌迟处死》，张光润、乐凌、伍洁静译，北京：商务印书馆2013年版，第2页。

王随请脔呙之,帝曰:'五刑自有常制,何为惨毒也。'"① 大中祥符八年(1015),真宗《不许杨守珍等乞凌迟合死强盗诏》曰:"汉文因缇萦而废肉刑,唐太宗读《明堂》而减罪……岂安平之时而行惨毒事?今杨守珍等捉到盗贼内曾为恶者,送所属州府照证指实奏裁,自余并送所属,依法论决。"沈家本对此有所考证:"入内供奉官杨守珍使陕西,督捕盗贼,因请'擒获强盗至死者,望以付臣凌迟,用戒贼恶。'诏:'捕贼送所属,依法论决,毋用凌迟。'"② 陆游指出:"伏睹律文,罪虽甚重,不过处斩。盖以身首异处,自是极刑,惩恶之方,何以如此。"③ 而宋代第一次使用凌迟是在仁宗天圣六年(1028),且"宋至熙宁以后,渐亦沿用。元明至今,相仍未改"。④ 两宋的凌迟主要集中适用于以下犯罪:

1. 杀人极其残忍

宋真宗咸平五年(1002),钱易在《上真宗乞除非法之刑》提及:"今日或行劫杀人,白日夺物,背军逃走与造恶逆者,或时有非常之罪者,不从法司所断,皆肢解脔割,断截手足,坐钉立钉,钩背烙筋。……四方之外,长吏残暴,更加增造取心活剥,所不忍言。"⑤ 即使真宗对使用凌迟持保留意见,但是当时社会动荡不安,凌迟最终重剑出鞘——仁宗天圣六年荆湖地区杀人祭鬼一案判决,这是北宋首次下诏凌迟罪犯:"如闻,荆湖杀人祭鬼,自今首谋若加功者,凌迟、斩。"⑥ 亦有针对食用人肉者,还有针对残忍杀人者。可见,最初的凌迟主要针对非常态杀人案件,如贼盗、杀人祭鬼、食人肉及连杀数人等重罪。

---

① 上海社会科学院政治法律研究所编:《宋史·刑法志注释》,北京:群众出版社1979年版,第78页。
② 沈家本:《历代刑法考》,邓经元、骈宇骞点校,北京:中华书局1985年版,第109页。
③ 陆游:《渭南文集》卷五《条对状》。
④ 沈家本:《历代刑法考》,邓经元、骈宇骞点校,北京:中华书局1985年版,第2024页。
⑤ 《宋名臣奏议》卷九九。
⑥ 《文献通考》卷一六七。

2. 口语狂悖者

南宋的马端临认为"凌迟之法,昭陵以前,虽凶强杀人之盗亦未尝轻用。自昭狱既兴,而以口语狂悖皆丽此刑矣。昭狱盛于熙、丰之间,盖柄国之权臣藉此威缙绅。"① 尤其是在北宋神宗之际,党争不断,重臣利用亲信打击政治对手,最为有用的是利用"口语狂悖",让皇帝下诏兴狱,凌迟乱党,以重创对手。

3. 反逆大罪

相较于北宋,南宋时局更加动荡,凌迟的适用就更是频繁,甚至有向常刑发展的趋势。孝宗时期的凌迟皆适用于反逆大罪,后来适用范围逐渐扩大,甚至只因烧毁甲仗,就处以凌迟。理宗绍定三年(1230),"大理寺上逃卒穆椿逾入皇城烧毁甲仗罪状,诏穆椿凌迟处斩"②。

适用凌迟之时,皇帝往往通过诏狱的方式来获得法外酷刑的正当性。例如神宗熙宁八年(1075),"沂州民朱唐告前余姚县主簿李逢有逆谋,提点刑狱王庭筠等言其无迹,但谤讟朝政,语涉指斥及妄说休咎,请编配,仍治告人之妄。帝疑之,遣御史台推直官蹇周辅劾治。中书以庭筠等所治不当并劾之。庭筠惧,缢死。逢辞连宗室秀州团练使世居、医官刘育、河中观察推官徐革,诏捕系台狱,命中丞邓绾、同知谏院范百禄与御史徐禧杂治。狱具,赐世居死,逢、育及徐革并凌迟处死。"③ 皇帝通过发动诏狱对这一案件进行干预,认为原主审官员办案不力,遂大做文章,官员自杀、赐死甚至凌迟者皆有。由此可见,凌迟作为法外酷刑,往往借用下诏的方式寻求合法性,成为皇帝的专门刑罚,不受律典所限。作为非常之法,凌迟成为君王稳固权力的当然选择,尤其是在社会动荡敏感之际。皇帝一旦感受到了威胁,便会利用至高无上的皇权动用诏狱之程序最终下诏适用凌迟,这无疑推动了凌迟适用范围的扩大,但始终未能正式列为五刑。或许是为了体现皇权的至高无上,才让非常态的凌迟刻意不受律法所限。作为皇权惩治臣民最残酷

---

① 《文献通考》卷一六八。
② 《宋史全文》,文渊阁四库全书本。
③ 《文献通考》卷一六七。

的杀手锏，毕竟不能轻易示人，如同尚方宝剑，只能偶尔出鞘，以保持皇权的神秘和威严。此后历代正律者效仿两宋，五刑不列凌迟，但实际适用不断，主要针对意图颠覆皇权的大逆不道重罪。例如《元史·刑法志》载："死刑则有斩而无绞，恶逆之极者，又有凌迟处死之法焉。"《明史·刑法志》载："二死之外有凌迟，以处大逆不道诸罪者，非五刑之正，故图不列。"凌迟在明清零星散见于正律，但并未明确为五刑之内，即表明凌迟乃皇帝独掌，不在五刑之列。

终结：非常酷刑在法外

历代君王期盼的无不是简政轻刑，凸显仁君之道，实现王道大治。自汉文帝改革刑罚后，肉刑时存时废，其存在皆是君王为了乱世用重典之需。轻刑薄赋毕竟只是美好的愿景，然而，外儒内法的统治之道时刻提醒君王有时确不可心慈手软、妇人之仁，尤其是涉及帝业之大事。另外，自魏晋之际，民族融合加剧，游牧民族的刑法习惯也深入帝国律法中，这些均为北宋君王适用凌迟创造了条件。到南宋时，皇帝更是看中了凌迟的威力，并借用皇权的至高威权，以此非常酷刑来维持国政。由于《庆元条法事类》的残缺，以上只能从零散的史料中还原两宋的凌迟，其残酷性和经常性已可见一斑。当时的儒家士大夫陆游曾上书劝谏皇帝以德政为本，努力践行仁政之道："仁之为效，如此其昭昭也。欲望圣慈特命有司除凌迟之刑，以明陛下至仁之心，以增国家太平之福，臣不胜至愿。""仁人之言，亦可见尔时亦常用此刑。"① 可惜未被采纳。

当凌迟适用范围扩大之后，其威力必将骤减，背后所代表皇权的至高无上之地位也将一落千丈。须知'民不畏死，奈何以死惧之'，一旦非常酷刑变为经常，官逼民反，其就会失去效用。此后历代并没有公然将凌迟列入五刑，正是基于这一考虑：非常酷刑只能在法外。宣称笃信儒家教化的君王自然不会明目张胆地将酷刑入律，只能是偶尔为之，作为例外，这完全符合国人所看重和接受的"特殊情况特殊对待"，是

---

① 沈家本：《历代刑法考》，邓经元、骈宇骞点校，北京：中华书局1985年版，第110－111页。

"刑罚世轻世重"的通俗说法。1904年初，死囚王维勤成为最后一个凌迟处死的犯人，光绪三十一年（1905）终于下诏废除凌迟："嗣后凡死罪，至斩决而止，凌迟及枭首、戮尸三项，著即永远删除，所有现行律例内，凌迟、斩枭各条俱改为斩决。"①

5. 古代真的有环境保护法吗？

早在远古治水之际，先民就考虑到要确保水源和耕地的适当比例，以遵循"不违农时"的生产规律。《论语·泰伯》载："卑宫室，而尽力乎沟洫。禹，吾无间然矣！"《论语·宪问》也载："禹稷躬稼，而有天下。"这足以说明大禹在治水之前就已经擅长治沟洫、事农耕。因此，大禹能将治水这一重大工程放在以农为本的自然资源规划之内来设计，农田水利兼治。

治水：自然资源规划法之本源

出土于山东宁阳县的西周中期的青铜器遂公盨是目前所知年代最早且最详实的关于大禹治水的可靠证据，其记载"敷土""随山浚川"是大禹治水的主要方法，这与大禹不只是为了治水而治水的目的相符。禹父鲧治水失败是因为用堵截之法，而大禹治水成功则是采疏导之法，即疏通积水，防止内涝来保持水土间的恰当比例。如此，治水和用水兼得，转危为安。虽然我们无法得知大禹治水的具体细节，但耗时13年之久且与民生治理关系紧密的浩大治水工程必然会被通盘规划和精确计算，否则难以成功。

大禹将"尽力乎沟洫"作为排除积水和平治水土的方法被商周人所沿用，精于规划和计算的自然资源利用原则也同时被遵循。沟洫即田间水道，《周礼·考工记·匠人》载："匠人为沟洫……九夫为井，井间广四尺，深四尺，谓之沟。方十里为成，成间广八尺，深八尺，谓之

---

① 沈家本：《历代刑法考》，邓经元、骈宇骞点校，北京：中华书局1985年版，第2027页。

洫。"方块农田与大小水沟结合在一起成为西周平治水土的规范化举措。西周在井田制盛行的典型区域为,形成了大小田块与大小水沟配套的井田沟洫系统。被精确规划的井田沟洫制乃西周立国的重大发明,更是保障精确设计的宗法分封制运行的基础。因此,水利与农田相连,二者皆与治国安民相关,都依赖于精确计算规划。

算地:自然资源规划法之雏形

总体规划自然资源的治理思路在先秦法家手中进一步发扬光大。作为法家先驱的管仲,首次阐明了治国和地理、水利的关联。在管仲看来,水患乃最大的自然灾害,可谓牵一发而动全身,因此历代皆重视治水,治水即治国。在管仲代表作《管子》一书中,自然资源规划专列一篇,取名为"度地",显然是计算规划的思路。"度地"精确罗列了五类地表径流的控制利用之法,并以水动力学的先见之明解释了水利工程常见的水流形态,为营建安全的治水渠道建立了知识基础。"度地"同时确定了九种治理水害的方法,涉及组织管理、治水器具、材料预备、时间规划、施工管控、紧急措施等方面,可谓集理论与实践一体的规划法教材。作为法家继承者的商鞅,直接将"度地"改为"算地",并置于该书第六篇,且将资源规划提高到精确数字化的程度。这是他在秦国实行数目字管理大计的重要部分。商鞅本着精确管控帝国资源的目的,将其对国家自然资源的总体规划明确为:"为国任地者,山林居什一,薮泽居什一,溪谷流水居什一,都邑蹊道居什一,恶田居什四,良田居什二,此先王之正律也。"如此规划的自然资源、居民村落和耕作田地的比例为3∶1∶6,且以"先王之正律"来论证其合法性。这其中自然资源(绿地)的覆盖率竟达到30%,这一比率正是现代社会理想的森林覆盖率。

正如《左传·襄公二十五年》所载:"楚苏掩为司马,子木使庀赋,数甲兵。甲午,苏掩书土田,度山林,鸠薮泽,辨京陵,表淳卤,数疆潦,规偃猪,町原防,牧隰皋,井衍沃,量入修赋。"通过精确计算和度量技术规划自然资源的主要目的并非基于什么环保理念,而是为了维持政权的延续,实乃"可持续发展"理念的另一种表述。在儒家看来，所谓的仁政也不过如此，如《荀子·王制》所载："田野什一，关市几而不征，山林泽梁以时禁发而不税。……修堤梁，通沟浍，行水潦，安水臧，以时决塞，岁虽凶败水旱，使民有所耘艾，司空之事也。"这是儒家对君王治理国家和属官司空治水的当然要求。如此说来，在维持政权统治的技术层面，儒法两家没有分歧，具体表现在农田水利规划上也可谓步调一致，即治水和算地要统合考虑，治水即是为了算地，二者皆为农业国家治国之枢要。

经国：自然资源规划法之传统

西汉时期，总体规划的治水思路也被继承下来，成为治理黄河的理想方法。贾让于绥和二年（前7年）提出了治黄的上中下三策，其核心观点是："古者立国居民，疆理土地，必遗川泽之分，度水势所不及。大川无防，小水得入，陂障卑下，以为污泽，使秋水多，得有所休息，左右游波，宽缓而不迫。"[①] 贾让主张治水的理想状态是不与水争地，乃上策。水乃生命之源，水患的治理不是清除一时之患，而是重新调度水利，一劳永逸。考虑到当时地广人稀的社会环境，保存足够丰富的天然沼泽、湖泊和河谷两岸的大片湿地，既能保证风调雨顺，丰年不断；又能在灾年就地取材，解救饥荒。贾让和法家先驱不同的是，管仲和商鞅的资源规划需要精确计算，因为他们面对的是人多地狭的诸侯王国；而贾让考虑的是地广人稀的汉帝国，只能在原则上粗略计算。虽然他们因国土大小而考虑不同，但通盘规划和仔细计算的经国之道相沿不改。此后历代在通盘考虑的规划原则和仔细度量的规划细则方面，都一体遵循了形成于西汉的治水算地之规划法传统。

以农为本的古代中国对自然资源的保护是基于民生王道的考虑，为的是农业国家的政治安全，当然会斤斤计较，如此才能实现"溥天之下，莫非王土；率土之滨，莫非王臣"的政治宣言。君臣和百姓皆对自然资源有着直接的依赖。想要精确计算规划资源用度需要应用精确的数学知识；为了精确地预报和防护天灾，则需要发展较为精密的天文知

---

① 《汉书·沟洫志》。

识。以历法度量时间,以地图量度空间,对自然资源进行精确计算规划,乃东方社会精英治理国家的关键工具。这就是德裔美籍学者魏特夫在其代表作《东方专制主义》中所指出的:中国古代官僚制度的发展跟"水利式"农业经济有关,灌溉式农业文明的统治都"卓越地奠定了两个重要而又相互关联学科的基础:天文学和数学"。而这两个学科所贡献的知识论和技术论又深刻地影响了以行为主义和效率见长的法家之律学发展。统治精英利用垄断性的计算知识做出精确管控资源的规划后,必然要将这些计划精确地贯彻到百姓的日常行为中,并且借助于同样精确计算了痛苦程度的刑罚给予威吓,以确保规划的落实。于是,在计算水利农业的同时,法家设计了看似繁苛但十分精确的律令,可谓开创了计算法学的先河,秦汉时期如此繁苛的律法便可以视为早已被统治者精心计算而强制实施的标准化行为模式。

总之,到秦汉之际,古代中国就制定了相对精确的自然资源规划法,以求在"斧斤以时入山林"的原则下努力实现保护自然环境的目的。

6. 古代婚姻缘何看重"门当户对"?

"门当户对"的传统解释与衍生说法

传统中国千百年来的婚姻一直保持着一种惯性,其核心的内容便是"门当户对""男才女貌"。然此两大标准犹如鱼和熊掌,不可兼得,且"门当户对"往往有着绝对的优先权。"门当""户对"合为一词,最早见于元代王实甫《西厢记》第二本第一折:"虽然不是门当户对,也强如陷入贼中。"明朝凌濛初的《二刻拍案惊奇》第十一卷加以使用:"满生与朱氏门当户对,年貌相当,你敬我爱,如胶似漆。"自此,"门当"与"户对"常同呼并称,成为权衡男女婚嫁条件之惯用语。

《现代汉语辞典》(第七版)将"门当户对"解释为"男女双方家庭的社会地位、经济状况相当,结亲最合适",并无其他含义。然而,有论者认为,"门当"与"户对"乃传统民居建筑的大门之组成部分。

"门当"是置于传统中国建筑门口的一对石墩或石鼓,多呈扁形,形状有方圆之分,圆形为官宦之家,商贾之家须为方形。"户对"是嵌于门楣上的正六角形方木或圆木,有"文方武圆"一说。文官家宅为方形,武官为圆形。广东潮汕地区的民居建筑并无"门当"和"户对"之说。潮汕人称"门当"为"石鼓"或"抱鼓石",而称"户对"为"门印""门簪"。因此,有学者指出,传统建筑学并无"门当户对"一说,实系当代旅游业杜撰的说法,以提升文化底蕴。"门当"与"户对"还有文化意义上的牵强比附。例如,有人认为"门当户对"寓意了古人对性的崇拜,"门当"乃女性生殖器的象征,"户对"则是男性生殖器的象征,二者相合代表了生殖崇拜上"重男"的思想,意在祈求人丁旺盛、香火永续。

"门当户对"的判断主体与操作标准

"门当户对"的判断主体乃是"父母之命",其中"父命"最为重要。孔子把自己的女儿嫁给学生公冶长,把哥哥的女儿许配给南容,大概是包办婚姻见于经传的先例。父母相对于未婚子女,无疑具有经验上的天然优势。传统社会的包办婚姻,便是在父母的经验判断之基础上,为已到婚龄但仍然没有足够经验的子女托付终身的恰当方式。否则,休妻成为常态,家庭纷争不断,最终会导致社会失序,这绝对不是统治者期望发生的后果。正所谓"当局者迷,旁观者清","父母之命"的正当性和可靠性往往需要通过"媒妁之言"来强化。因此,除了遵从"父母之命"外,还要参考或者依赖"媒妁之言"。给男方牵线的称"媒",为女方牵线的称"妁",合称"媒妁"或"男媒女妁",亦有"官媒"来确保媒人判断的权威性。从婚姻的经济学解释来讲,在两家无法进行长时间交往来获取对方信息的情况下,"门当户对"成为父母和媒人判断双方是否对等最为简捷和直观的标准。

"门当户对"早在西周就衍生出三个具体的可操作性标准,包括同姓不婚、贵(良)贱不婚和"五不娶",目的都是便于让权力和资源始终掌控在既得利益者手中,形成稳定的社会统治结构。同姓不婚无疑具有政治联姻的意义:"娶于异姓,可以附远厚别也。"贵贱不婚,或者良贱不婚，则是为了维护阶级名望和社会地位的长久性，自然会阻止下层社会通过婚姻向上流动。官方亦通过立法形式来捍卫此项标准。秦代曾刻石规定婚嫁要"贵贱分明，男女礼顺"；《唐律疏议·户婚》明文规定："诸与奴娶良人女为妻者，徒一年半，女家，减一年，离之。其奴自娶者，亦如之；主知情者，杖一百；因而上籍为婢者，流三千里。""诸杂户不得与良人为婚，违者，杖一百。官户娶良人女者，亦如之。良人娶官户女者，加二等。"元明清之际，"诸良家女愿与人奴为婚者，即为奴婢""凡家长与奴娶良人女为妻者，杖八十，女家减一等"。这些律条规定无一不反映了帝制中国对"门当户对"的刚性维护。在清末四大奇案之一的杨月楼案中，韦叔父及粤籍乡党一干人等，曾坚决反对侄女韦阿宝下嫁戏子杨月楼。所谓"五不娶"，即《大戴礼记·本命》所言："逆家子不娶，乱家子不娶，世有刑人不娶，世有恶疾不娶，丧妇长女不娶。"不孝败家、犯罪前科、恶疾缠身、丧妇长女等皆是"门不当户不对"的具体标准。

"门当户对"的民事意义与刑罚规避

"门当户对"意味着传统婚姻从来不是男女二人之事，而是关涉两个家庭之事。正如《说文》所解："妇家为婚，婿家为姻。"婚是指女方的父母，姻则是代表着男方的父母。无独有偶，美国芝加哥大学的诺贝尔经济学奖得主加里·斯坦利·贝克尔在其代表作《家庭论》中亦指出，恋爱是两个人的事情，婚姻则是两个家庭之事。尤其是政治联姻，例如"秦晋之好"，经由婚姻，缔结为家庭联盟，被捆绑为利益共同体，类似于战略合作伙伴关系，共同进退，这无不需要再三权衡，以"门当户对"的标准来寻找联盟伙伴。确保荣华富贵世代永享，可以说是"门当户对"的初衷。"门户"蕴含的是对阶层和门阀的认可。富者，富裕之事；贵者，显贵之征，通过一个人乃至一代人的努力即达富裕的并非鲜见，然由富而孕育出的显贵之气，体现一个家族的家族氛围、生活方式、文化涵养，则非一代人所能养成，而需要一个家族代际之间的长期延续。因此，在男女婚嫁、延续香火时，注重以家庭的社会经济地位为"门当户对"的择偶标准便是理所当然。同时，保有官职或官职世袭是保障家族富贵永享的基本前提,帝制中国始终存在恩荫制度,官僚家族不仅可以用恩荫特权使得本姓亲属入仕,而且还可以赐予女婿,婚姻关系对于确保他们世袭拥有官职起着重要作用。这种门第或门阀特权,让"门当户对"作为择偶的标准变得更加容易理解和接受。民谚有云:"富不过三代,穷不过五世。"这一广为认同的财富更替观念,无不让达官显贵之家要谨慎地考虑婚姻大事。总之,永保富贵的设想,增强了"门当户对"在民事观念(身份与财产)上的认可度和执行力。

能够同甘,便要共苦。传统中国刑法实行株连,因为连坐可能诛灭九族,"九族者,父族四、母族三、妻族二"。"父族四"指自己一族、出嫁的姑母及其儿子一家、出嫁的姐妹及外甥一家、出嫁的女儿及外孙一家。"母族三"是指外祖父一家、外祖母的娘家、姨母及其儿子一家。"妻族二"是指岳父的一家、岳母的娘家。① 考虑"门当户对"显然是为了有效降低因一方犯罪而牵连对方的风险几率。如若婚姻不慎,所结非善之人,日后受到牵连,整个家族可能面临灭顶之灾;即便有所幸免,也容易引起复仇之事,社会稳定与和谐难保。这就是传统社会讲究"门当户对"进行刑罚规避和秩序维持之意义。

"门当户对"的过往实践与当下意义

"门当户对"在汉代仍然不是婚嫁的常态,仅在皇族婚姻内通行适用。而真正形成"门当户对"的婚姻观是在西晋,东晋是其成熟期,南朝是其衰弱期。② 魏晋以来,士族婚姻有严格界限,通婚必须衡量门第,只有士族之间才能彼此通婚,藉以排除庶族寒门,成为维护士族特权的标准依据。士族通婚并没有南北之分,所选择对象只以家世利益为主。唐代开始放弃"门当户对",逐渐构想出以人的自身价值为唯一衡

---

① 沈家本:《历代刑法考》(下卷),北京:商务印书馆2011年版,第11页。
② 易图强:《两晋南朝士族门第婚姻的量化分析》,载《湖南教育学院学报》1996年第3期。

量标准的"才子佳人"爱情观。① 原因在于,在门荫与科举彼此消长、开放风气与传统观念羁绊的唐代社会,女性有了更广泛的受教育机会,文学素养的提高促使其更乐于选择志同道合的人生伴侣,我悦子容艳,子倾我文章。到了宋代,议亲观念上出现了重财、重科举官僚、重人品的"门当户对"新取向,离婚与再嫁的道德环境相对宽松。② 此后,"门当户对"式阶层内婚制一直到民国依然有着巨大的惯性,尤其对广大农村产生了深远的影响,在新中国成立之后到改革开放初期仍在延续,绝大多数人的婚姻对象,都在自己所属的阶层或与自己所属阶层对等的阶层。③

当下中国社会的婚姻匹配模式仍具有同类联姻特征,但同类匹配或"门当户对"式的婚姻并不一定更稳定。社会学研究证实,夫妇社会特征的相当对离婚风险有不同方向的作用,家庭经济条件相当对离婚风险已无显著影响,个人的教育、宗教信仰和初婚年龄可能影响婚姻价值观从而对离婚风险有一定的影响。④ 这就意味着,只有站在个人权利的立场上考量"门当户对",而非传统基于家庭或家族的角度,才能让"门当户对"成为新时代维持婚姻乃至家庭和社会"和谐美丽"的重要标准。

7. 古代官府为何要积极干预民间私约?

"官从政法,民从私约。"民间契约应当遵循意思自治原则,全凭当事人自己做主,但因其关乎国民生计,国家需要在获取财源和繁荣市场之间寻求平衡,否则难以保障经济安全,无法实现"盛世太平"之景。同时,百姓若离开契约便无法获得充盈的物质生活,更难以形成诚

---

① 田蔚:《从"门当户对"到"才子佳人"——试论中晚唐新型爱情观的生成》,载《宝鸡文理学院学报》1996年第2期。
② 谢军:《宋人的婚姻伦理道德生活》,载《伦理学研究》2009年第5期。
③ 张翼:《中国阶层内婚制的延续》,载《中国人口科学》2003年第4期。
④ 陆益龙:《"门当户对"的婚姻会更稳吗?——匹配结构与离婚风险的实证分析》,载《人口研究》2009年第2期。

信之风,甚至会引起社会动乱,这是古代中国必然要对契约进行干预的重要原因,具体体现在从订约到履约的每个阶段。

订约管制

因契约关涉国家税收,所以朝廷没少费心思,设计了不少监管订约的制度。在唐代,市场一般只设置在州县治所或京城,场内设市司或市署,为管理市场的官方机构之一,每月按旬公布标准物价,称"旬估"。场内商品必须符合质量标准,度量衡器具也须符合法定标准,使用私造度量衡器则答五十。总之,市司对场内的商品质量、交易行为、度量衡器乃至商人身份(市籍)都有监管之权,作为交易凭证的契约,更是在监管之列。

唐代规定契约必须由市署加盖官印才能成立,这种契约在当时被称为"市券"。市券分正副本,正本一般只是在"郡印""用西州都督府印"和"用州印"的提示处盖印,副本的格式内容必须与正本相同。如果是买卖奴婢等须三日内立契,市券不仅要注明交易时间,地点,奴婢的姓名、年龄,还要写明买主与卖主的姓名、身份以及担保奴婢合法身份的五个保人的姓名、年龄、身份等,并署明承办"市券"的市吏的姓名、官名,再盖上官印。订好的契约必须经官府"过券",主管官吏若不认真验契,还要承担法律责任,足见其细致严密。同时明确市场交易遵守等价、有偿、平等原则,严禁垄断投机,强买强卖,否则要受鞭刑或杖刑。凡出售质量低劣商品而获利者,按盗窃治罪。州县官知情不理或串通一气,还要承担连带责任。

宋代为了监管订约,设商税院专门督办。宋太宗太平兴国八年(983)规定,各道州府的商税院都要根据地方通行习惯,制定交割典卖官版契约一本,作为格式契约供民间参照遵行,否则依法惩处。典卖房屋等不动产还特别要订约两本,买方保存一本,另一本交由商税院留存,以备日后查验。随着田土房宅交易量的剧增,亲邻相争等现象也日益增多。买方见有利可图,往往不愿意拿出保存的契约,加之商税院管理不太规范,经常查不到原契,引发了诸多纠纷。于是,宋真宗时就规定:凡是典卖倚当田土、房宅等,必须订立标准契约四份,一份给钱主

（买方），一份给业主（卖方），一份仍然交商税院，一份留存本地县衙。

契税征收

古代中国，特别是在宋代之前，国家律法明确了民间契约"官不为理"的原则，只是后来逐渐发现对契约征税可为朝廷增加一笔不小的收入，国家才对契约加强干预。契税征收最早可以追溯到东晋。东晋南渡，因财政不足遂开始征收"估税"，即对奴婢、牛马、田宅等买卖契约征税。唐德宗建中四年（783），曾向交易双方抽取5%的交易税，但都是一些临时性且不连续的制度，并没有形成稳定的税种。

宋太祖开宝二年（969），国家正式征收印契钱，凡百姓典卖土地、房屋及其他不动产，都要缴纳契税，而且限期两月交清，否则要加倍缴纳。当时的税率按照契价，每贯缴钱四十文，税率为4%。宣和四年（1122）每贯增收二十文，绍兴五年（1135）每贯增加到了一百文，再加上勘合钱十文，契税于是就达到了17%，已经非常高了。除此之外，还有许多大小官吏，利用职权便利，巧设名目，乘机勒索，实际税负就更高了。于是，百姓发明了各种偷免契税的方法。与当下颇为类似，当时田宅类的契税一般由买家承担，有的买家就与卖家私下约定，悄悄地在契约中改低价格，或者干脆"赊价"买卖，不立刻给付就可以减少税负。有人干脆私下订约，不经过官府盖印，这就成了所谓的"白契"，只要不发生纠纷，也就自然不需要官府认可，大笔契税便可实实在在地省了。在宋真宗时，仅仅秦州一地就查出白契1700道，可见民间利用白契匿税的情况十分普遍。

为了防止避税，宋代开始颁布新法要求限期补交契税，曾有规定：民间典卖田宅若尚未到官府纳税，限期百日内到商税部门自首，即可免罪，仅按原来的税率补交。超过期限不自首者，允许旁人举报。可能实行的效果不太理想，此后增加规定：如经人举报未纳税的，除按原标准缴纳税款外，还需另缴纳三分（按税收比率三分）的额外罚金，一分由官府收取，剩下的抽一半给举报人以作奖励。这与汉武帝颁布的算缗令和告缗令大同小异。宋廷还通过庄宅牙人（买卖双方的中介人）来监督缴纳。官府给牙人分发"手把历",一旦订约,牙人需要立刻在上面登记时间、价格,每隔十天要向县衙报告一次,防止偷逃契税。除此之外,宋代严惩偷逃契税的行为,规定匿税鞭笞四十,逃税达十贯则重杖八十,且要加倍罚钱,同时没收货物的1/3。如果是代理人假装已经纳税却将税钱私吞,被代理人(原主)并不知情的,则责令代理人交纳,货物归原主。明代规定凡典卖田宅不依法纳税者,鞭笞五十,还要追加田宅价钱的一半入官。

清代更是充分利用胥吏等"爪牙"督促缴税。州县衙门设有主管"开垦田土、征收赋税"的量税房,主要查办偷逃契税。依律,凡典卖田地、房屋、山场,都要拿着契约在量税房的庄书(专门经办田粮的胥吏)处,按照户量甲数,推收(将田产资料登记在官方账册)过割清楚。若不办理过割手续妄图逃税,一至三亩鞭笞四十,每五亩加一等,且没地入官;然后由庄书在契约上盖戳,最后才去县衙缴税。契税需在一年之内缴纳,超过这一期限便被视为偷漏契税。如此严格繁琐的程序,就是为了避免偷逃契税。即便如此,胥吏和商户串通匿税的情况也多有发生。田宅买卖者若不交契税,除了遭受鞭笞刑外,还附有数目不小的罚金。

履约干涉

一般而言,皇帝大赦只针对犯罪行为,但唐宋之时,大赦甚至将民事债务也一并赦免。这对当事人履约而言无疑有着重大影响。依照唐律,朝廷对民间借贷大体上不干涉,不到万不得已绝不介入。只是出于对债务人的保障,对利息上限作了规定,要求月息不超过6%,年息不超过72%,且禁止复利,本利合计超过本金一倍的停止计息。然而,皇帝考虑到农事不济,庄稼欠收,偶尔就会下诏免除一切公私债负。通过皇帝下诏免除债务,起初还只是免除超过本金的利息,后来逐渐连本钱也一并免除了,比如淳熙十六年(1189),皇帝在登基大典上大赦天下,"凡民间所欠债负,不以久近多少,一切除放。"

民间契约为了阻止大赦的效力,保证债权人利益不受损害,唐宋及其之后的田产、卖身、典当、借贷、租佃等部分契约常常明确约定

"中间或有恩赦流行，亦不在论理之限"，或者"中间遇有恩赦，亦不在论限"等条款。新疆吐鲁番出土的《唐乾封元年（666）郑海石举银钱契》就有："公私债负停征，比物不在停限。"另一份《己酉年（829）下部落百姓曹茂晟便豆契》也有："如有东西，一仰保人代还。中间或有恩赦，不在免限。"这些特别的约定明显就是为了防止因皇帝诏令而停征债务。

皇帝赦书大多只是免除债务，对民间买卖一般不产生任何效力。但是除了借贷契约，租佃、人口买卖契约却都有类似的恩赦禁用条款，尤其是土地宅舍买卖契约最多。例如《唐乾宁四年（897）平康乡百姓张义全卖舍契》写道："或有恩赦书行下，亦不在论理之限。"《后唐清泰三年（936）百姓杨忽律哺卖舍契》也有"中间如遇恩赦大赦流行，亦不许论理"。可能的原因是，这些附带恩赦禁用条款的契约大多是以买卖为幌子的借贷。债权人为了规避最高利率的限制，便会要求债务人以买卖的方式将土地宅舍转让以作借贷的担保。

一份敦煌的借贷契约文书记载道："金银匠人翟信子等三人于甲戌年向高康子借了麦三硕，当年秋天本利已达六硕，其时偿还一硕二斗。乙亥年本利累计到达九硕六斗，丙子年偿还了七硕六斗，尚余二硕未还。乙丑年刚好遇上大赦：'矜割旧年宿债'，但高康子不肯免除二硕的债务。于是告官，最后判定翟信子等三人的债务是宿债，按皇帝诏令不需要再偿还二硕的麦。"① 显然，皇帝恩赦具有不可规避的效力。"官有政法，民从私约"，二者原本互不干涉。然而，古代公私界限并不清晰，官府时常要干预私人契约以实现治理之目的。

8. 古代是否有公法的私法化和私法的公法化？

公法与私法的二分法源于罗马法，虽历史悠久，然对于二者的划分标准较为模糊，学界仍有不同观点。一般认为凡涉及公共权力、公共利

---

① 参见陈俊强：《皇权的另一面：北朝隋唐恩赦制度研究》，北京：北京大学出版社2007年版。

益、管理与强制关系的为公法,涉及个人权利、个人利益、平权关系的则为私法。之所以公私法之间边界不清,原因在于二者之间常会互相借用,传统中国法与当代中国法之间就有许多这样的转换发生。传统中国法本属于私法范畴的概念或制度,演变至今已经成为公法的概念或制度,反之亦然。这种传统法的创造性转化是千余年来官民互动的结果,更是中华文化持久魅力和时代风采的彰显,昭示着传统文化的勃勃生机。兹列举数例证之,以此贯彻党的十九大所倡导的"深入挖掘中华优秀传统文化"之意蕴。

私法向公法转换举例

在私法向公法转换方面,传统法上土地所有权与经营权互相分离的制度创举是较为典型的例证。宋代已经产生了以永佃制为基础的田面权(田皮权)和田底权(田骨权)相互分离的独特地权结构形式。所谓永佃制,是指佃农在符合一定条件时有权永久性地耕种地主的土地,且除特定的情形外地主不得干涉佃农的自主耕种。这一制度意在保障土地耕作的稳定,维护地主与佃农双方的利益。就此而言,土地权属实际上被自然地分成了相互独立的两个部分,即地主的土地所有权与佃农的土地经营权,前者被称为田底权,后者则被称为田面权。在典型的永佃制下,田底与田面相互独立。在佃农依约缴纳租税后,地主便不得干涉佃农的耕作或随意增租夺佃,佃农则可以退佃、转租或典卖。田底权与田面权可以分别在不影响佃农耕作与地主收租的前提下独立转让,这一私法制度所引发的所有权与经营权分离的现象在明清被称作"一田两主",曾在南方诸经济较发达省份广为流行,到民国时期仍有不小的适用空间。

宋代官府经营官田,只关心租金的稳定,并不关注具体由谁来耕种,因此,允许田面权独立流转,自然会确保土地总是有人耕种,官府收益自然有了保障。到了元代,江浙地区的地主私田上也开始效仿官田,推行永佃制。这一制度既保证了地主的地租收益,也可以确保土地不致荒废,于是,这一制度便在民田中广泛适用开来。明清时期永佃制演化为田面权与田底权相互独立的制度样态。可以说,永佃制发展成

"一田两主"是公法进入私法的范例。而该制度从私法重新回归到公法,则又可以从中国改革开放说起。

改革开放最早始于农村改革,标志为"包产到户(分田到户)",后来被称为"家庭联产承包责任制"(俗称"大包干")的公法制度创新。家庭联产承包责任制的显著特点是"集体所有、分户经营",其将土地的所有权与经营权分离开来,被誉为中国农民的伟大创造。家庭联产承包责任制与统分结合的双层经营体制互为基础。"统"和"分"相互依存、相互促进、共同发展。其中,集体经济组织是双层经营的主体,承包家庭是双层经营的基础,离开了任何一方,联产承包责任制就不能成立,双层经营体制就不存在。即如若离开了集体经济组织,离开了"统"的功能的发挥,家庭经营实质上就成为了个体小农经济,偏离了农业的社会主义方向;如若离开了承包家庭的分散经营,农民的生产积极性就不能得到充分发挥,农业集体经济就失去了活力,集体经济的优越性也就不能发挥。近年来为了进一步释放农业集体经济活力,国家逐步放开了农民集体所有建设用地使用权的流转,开始发展农业适度规模经营。集体经济组织的"田底权"原则上不可流转,但随着城镇化的加速推进,大量集体土地可以依法转变为国有土地,'田底权'的归属便会发生改变,此时农民土地承包经营的"田面权"就不复存在了。不过,党的十九大报告明确指出,要确保土地承包关系稳定且长久不变,第二轮土地承包到期后再延长三十年,以实现从承包权中分离出可以流转、抵押、贷款的经营权,这必将对完善农村土地"三权"分置大有裨益,也是对传统法中"田面权"的重大创新。就此说来,中国特色社会主义的地权改革与传统中国法的"一田两主"可谓形似而神散,当下的改革正是在无形中实现了传统中国法"一田两主"由私法转变为公法的形式之变。

公法向私法转换举例

因传统帝制中国国家权力强大,民间势弱,传统法上公法向当代法上私法的转换实例较多,且均在不同程度上影响着当下的法制样态。例如"以官当刑",简称"官当",又称"当",是指古代权员犯法后,可用爵位或官品来抵偿刑罚,作为传统中国法的基本刑罚原则,乃"刑不上大夫"之贯彻。官当源自西晋《泰始律》的"杂抵罪",即用夺爵位、除名籍和免官来抵罪。南朝陈时正式出现官当之名,《北魏律》首次将官当列入正律。自隋开始,官当被广泛采用,且更为详尽复杂。明清在官当方面比唐宋明显收敛,官吏免刑的范围以笞杖轻罪为主,方式主要是罚俸、降级和除名。与"当"对应的"赎"起源更早,西周之际便有赎作为刑罚的替代刑,历代之赎刑分为不同等级,甚至死刑都可赎免,但多用于维护达官显贵的特权地位,较少惠及平常百姓,直到光绪年间才被废除。相反,在私法领域中兴起的"典当""赎买"等概念术语却是从刑罚中假借而来,这与传统中国法民刑不分的特色十分相关。此外,典当行盛行,尚有保证金制度,而且在量刑中还将积极赔偿被害人及其家属作为减轻刑罚的考量要素,算是继承了传统法赎罪之形,只不过赎金缴纳的对象发生了变化。不论是积极的继承还是消极的利用,均是传统之映射。

传统法上公法向私法的转换,最具代表性的当属通奸罪。《大清律例》卷三十三"刑律·犯奸"条规定:"凡和奸,杖八十;有夫者,杖九十;刁奸者(无夫、有夫)杖一百。"此一规定旨在惩治非夫妻间之男女关系的通奸行为,主要包括了未婚妇女与男子奸淫之"无夫奸",与非因暴力或胁迫而成之男女奸淫的"和奸"。该条上承唐律,历代相沿,虽有刑罚轻重之变化,但其为罪如一,直至民国遭到废除。当下中国法对待通奸行为,只要不引发刑事案件,多以"私了"了结。并且,通奸可以构成民法上之离婚事由,依法可诉请离婚,并得请求损害赔偿,完全属于私法保护范畴。然迄今为止,通奸罪之规定仍存在于我国台湾地区刑法中,但随着社会风气日趋开放,台湾法学界已有通奸罪除罪化之呼声。

公私立法转化的意义

以上所举发生在中国传统法与当代法之间的"公私"转换的事例,意在说明传统始终存在,一直在场,未曾隐退。当然,中国传统法并不存在严格意义上的"公法",所有的国家法均是用来控制除了皇帝"一己之私"之外的私欲,乃"以私去私"。所谓的"公法"实质上是"为帝之私"的"私法"。正如明末清初思想家黄宗羲所言,君主"以为天下利害之权益出于我,我以天下之利尽归于己,以天下之害尽归于人",且"使天下之人不敢自私,不敢自利,以我之大私,为天下之大公""视天下为莫大之产业,传之子孙,受享无穷"。① 因此,黄宗羲以"托古改制"的笔法,肯定了"三代之法"是"天下之法",而批评三代以下之"法"为帝王"一家之法",是"非法之法",主张用"天下之法"取代"一家之法"。"公私不分"的传统法特点决定了在"公私有分"的当代法上必然存在着古今"公私"转换之例证。

时移而世异,以公私法之分展现传统与当下的勾连,虽有不妥,但旨在展现国人的观念与行动之中,依然存在着过往与当下藕断丝连的诸多印迹,传统法仍然以不同的形式或内容存在于当代法中,借以警示当下制度移植的过度自信,防范对历史传统的意义和价值均观而不见的制度输入。

9. 为何古代地方官员办案都偏爱"用谲"?

用谲之术、情理之本与注重实质

古人将犯罪分为"奸"与"慝"两种类型:奸必巧诈,慝唯隐讳。从犯罪之巧诈来说,则称为奸;从犯罪之隐恶来讲,则称为慝。为了识破奸慝,以《折狱龟鉴》著称于世的宋人郑克就曾多次强调:"凡欲释冤,必须有术。"察狱之术大体有三:曰色、曰辞、曰情。凡司法者要善于"以色察之",善于发现"辞与情颇有冤枉",善于"迹其状稍涉疑似",才能"多得情伪",获得真情。具体而言有两种途径,一是"以迹求之",以罪犯留下的痕迹物证为线索以追查其去向;二是"以谲取之",用诈术找出罪犯的下落。前者被郑克称为"核奸"(核察奸伪),后者为"摘奸"(揭露奸伪)。摘发奸伪经常要用到诈谋,即"用

---

① 《明夷待访录·原君》。

谲以摘奸。"当然，核奸也离不开"用谲"。因此，古代地方官员办案较为偏爱"用谲"。"用谲"之术，在于"宜密而速，与兵法同矣。"故而，"察情、据证、用谲"三事皆为古人治狱之基本手段。其中又以察情最为关键，《唐律疏议》与《宋刑统》均规定了"断狱必先以情"。

"察情、据证、用谲"，皆离不开对案情细节、常理人情以及客观规律等相互参验的把握，也始终离不开"情理"二字。这完全符合古人察狱的惯常性思维：注重实体，轻视程序。这是基于一种平民式的追求实质目标，而轻视形式过程的实质性思维。察狱之成败，一方面依赖于对案件本身的细致思考，另一方面还需要长期办案经验和生活阅历的积累。"用谲"之术更是基于非形式推理，有时甚至还包含了反逻辑的思维和推理。

古代能吏所偏好的"用谲"之术，与当下诱惑性侦查之方法有些类似，赋予了办案本身很高的观赏和传播价值。古人所传唱的能吏智慧，也就更加重视个人办案艺术手法的呈现过程，而非法律逻辑推演的技术理性。于是，使用"用谲"这类超越基本法律原则的断案，效果立竿见影，能吏们屡试不爽。比如，南宋桂万荣所编的《棠阴比事》有载，唐代的裴子云为新乡令时，"部民王恭戍边，留牸牛六头于舅李琎家。五年产犊三十头，恭还，索牛。李云二头已死，只还四头老牸。恭诉之，子云送恭于狱，令追盗牛者李琎。琎至，子云叱之曰：贼引汝盗牛三十头在汝庄上。唤贼共对，乃以布衫笼恭头立南墙下，命琎即吐款，乃云：三十头牛总是外甥牸牛所生，实非盗得。子云去恭布衫，令尽还牛，却以五头酬琎辛苦。"该案就与该书中记载的隋代大业年间，张允济任武阳令时承办的一桩案件类似：邻县有人牵母牛依居岳家八九年，母牛生产牛犊十余头；等到归宗另居时，岳家不与。邻县官吏苦于没有证据，束手无策。事主告到武阳县，张允济令手下绑缚牛主，以衣衫蒙头，带到岳家村中，说是盗牛贼指认盗赃，村中养牛之家须说清牛的来历。岳家不知缘故，说自家的牛是女婿家的牛。张允济揭去所蒙衣衫道："此即女婿，可以牛归之。"

治理成本、形象塑造与正谲之别

在传统观念看来，王法是正义的象征，完全没有类似西方"恶法非法"还是"恶法亦法"的孰是孰非之争。古人认为"恶政"大多数不是由"恶法"造成的，而是由"恶人"造就的。因此，流传至今的中华传统清官和能吏的经典办案故事，都是以高明的办案手法为中心内容的，而不太注重法律适用的技术性分析。强调按照法定程序办案，体现的是一种当代法治社会的技术理性。技术理性意味着规范化，注重程序规范的做法，多数会限制办案的智力创新。只有不拘泥于形式化的办案艺术方能更为适合只读圣贤书的士人，当他们在成为帝国正式官员之后，以儒家之道理便能胜任皇权赋予地方治理之使命。此外，规范化的办案程式虽然可以保障王法实施的统一，但大大提高了帝国培养和选拔官僚的成本。这对以农业为本的国家财力来说是难以负担的，倒不如通过儒家意识形态的仁义教育，以不变应万变，解决复杂多变的地方案件，发挥官员的实践理性，以官员的主观能动性来办案，实现地方治理的最大效益。在此意义上讲，包括"用谲"之术在内的察狱之术便承担了以上功能。此乃古代地方官员办案偏爱"用谲"之术的外在原因。

　　往深了说，"用谲"的办案智慧能够更多展示地方官员的创意，以"用谲"之术形成的"青天"形象，完全可以称得上是创意产品。以察狱之术来传递官员的决断艺术，其目的是给予百姓希望，让百姓感知到处处皆有"青天"的存在，再大的冤情也能够昭雪。官员通过这种艺术化的办案方式进一步得到了神化，成功地量身打造了颇有自身风格的"青天"形象，传递的是"正义终究会战胜邪恶"的文化精髓。恰是因为有这般艺术化办案手法的"青天"存在，即便百姓遇到不公，也断然不会轻易走极端，做出过激反应，甚至民变。此乃古代地方官员办案偏爱"用谲"之术的内在原因。

　　不过，偏爱归偏爱，即便明白了"察情、据证、用谲"的心法和手法，对一般官吏而言，能够娴熟而又智慧地采取明察暗访，声东击西之术察狱，是很难做到的。尤其是"用谲"，作为诈谋之术，偶然奏效，不可奉为常法。若是遇上狡猾之刁民，反遭欺蒙。正所谓"夫欲核奸，谲不若正，履而度之者是也。"但是，实践中的案件，或有"证或难凭，而情亦难见"之情况，用王术难以进行审讯问案，只能用"谲以植其伏，然后可得之"。

然而,"辨诬之术有正有谲,……谲非正也,然事有赖以济者,则亦焉可废哉。""五听"之"正术"才是办案的常法,尤其是色听与辞听。"用谲"就被限制在只有能够"尽心"的能吏,才能使用的正当办案方法,而且被视为可以大力褒奖和广为流传的智慧之举。但若是讼师"用谲",则不具有正当性和正义性,反倒被视为"奸回巧诈,逞其伎俩,以挠国家之法,使是非、曲直无从辩"。虽然这只是当时打压讼师之举,颇有点"只许州官放火,不许百姓点灯"的味道,可以算作是古人的"非法证据排除规则",但对于普通官吏而言,谨守以"正"为原则,以"谲"为例外的办案手法,才是解谜之正途。

民事案件、办案程式与用谲效果

翻看流传下来的地方官员"用谲"之术,多为解决民事案件。一般认为,传统社会重刑轻民,民间细故很少被官府受理。只不过,一旦过多的民事案件无法得到及时处理,则可能转化成刑事案件。更何况,家长里短的民事纠纷不在少数,频繁地以"用谲"之术来处理关乎民生的重大民事案件,便于官员加速处理以减轻压力。我们看到的这些反复被适用的"用谲"之术,正说明官方不自觉地形成了对这类案件简单快捷的处理机制。如此,便能极大地节约有限的司法资源,将官员的精力投入到更复杂的疑难案件上来,这成为皇帝和百官的共识。虽然,在众多的察狱之术中,我们难免会有看似有违当代法治原则的侦破和审讯之法,比如"强迫自证其罪""不告并非不理"等。然而,如果通过这种简捷的办案方法,能够尽快破案的话,必将极大提升行政与司法的效率。就此而言,历代广为流传的经典办案手法,已经在大多数的官员心中形成了一套侦办此类案件的较为固定的程式,颇与当下的简易程序类似。并且,这种程式并非绝对固定,尚能允许官员在自身能力范围内,进行自我创新,如同变戏法一样,逐渐形成了丰富多样的办案艺术。照此看来,古人或许故意忽视程序,才能够在有限的侦查技术上尽可能地发挥官员的主体性。如此,不仅可以简化案件办理流程,提升办案效率,达到有效分流案件的目的,而且能够保证办案质量,最终抵达实质正义。这就是古代地方官员办案偏爱于"用谲"之术的司法效果。

能吏们使用类似于"用谲"之术的艺术化的方法来办理民事案件，与传统官衙不理民间细故之事颇为不符。民事纠纷在古代基本上官府是不常受理的，一般委托给地方权威自治。如果这类案件进入公众阅读视野，比如《折狱龟鉴》这类读物，难免会"启发"公众，导致涌入官府的民事案件骤增。但是，这类案件反而为官方津津乐道，且被经久不衰地传唱，根本原因还在于官方有意要贴近民意，以宣传"为民做主"的为官宗旨。这类案件的广为传播，更多的是以向公众传达诚信守法的做人原则为目的，类似于传统社会另一种形式的普法宣传和诚信教育。对于大众而言，日常接触的多数纠纷，毕竟是家长里短的小事，如婚姻、继承、契约等。只有如此细微之事，才能成为大众喜闻乐见的"谈资"。此类案件同能吏出神入化的察狱之术有效地整合在一起，以此作为普法的材料，其效果可想而知。而且，这类办案故事进一步告诉大众，一旦发生纠纷，即便可以蒙蔽最初办理的族长或乡绅，侥幸过关，但最终却无法逃过如同神明一般存在的能吏之"慧眼"，在无形中起到了教化和预防的作用。这就是古代地方官员办案偏爱"用谲"之术的社会治理效果。

10. 古代审判需要公共理性的支持吗？

先夏时代，法官的形象代表和裁判化身非皋陶和獬豸这对组合莫属。东汉王充《论衡》记载了皋陶用獬豸理冤的基本情形：獬豸，"一角之羊也，性知有罪。皋陶治狱，其罪疑者，令羊触之，有罪则触，无罪则不触"。先民信任皋陶并承认其利用獬豸来断案的正当性，正是认同部落领袖一切行为的结果。虽然獬豸的神力反映了早期中国神判法的色彩，但在整个裁判过程中，部落首领皋陶始终居于主导地位，可见人性的作用大于神性（兽性），这与西方早期神判法有着根本不同。皋陶作为民众认可推举的领袖自然代表了当时的公共理性，其对疑难案件的审判便有了正当性基础。

先秦奠定的观念制度基础

西周以来保留了氏族社会军事民主制的残余，在相当长的时期内，立法权、司法权等由君主、贵族议事会和国人大会共同执掌。以司法权为例，据《周礼·秋官·乡士》载："乡士掌国中，……听其狱讼，……异其死刑之罪而要之。旬而职听于朝，司寇听之，断其狱，弊其讼于朝，群士司刑皆在，各丽其法，以议狱讼，……若欲免之，则王会其期。"但凡地方疑难案件皆报司寇，且由官员集体审理，如若涉及赦免，只有王享有这一特权。司寇、群官和周王共同决定了疑难案件的审判。又据《周礼·秋官·小司寇》载："小司寇之职，掌外朝之政，以致万民而询焉。一曰询国危，二曰询国迁，三曰询立君。……以三刺断庶民狱讼之中：一曰讯群臣，二曰讯群吏，三曰讯万民，听民之所刺宥，以施上服下服之刑。"可见，在西周，凡有关国家安危之事，皆要委托小司寇征询万民的意见。而为了确保庶民狱讼的公正判决，亦要按照"群臣、群吏、万民"的"三刺之法"依次征求公共意见，以示"慎罚"。此种共同决疑的方式，自然是为了形成公共理性，以支持古代中国审判的正当性。

　　春秋中晚期郑国子产"不毁乡校"之举更是展示了古代中国政法运行的公共理性。乡校类似于古罗马时代的广场，是百姓议政的场所，乃集思广益的变法新举。《左传·襄公三十一年》记载了郑国人游于乡校、议论执政的盛况。但郑国大夫然明担心此法有碍政令畅通，建议毁掉乡校，子产没有采纳，以此树立了子产开明的形象，确保了他在郑国变法改革的成功。然而，在不毁乡校的舆论环境之下，法令被邓析这样的鬼才公开指摘，确实造成了官府的被动。邓析曾"数难子产之政""欲改郑所铸旧制，不受君命，而私造刑法，书之于竹简，故言《竹刑》。"同时，邓析认为在审判中也要坚持公开辩论，他操两可之说，聚众讲学，向民众传授诉讼之策，被誉为讼师鼻祖。于是，民口欢哗，令子产的继任者驷歂难以应对，遂"杀邓析，而用其《竹刑》。"① 子产有忍受邓析的胸襟，但驷歂没有。邓析虽然被杀，但其挑战国家的《竹刑》却被接受。此后，乡校并没有因邓析而遭到废除，郑国人当然知道"防民之口甚于防川"的教训，因此，他们选择了"许庶人之

---

① 《左传·定公九年》。

议",开放了公共理性讨论的平台。

明代思想家顾炎武的态度

明末思想家顾炎武《日知录·直言》梳理了历史上"许庶人之议"的著名事例:"'天下有道,则庶人不议。'然则政教风俗苟非尽善,即许庶人之议矣,故《盘庚之诰》曰:'无或敢伏小人之攸箴,而国有大疑,卜诸庶民之从逆。'子产不毁乡校,汉文止辇受言,皆以此也。唐之中世,此意犹存。鲁山令元德秀遣乐工数人连袂歌于芍,玄宗为之感动。白居易为盩厔尉,作乐府及诗百余篇,规讽时事,流闻禁中,宪宗召入翰林。亦近于陈列国之风,听舆人之诵者矣。"顾炎武认为,《尚书·商书·盘庚上》早有告诫:"无或敢伏,小人之攸箴。"意思是说,小民有欲箴规在上者,臣下不能塞抑。因为在上者并非圣人,言行并非尽善尽美。《尚书·周书·洪范》也强调:遇见大疑,就利用卿士、庶人、卜筮一起谋划商量,看结果是"从"(拥护)还是"逆"(反对)。值得注意的是,《尚书·周书·洪范》原文是:"有大疑,谋及乃心,谋及卿士,谋及庶人,谋及卜筮。"顾炎武解释认为:"夫庶人至贱也,而犹在蓍龟之前。"这无不表明,即便是在相当原始的商周之际,依赖卜筮决事的做法只是最后一步,只有穷尽了人间智慧后,才可付诸蓍龟。虽然周人遇事必卜,但依然保持了相当的理性。如果此说可信,则进一步表明,审判疑难要案时,公共理性相当重要,庶民大众的意见不可忽视。这成为古代中国之所以看重集体审判的理论之源。不过,正如顾炎武所言,"许庶人之议"的传统虽被历代帝王接受,成为塑造帝王敢于纳谏、开明圣贤之形象的必备要素——以唐玄宗为例,不仅关注少数派元德秀的不同做法,而且关注另类者白居易的规谏之言,然历史上真正贯彻者则很难持之以恒。

顾炎武并没有彻底解释清楚为何在审判中要坚持"许庶人之议",这看似是舆论干预司法,与当前奉行的依法独立行使审判权相违背。不过在古人看来颇合逻辑,还是回到《尚书》来看。如前所述,古代刑罚乃天罚,无不是关乎国之大事,但凡国之大事则需要"致万民而询焉"。《尚书·周书·吕刑》进一步详细阐明了其中的真谛:"朕敬于刑，有德惟刑。今天相民，作配在下。明清于单辞，民之乱，罔不中听狱之两辞，无或私家于狱之两辞！……永畏惟罚，非天不中，惟人在命。……于民之中，尚明听之哉！哲人惟刑，无疆之辞，属于五极，咸中有庆。受王嘉师，监于兹祥刑。"大意是说周王敬畏刑罚，而有德之人才能施加刑罚。现在上天扶持百姓，百官只是配天执法。因此，要明察一面之辞，确保替天行罚的公平。否则，百官若不听两造之言或贪图私利，都会激发民乱。……永远要敬畏天罚，否则人主自己便终结了天命，不要归咎于天道不公。……公平地治理百姓，应该践行兼听的品格。唯有使无数的讼辞符合五刑的规定，才可恰当而公正地运用刑罚治理百姓，这时便自有福庆了。百官接受周王委托治理百姓，就要明察和践行以上告诫，总结为"祥刑"。"祥刑"乃善用刑罚之意，惩罚的不及时或不公平在周人看来皆是"不中听狱之两辞"，所作判决便不能保证"无疆之辞，属于五极"，如此用刑便难以达到"于民之中"的效果，这无疑是自掘坟墓，"非天不中"，可能导致民乱四起，国人暴动，完全是"无德"之君。

简言之，"许庶人之议""致万民而询焉"在古典中国审判中具体表现为"中听狱之两辞"或"无私家于狱之两辞"，此乃周人秉持"明德慎罚"之当然要求。"刑"本凶兆，能够带来福庆，完全是"有德"使然，因此要秉持"祥刑"之本，即兼听两辞及民意，力求达到《尚书·周书·吕刑》所讲的"士制百姓于刑之中""惟良折狱，罔非在中""明启刑书胥占，咸庶中正"的"中刑"司法效果。总之，作为古典中国审判正当性基础的公共理性，便是有德惟刑，在西周明确为"明德慎罚"，经西汉发展为"德主刑辅"的思想，到唐代定型为"德本刑用"的政教论，延续后世。

11. 为何自古审判都要兼顾社会效果？

司法裁判兼顾的社会效果之真意

一般而言，对于司法裁判要兼顾法律效果和社会效果之态度，公众的直观感受是政治干预司法，或舆论干预司法，兼顾社会效果，完全有碍司法独立。尤其是在"稳定压倒一切"的社会治理原则之下，这一解释是将法律效果看作裁判者的技艺理性或者法律理想，而将社会效果看作是裁判者的政治觉悟。法律效果和社会效果兼顾，即被理解为政法不分，甚至政大于法。从司法独立的角度来看，司法裁判指的仅是作为独立的裁判者个人的思维决策过程。因此，不论是法律效果，还是社会效果，均要放在作为个人而不是群体的裁判者之视角来看待。

就此说来，法律效果指的是裁判者的职业知识，社会效果反倒是裁判者的执业经验，二者共同构成了裁判者的职业素养，这一素养并非是群体性的职业伦理要求，而是裁判者的个性化素质。依赖于裁判者个性化的职业素养来判断裁判的社会效果，取决于裁判者基于生活经验对世道人心的洞察和悲天悯人的情怀。因此，司法裁判能在多大程度上兼顾社会效果，主要凭借的是裁判者基于个人的职业素养所作出的独立判断。此种个人职业素养是建立在裁判者的知识和经验之上，这才是司法裁判要兼顾社会效果的真意。

如此界定裁判兼顾的社会效果，正是基于霍姆斯（美国联邦最高法院大法官）关于"法律的生命在于经验，而不在于逻辑"的判断。判例法的立场是基于生活的经验，而不拘泥于成文法的"本本主义"或"教条主义"；成文法的立场则是基于自洽的理论，坚持法教义学的解释。不过，裁判逻辑和生活经验同样重要，否则，司法裁判可能难以服众。这些在古代中国睿智的裁判者身上能得到充分的体现。

古代裁判兼顾社会效果经验基础

古人所传唱的能吏办案智慧，就十分重视个人办案艺术手法的呈现过程，而非法律逻辑的推演理性。只有不拘泥于形式化的办案艺术才能更为适合只读圣贤书的士子，当他们成为正式官员之后，以儒家之道便能胜任地方治理之事。古代中国被称为"青天"的司法裁判者颇具英雄主义的形象，个性化色彩十分鲜明，由其经手的公案往往流芳百世，成为后世效法的榜样。最为后人津津乐道的南宋开封人郑克所撰《折狱龟鉴》便是例证。郑克笔下的明公断案，往往出神入化，他们基于独到的智慧和丰富的经验，总是能够让罪犯不打自招，让真相主动呈现，常有"时称神明"的官声。

以《折狱龟鉴》为例，古代裁判社会效果所依赖的裁判者的社会经验可分为共性经验、特性经验和个性经验三类。共性经验是基于常识、常情与常理所产生，最典型的即为西周之际已经形成的"五听"审讯技术。例如"郑子产闻妇人哭，使执而问之，果手刃其夫者。或问：'何以知之？'产曰：'夫人之于所亲也，有病则忧，临死则惧，既死则哀。今其夫已死，不哀而惧，是以知其有奸也。'"该案大意是讲，郑国子产听到有妇人哭泣，就将其缉拿归案，她果然承认杀了自己的丈夫。有人问子产，如何知道妇人是真凶的呢？子产说，自己的亲人如果生病了，便会担忧；如果是在亲人临死之际，就会感到恐惧；如果亲人已经死亡，则会感到哀伤。现在她的丈夫已经死了，她不但不感到哀伤，反而感到惧怕，这其中就可能存在作奸犯科之事了。通过辨识"惧而不哀"的哭声来断案的不乏子产，后世皆效法子产，对这一共性经验加以全面推广，屡试不爽。正所谓"事异而理不异，岂非亦用子产之言以察奸乎？盖言苟中理，无时不验"，事情虽不同，但道理却相同。后人难道不是也在同样使用子产的经验来辨别忠奸的吗？这大概是因为子产的经验符合世间共通的道理，因此，无论何时都会应验。

这里的"理"所指的乃常理，并且配合同样来自于"理"的类似西周"五听"的裁判经验，共同察奸除恶："或听其声而知之，或视其色而知之，或诘其辞而知之，或讯其事而知之。盖以此四者得其情矣，故奸伪之人莫能欺也。"即或是通过听其说话的声调语气而知道，或是通过观其脸色面容而了解，或是通过言辞陈述而探知，或是通过讯问事情原委而得知。通过这四种方法探求案件真相，便不会受到奸诈虚伪之人的欺蒙。这些社会经验完全是来自于司法者对社会生活的深刻感悟和体察。类似的共性经验还有："投井固不自缢，自缢岂复投井。此必吏受赇，教富人使不承耳"（大意是讲，投井了就不可能去上吊，上吊了又怎么可能再去投井——肯定是官吏收受了贿赂，为了让富人脱责）；"土豪杀人而遗其妻金，与夫被人杀而受其仇金，皆为奸者，不可不察也"（大意是讲，土豪杀人后却给被杀者的妻子钱财，这与丈夫被杀后妻子接受仇人的钱财一样,都是奸邪之事,不能不明察);"伪券之奸,世多有之,巧诈百端,不可胜察"(大意是讲,世人多有伪造地券之诡计,欺诈的方式千奇百怪,难以查出);"僧之富者,必不能出游;其出游也,则必治装告别,亦不能如打包僧,翩然往也"(大意是讲,富有的僧人,一定不会出游;要是出游,则一定会带上衣装且与人告别,断不会像云游僧一样,不告而去)。当然,这些共性经验只有灵活转化为裁判者个性化的经验才能运用自如,否则易学不易精,对于这一点郑克也注意提醒道:"小人为奸,亦颇难防。……已泄之机,安可再用,民若狡猾,将反见欺。"此警醒之语是在告诫裁判者,很难防范奸邪之人作奸犯科。已经使用过的审判技巧,好比天机已泄露,怎么可能再用?如果碰上狡猾之人,聪明反被聪明误。

特性经验是指基于特殊的职业环境和角色所形成的,仅属于部分裁判者拥有的经验理性。例如"薛向枢密初为京兆府户曹参军,兼监商税。有贾人过税务,出银二箧,书其上曰:'枢密使遗泾原都监。'向曰:'此必伪也。岂有大臣饷人物,乃使贾人致之耶?'执诣府治之,果服诈。"此案大意是说,薛向最初为京兆府户曹参军时,同时负责监察商税。有商人交税时拿出两箱银子,在上面写道"枢密使给泾原都监"。薛向认为这肯定是假的。哪里有大臣给他人钱财,会派一个商人转交?于是,把这个商人缉拿审问,把商人捉到府中审问,果然承认了欺诈。薛向在该案中能够独具慧眼,作出精准的判断,正是基于他独特的职业敏感和角色经验,是其负责监察商税这一特殊经历所造就的,并非人人都具备此种特殊的社会经验。最典型的特性经验体现在军事案件的裁判上。例如:"军若已变,则告者何独四卒?军若未变,则何用夜叩府告?其械而掠之,趣作诬状者,盖虑军情因此不安,欲徇两营也"(大意是军队若已叛乱,那么报告之人为什么只有区区四个士卒呢?如果军队没有叛乱,那么这四人何必赶在夜里前来告发呢?于是拷问这四名士卒,然后将此事作成诬告之诉,同时将此事传达两营,稳定军心)。"征战之际,卒有功者虽补为将校,亦当留军前,岂可发归本营?任颛得宣抚司移文,固已疑之矣。其卒至而色动,其有奸灼然"(大意是征战之际,有功的士卒即便晋升为将校官,也应留在军中,怎么可能把他们发归他营？任颛得到了宣抚司的公文，本已是反常之举。且该士卒到了之后，脸色有变，这明显是奸诈之举）。初入职场的裁断者在缺少这样的特性经验的情况下，基本无法做出正确的裁断，也就无法兼顾裁判的社会效果了。

个性经验是指仅属于裁判者个人出于对生活的特殊敏感和感悟而掌握的断案绝活。例如"孙长卿侍郎知和州，民有诉弟为人所杀者，察其言不情，乃问：'汝户几等？'曰：'上等也。''汝家几人？'曰：'唯一弟与妻子耳。'长卿曰：'杀弟者，兄也。岂将并有其赀乎？'按之，果然。"此案大意是讲，侍郎孙长卿任和州知州，有民声称他的弟弟被人杀害，但却说不清案情。于是问他家是第几等户之家。他答称上等。问他家有几口人，回答说只有一个弟弟和妻子儿女。孙长卿便认定杀人者便是报案者，目的是企图侵吞弟弟的资产。审问之后，果然如此。此案中孙长卿所展现的独特敏感性，正是基于他对生活的特殊体验，效法和推广此种经验的可行性远比共性经验低。当然，共性、特性和个性化的经验，均需要裁判者个人经年累月的勤奋学习和反复试用，"唯尽心者，则能之耳"。[①]

裁判兼顾社会效果与情理之关系

纵观当下一些"难办案件"的司法裁判，尤其是二审改判的一审裁决，都可以将裁判的不公归因于一审裁判者机械适用法条，全然不顾社会效果。实际上乃因一审裁判者缺少生活经验，甚至是基本常识，而不注重去发掘文本背后的立法原意，不能与时俱进地适用法律。因此，裁判者若没有社会效果（个人经验所积累起来的社会经验）的关照，在遇到社会普遍关注的难办案件时，往往试图通过机械地适用法条，展现自己刚正不阿、不受舆论干扰的独立审判精神，而实际上则是未能真切地理解何谓兼顾社会效果，反倒弄巧成拙，其判决后来不仅被改判，而且还导致舆论一片哗然，严重损害了司法的公信力。须知，司法裁判兼顾社会效果，并不是以妨碍司法独立为目的，而是要求裁判者积极地

---

① 以上引用均参见《折狱龟鉴·察奸》《折狱龟鉴·擿奸》。

将社会经验转化为审判的理性，作出"接地气"的判决。因此，独立审判更是意味着每一位裁判者皆能基于社会生活经验进行独立判断，富有智慧地从敬畏法律和悲悯众生的立场出发，创造既属于独立个体，又属于芸芸众生的司法裁判结果。这便是亚里士多德所讲的法律之真谛，乃善良与公正的艺术。

人同此情，情同此理。今人所讲的裁判兼顾社会效果与古人看重的裁判服众智慧颇具一致性。古今裁判的社会效果皆是在告诫裁判者不可机械地适用法律，而正是因为裁判者缺少了生活经验而少了悲天悯人的情怀，才会在判决时引起社会的轩然大波。当前，裁判者若不能智慧地处理法律文本与社会期待之间的隔阂和裂痕，这正是其社会经验不足的体现，包括法律理性的缺失和生活经验的匮乏。

兼顾法律效果和社会效果是古今司法公正实现的应有要义。古今国人皆是把法放在肚里，心中则是理这杆秤，嘴上讲的却是情。此情此理，便是司法裁判者基于共性、特性和个性的经验所感悟到的司法社会效果。

12. 古代方言不同影响审判怎么办？

司法审判活动总会因语言不通而需要翻译才能继续推进，现行诉讼法均规定了诉讼参与人有权利使用本民族文字，若诉讼参与人不通晓当地的语言文字，公检法机关有义务为其指派或聘请翻译人员进行翻译。古代中国司法同样需要翻译人以确保审判按部就班地进行，翻译人又称通事、译人或译语人。为方便讨论，此处仅阐释地方的司法翻译人。

语言障碍与司法翻译人的选择

汉语历史悠久，方言差别甚大。东汉《释名·释天》："天，豫、司、兖、冀以舌腹言之，天，显也，在上高显也；青、徐以舌头言之，天，坦也，坦然高而远也。春曰苍天，阳气始发，色苍苍已。"足见山东青徐人和中原腹地人的语言之别。南北语言更是差别明显，《颜氏家训·音辞》讲道："南人以钱为涎，以石为射，以贱为羡，以是为舐；

北人以庶为戍，以如为儒，以紫为姊，以洽为狎。如此之例，两失甚多。"古代实行任官回避制度，大致有籍贯回避、亲属回避、职务回避以及科举回避等，明代更是实行"南人官北，北人官南"的原则。为官者非本地之人，不通当地方言自然是常事。虽然历代都有官话（普通话）作为沟通的基础，但并非常人所习，例如魏晋六朝之际的官话便专属于士族，而且不经过系统学习很难掌握，官员与百姓的沟通很成问题。因此，州县官员必须依赖通事翻译才能开展工作，这就给通事上下其手制造了机会。①

地方政务大多依赖胥吏。与为官须回避本籍不同，所有的胥吏都是本地招募，对地方风俗民情十分了解。俗话说"朝中有人好办事"，地方权势长期把持了这一职位，以此稳定家族的利益。即使国家规定了胥吏的任期为五年，但实际上许多人仍然会在届满之际运用各种手段继续任职，或是由家人或亲属顶替，致使"官有迁调而吏无变更"。官员类似于政务官，胥吏倒是十分类似于事务官，他们成了沟通地方权势和官员的媒介，自然是通事的合适人选。胥吏中又属书吏最有优势，既精通文墨，又谙熟民情，因此，官员审判时常有一名值堂和一名书吏相伴，以控制场面。②

司法翻译人的质量保证与作用发挥

为实现教化的理想，州县通常允许当地百姓听审案件。清代乾嘉之际早年做过师爷，后升为父母官的汪辉祖就常鼓励百姓旁听审讯。据称在他审判时常有三四百人，包括外地商人都来旁听审判。③ 在此过程中，通事如果作假，则可能会被百姓当场揭发。不过，明清因正式官员数量严重不足，直到清末，正式官员的数量尚不足两万，④ 加上俸禄极

---

① 【英】S. 斯普林克尔：《清代法制导论——从社会学角度加以分析》，张守东译，北京：中国政法大学出版社2000年版，第55页、第92页。
② 瞿同祖：《清代地方政府》，范忠信，晏锋译，北京：法律出版社2003年版，第65页。
③ 【清】汪辉祖：《梦痕录余》（下）。
④ 【美】费正清：《美国与中国》，张理京译，北京：世界知识出版社2002年版，第38页。

低，胥吏自然成为政务运转的关键，地方已是"吏强官弱"。例如明初仅"松江一府坊厢中，不务生理交结官府者一千三百五十名，苏州坊厢一千五百二十一名……此等之徒，帮闲在官，自名曰小牢子、野牢子、直司、主文、小官、帮虎，其名凡六。不问农民急务之时，生事下乡，搅扰农业。……呜呼！此等之徒，上假官府之威，下虐吾在野之民。"① 到明末清初，顾炎武感叹道："今夺百官之权而一切归之吏胥，是所谓百官者虚名，而柄国者吏胥而已。"② 即便清代中期以后限定了胥吏的员额，但"乃或贴写或挂名，大邑每至二三千人，次者六七百人，至少亦不下三四百人"，③ 故有"州县与胥吏共天下"之说。④ 因此，通过百姓的听审来监督作为通事的胥吏作用甚微。为了杜绝译人作伪，自唐代起，即要求译人在翻译的司法文书上签字画押，以保证翻译准确："证不言情及译人作伪致罪有出入者，证人减两等，译人与同罪。"清代同样对译人作伪的情形做了规定："化外人有罪，通事传译番语有所偏私，不以实对，致断罪有出入者，证佐人减罪入两等，通事与同罪。"

除了通事之外，百姓但凡诉讼需要书面递交诉状，而且必须遵照既定的诉状格式，甚至连字数也有很严格的限制，这些繁琐的规定迫使当事人不得不求助于类似代书人这样的诉讼帮助人。同样，明清之际的讼师亦可作为翻译人提供诉讼帮助。如此，官府既能适当控制案件的数量，又可能解决因语言不通带来的诉讼难题。另外，地方官员基于儒家"必也使之无讼"的信条，出于"多一事不如少一事"的考虑，通常是调解结案。既通地方民情，又谙熟官场律令的胥吏或其他诉讼帮助人，常作为通事在翻译时左右逢源，成为合适且得力的居间调停人。官员很自然地同这些人保持密切的接触，同时给予一定程度信赖，虽然极易受到欺蒙，但权衡之下，还是需要利用他们熟练且恰当地"搞定"麻烦，让自己及早从繁杂的诉讼事务中脱身。为了治理地方而不是维护权利，

---

① 《大诰续编·罪除滥设第七十四》。
② 【明】顾炎武：《日知录集释·卷八·吏胥》。
③ 《皇朝政典类纂·卷三十六》。
④ 郑秦：《清代县制研究》，载《清史研究》1996年第4期。

官员大多只在乎通事是否能合乎礼法地"摆平"地方刁民，平息事端，否则得罪了通事，很难继续布道施政。

涉外司法翻译人的选择及翻译水平

对于涉外案件，一般称"化外人"犯罪，语言自然是审判的阻碍，这就不得不依赖翻译人。不过，唐宋对待涉外案件实行属人兼属地主义原则："诸化外人，同类各相犯者，各依本俗法，异类相犯者，以法律论。"大多数案件能够遵照执行。为此，唐代在负责处理外交事务的鸿胪寺和中书省均设有一批专职的"译语人"，这些"译语人"大多出身于少数民族或是外国人。① 当然，这些专职的"译语人"并非以司法翻译为主业。明清之际则一改唐宋传统，只适用属地主义原则："凡化外人犯罪者，并依律拟断。"而在司法实践中却以外交便利为原则，或赦免或交由他国处理。因此，翻译人的主要工作是准确地向当事人传达中国律法和官员的处理态度，而非翻译案情，这就很难保证翻译的水平。

在广东十三行贸易时期，因实行行商与保商制度，外商到岸后，除贸易各项例行事务可直接与粤海关接洽外，其他交涉事务须通过行商办理，一般不许直接面见官吏。因此，外商自带的使节不再担任通事，多由本地通事担任。为了保障正确传达国家律法和官方态度，本地通事均由粤海关总督发给执照，且须在行商的担保下负责与外商、官府和行商之间的联络事务。审讯外国犯人时，由通事现场充任翻译。② 不过，这些通事大多"现学现用"，操着一口蹩脚的"广东英语"。"广东英语"是将日常耳熟的词按照汉语拼音的表达方式进行表达，且夹杂着方言与肢体语言的一种混合产物。据称"他们用记在脑子里的英语单词，用汉语的习惯和一些与谈话主题相关的信息组成他们所认为的句子，随后便觉得自己是高水平的学者，完全可以胜任自己的政府和外国商人之间的译员。这些人没有一个能读懂最明了的英语文书，大多数不能听懂两

---

① 郑显文：《唐代诉讼活动中的翻译人》，载张中秋：《理性与智慧：中国法律传统再探讨》，北京：中国政法大学出版社2008年版，第254-260页。

② 唐伟华、黄玉：《清代广州涉外司法问题研究（1644—1840）》，北京：中国社会科学出版社2009年版，第95页。

个外国人之间的口语交谈,他们的英语知识来源于本地的中国教师"。这样的翻译水平实在是可笑至极。不过,如果准确翻译,又很可能因为礼俗不同激怒官府,反倒会牵连通事。① 于是,通事在翻译时便会察言观色,甚至不惜篡改,只图保全自己。这种徒有形式的翻译根本无法实现公正审判。官员何尝不了解通事的这些伎俩,但因多数案件最后都是经外交途径解决,大体上早有决断,地方只是走个过场而已。官员对此不妨"睁一只眼闭一只眼",只需要确保官方的态度能够经翻译告知当事人,至于当事人怎么说就不重要了。

司法翻译人的真实效果与原因分析

司法翻译人翻译的准确与否并不会对案件审判产生实质性的影响,通事的身份角色而非翻译能力才是地方官员在语言有碍的前提下裁决司法事务的依赖。因此,通事更多的是承担了幕友的角色,异籍为官的地方官员多会与他们和谐共处,甚至沆瀣一气。对于涉外案件,因属"洋务",一般都会经外交途径解决,地方审判徒具形式,翻译人就成了法庭的装点。地方官员关注的是译人是否顺利地传达自己(官方)的态度。这与当代庭审为保障当事人诉讼权利而设置翻译人的宗旨完全不符。

行文至此,古代地方官员不得不依赖翻译人的问题很可能是一个伪命题。因为,深受儒家礼法浸润的地方官员有着无比优越的正统文明观和华夏中心观,对化外人始终是居高临下之态。语言是"非我族类"的识别标准,官员一旦发现教令难行,便断定其心必异,且远必诛,始终难以平等公正之心待之。清末洋人便以此为由主张治外法权。

13. 古人究竟是如何做到"风闻言事"的?

监官和谏官,古代并称台谏,通称言官,自然可以言事,而风闻则

---

① 司佳:《从"通事"到"翻译官"——论近代中外语言接触史上的主被动角色的转移》,载《复旦学报》2002年第2期。

是经传闻而得知。风闻言事，或称之为"风闻访知""风闻奏事""风闻弹人"，即以御史为主导的言官可据传闻进谏或弹劾官吏，自东晋时为正式制度，沿用至清。

从民风到专责

风闻之制，本意在于采集民意，以匡执政得失。西周中叶以后即命采诗官编撰《诗经》，用"风"记录各地风土人情，为执政提供参考。汉代亦采此策，实行三公谣言奏事制，专门派遣朝臣到地方搜集民意。据《后汉书·李郃传》载："和帝即位，分遣使者，皆微服单行，各至州县，观采风谣。"帝王的微服私访更是采集风闻的重要形式。

南朝梁武帝天监元年（502）明确授权御史风闻言事，将单纯地收集民风谚语之采风转变成了专人负责的御史之权柄。据《梁书·武帝纪中》载："今端右可以风闻言事，依元熙旧制。"端右即御史，元熙即东晋末代皇帝司马德文的年号，其元熙二年（420）禅位于宋武帝刘裕。这说明在元熙年间（419—420），御史即可风闻言事。刘裕即位后，时任尚书仆射的王弘在没有确凿证据的情况下，上奏弹劾太子左卫率谢灵运杀人，并且检举御史中丞王准之见知故纵。当时尚书仆射无权弹劾，且不可据风闻弹劾，然宋武帝刘裕令曰："灵运免官而已，余如奏。端右肃正风轨，诚副所期，岂拘常仪，自今为永制。"① 北朝对此也加以利用，拱卫皇权，然此制度被滥用，据《北史·列传第三十八》载："多有妄造无名，共相诬谤。"

从监察到司法

风闻在设计之初是为了鼓励言官积极谏言，以免顾虑重重，所以对"言之有据"的要求有所放宽。且在弹劾之初，难以一一核实证据，否则会阻碍言路，因此对言官之谏给予豁免，即使所奏非实，也免于处罚。虽然多有诬枉之事，但任何制度都有难以避免的漏洞。此后，隋朝先隐去检举人姓名后，重新筛选风闻之事，并最终奏报皇帝决断。这对

---

① 《宋书·列传第二》。

于保护检举人，确保检举有效实有裨益，当然可能也会加重皇帝负担。

据《通志·职官四》记载："旧例：御史台不受诉讼，有通辞状者，立于台门候御史，御史往门外收采。如可弹者，略其姓名，皆云风闻访知。"风闻言事在早期确实不以证据确凿为成立要件，原因在于御史台不具有司法审判职能。"旧制但闻风弹事，提纲而已，其鞫案禁系，则委之大理。"① 到贞观末，"御史中丞李乾祐以囚自大理来往滋其奸故，又案事入法，多为大理所反。乃奏于台中置东、西二狱，以自系劾"。② 显然，大理寺对御史风闻弹劾反对多支持少，才是御史台主张自立门户，兼有部分司法职能的原因。正好遇到明君唐太宗，据《文献通考·职官七》载："自贞观初以法理天下，尤重宪官，故御史复为雄要。"他颇重言官作用，以善于纳谏闻名。《资治通鉴》卷一百九十五载："贞观十一年十月，安州都督吴王恪数出畋猎，颇损居人；侍御史柳范奏弹之。丁丑，恪坐免官，削户三百。"李恪命运多舛，与卷入太子之争相关，然太宗利用御史台平衡各种势力关系，也是御史司法权能够实现的原因所在。

至此，作为纠察弹劾机构的御史台，因有侦查审判之便利，更需要对其言论负责，至少不能失真。据《唐律疏议·诈伪》规定："案者，谓风闻官人有罪，未有告言之状，而奉制案问；推者，谓事发遣推，已有告言之者。而乃报上不以实者，各徒一年。其事关曹司，承以奏闻，而有不实，亦得徒一年。"这意味着若以风闻告官人有罪，未上纠举状者，要进行案问；弹劾事发者，还要进行推问，核实所告事实，妄言者徒一年。对风闻事实进行当面案推的主体当属大理寺，故而大理寺和御史台可以互相制约，便于帝王垂拱而治。谏言如有不实，即按照"诸诬告者各反坐，即纠察之官，挟私弹事不实，亦如之"的规定惩处，以此规范御史风闻之权。这一约束到了晚唐文宗太和年间（827—835）还在坚持，即明令上奏事宜必须言之有据，仅以风闻所奏不得呈上。

---

① 《文献通考·卷五十三·职官考七》。
② 《通典·卷二十四·职官六》。

从风闻到告密

唐高宗时，崔义元为御史大夫，"始定受事御史，人知一日，劾状题告人姓名或诉讼之事"，正式将御史台的司法职权确定下来，受事御史主要负责审核告发者姓名或诉案。因崔义元"希密旨阴中长孙无忌等罪，立皇后武氏"，① 助武则天问鼎皇后宝座，武则天因告密而得福，故而在登基之后十分重视御史台作用，"改御史台为肃政台，凡置左、右肃政二台……左以察朝廷，右以澄郡县。时议以右多名流，左多寒刻，……二台迭相纠正，而左加敬惮。"② 武则天有意重用没有背景的"寒刻"监察朝廷百官，组建新的御史队伍，以此牵制御史旧部"名流"朝贵，防止复唐之阴谋，这是她重新任免监察人马，准备大行告密之风，制衡反武势力的又一力作。

垂拱二年（686），据《新唐书·百官志二》载："以谏议大夫、补阙、拾遗一人充使，知匦事；御史中丞、侍御史一人为理匦使。"谏官和御史相互配合，以知理匦事，此乃武后创建的以告密为主的"匦检制度"，为风闻言事提供了升级进阶之方案。是时，"有告密者，臣下不得问，皆给驿马，供五品食，使诣行在。虽农夫樵人，皆得召见，廪于客馆，所言或称旨，则不次除官，无实者不问。于是四方告密者蜂起，人皆重足屏息。"一时间，"朝士人人自危，相见莫敢交言，道路以目。或因入朝密遭掩捕，辄与家人诀曰：'未知复相见否？'"③

在此番血雨腥风的皇权保卫战中，不加限制的风闻言事重返舞台，再加上由御史出身的酷吏来俊臣推波助澜，风闻之权愈发不受控制。天授二年（691），来俊臣"招集无赖数百人，令其告事，共为罗织，千里响应。欲诬陷一人，即数处别告，皆是事状不异，以惑上下。仍皆云：'请付来俊臣推勘，必获实情。'"④ 御史的风闻和审判之权双剑合璧，不受制约，便威力无穷。且武则天特设推事院，专供来俊臣审案，

---

① 《册府元龟》卷二百五十一。
② 《旧唐书·魏元忠传》。
③ 《资治通鉴·唐纪二十》。
④ 《旧唐书·酷吏传》。

不受干扰,这便是御史台同掌风闻权和司法权的最大弊端。

以行政制风闻

到了开元十四年（726）,御史大夫崔隐甫再次上奏请除御史台审判权。不过,玄宗并没有接受他的建议,依然继承了此前旧制,任命受事御史一员,由御史充任,每日一人轮流受理词讼。之所以坚持赋予御史台审判权,乃因此前御史台不享有审判权,"故御史嫉恶者少,通状壅绝"。因玄宗恢复了李唐旧制,按贞观年间制度行之,"其后罕有闻风弹举之事,多受辞讼,推覆理尽,然后弹之"。即在审判案件过程中发现线索,再收集确凿证据弹劾,将风闻之权同审判权合并。

御史台主导了风闻纠察之权,习重大案件皆由大理寺、刑部和御史台"三法司"共同审理,则肩负起诉纠察之权的御史台很可能会主导"三法司"审判,故而御史权更重。《新唐书·卷四十八·百官三》有云:"宰相以御史权重,建议弹奏先白中丞、大夫,复通状中书门下,然后得奏。自是御史之任轻矣。"这一建议除了加强御史台内部管理,形成由下至上的风闻审核机制外,还将奏状交由中书门下宰相权衡,以行政权制约监察权,削弱了武后之时全面主导监察和司法的强权机构御史台权。

从直言到不言

唐代以专司纠弹的御史为台官,以职掌建言的给事中、谏议大夫等为谏官。两者虽各有所司,而职责往往相混,故多以"台谏"泛称,风闻之权也可以共享。其中对风闻之权从限制到放任再到严格限制的历史,无不提醒后人风闻之权的利弊。宋代台谏开始合一,台谏实即御史台、监司、谏官连称,特设谏院,谏官拥有了针对百官的监察权,也可行使风闻言事。由于宋代秉持"事为之制,曲为之防"的防弊之政,故而放宽了隋唐以来对风闻可信度的要求。明代因人君疑心更重,故而更需要依托风闻之权巩固统治,导致对风闻之权愈发放纵。整个言官群体不仅职业化,而且规模化。上至国家大事小至市井传闻,大到皇帝小到草民,凡事皆可奏报,且不用担责。自明初到中叶,言宫的确发挥了肃清吏治、约束皇权的作用，其耿直勇敢已经成为一种精神，甚至不惜一死以获直名。然而，晚明之际，言官参与党争卷入政治，沦为权力争夺的工具，完全丧失了铮铮铁骨。名儒丘濬曾在《大学衍义补》中言道："风闻言事，此岂治朝盛道之事哉！……若乃讦人阴私，不究其实而辄加以恶声，是岂忠厚诚实之道哉？……莫须有何以治天下哉？"

老子有言："其政闷闷，其民淳淳；其政察察，其民缺缺。"在老子看来，政治宽厚清明，人民就淳朴忠诚；政治苛酷黑暗，人民就狡黠抱怨。风闻言事的出现是将百姓的街谈巷议提升为制度规范，以民间传闻作为执法依据，颇有"其政察察"之意。正如《晋书·顾和传》所言："明公作辅，宁使网漏吞舟，何缘采听风闻，以察察为政。"宽仁执政在于相信"人性善"，而苛刻执政在于践行"人性恶"，善恶之别，乃"闷闷"与"察察"之异。在老子看来，"祸兮福之所倚，福兮祸之所伏，孰知其极？其无正也。正复为奇，善复为妖。人之迷，其日固久。"福祸相依，正邪反复，善恶有变，"是以圣人方而不割，廉而不刿，直而不肆，光而不耀"①。圣人处事方正而不伤人，有棱角而不刺人，直率而不放肆，明亮而不耀眼，这是明君执政的最高境界。然而，历代君王因私之故，皆易行察察之政，明代的风闻言事沿着唐代武后之路到达顶峰，即是如此。皇帝若事无巨细，惨礉少恩，百官也会或人心涣散，人人自危；或沆瀣一气，欺上瞒下。有鉴于此，清代对风闻言事在鼓励之后警惕性地加以限制，加上清廷大肆打压清流士大夫，读书人逐渐奴化，历经康雍乾三世的汉族士大夫领袖张廷玉久历官场却只信奉"万言万当，不如一默"即是范例，这可能正是风闻言事之制或者言官命运的"福祸相依"。

---

① 《道德经》第五十八章。

中篇

中国法律史的局部探究

14. 儒法道之间有何关联以及怎样为统治服务？

和战转换之际的儒法之别

先秦法家强调法、势、术"三合一"的统治策略，从兵刑同源来讲，法源自于兵法或军法，有"刑起于兵"之说。而势和术原意为排兵布阵的阵势和打仗的战略战术，均与兵家思想有着密切关联，因此，更进一步证明法家思想总体上是基于一种战时思维发展而来的。

法家代表人物商鞅在秦国变法时曾大力推行的"二十等军功爵位制"便是战时思维的典型代表。爵位使用数字、方位和长幼之别来命名，通俗易记，严肃而不失活泼，简单且直接。商鞅将西周的"天子—诸侯—卿/大夫—士"四级扩充到二十级，营造了更为紧凑的晋升氛围，让将士一直处在十分亢奋的精神状态，时刻准备积极进攻而不是消极防御，基本团结了一切可以团结的力量，极大地提升了秦军的战斗力。然而，这种战时模式可以"马上得天下"，但绝对不可"马上治天下"。和平时期的社会治理方法断然不可完全移植战时模式，因为在不太需要争强好胜的农耕社会和平年代，根本用不着如此鼓舞人心，稳固的社会最需要的反倒是臣民的安分守己。从秦国到秦朝，法家必然经历和战转换的转型期，但秦朝的短命，无不证明了法家转型变革期的失败。因为法家比较极端，在"得天下"的过程中，法家过分注重效率的激进策略；但到了"治天下"时期，统治者则要抑制这种冲动。

然而，法家却彻底剥夺了人们做平凡人的机会，强调愚民专制，视民为工具，完全走到了另一个极端。儒家认为"人人皆可成圣"，但是需要每天躬行实践，而且强调"吾日三省吾身"，此种"见贤思齐焉，见不贤而内自省也"的"朝圣"历程非一般人能忍受，真乃"理想很丰满，现实很骨感"，与法家期待的立竿见影之效果十分不同。

儒家向后看与法家向前看

法家在和战转换之际，当然明白战时模式不太适合和平时期，因此，法家便以道家作为可资借鉴的转换资源，其唯一可用的统治法宝是来自于道家的愚民政策，即"使民无知无欲"。法家又讲"刻薄寡恩"，就源自于道家的"绝圣弃智"思想，构建一个完全属于国家，且只能遵照国家意志思维和行事的愚民活动圈，提倡告密，讲究株连，打造一个"不诚信，没温情"的社会，塑造一个全新的专制国家样式。过去周王分邦建国的体制早已被打破，先秦的儒家竟然还期望通过"克己复礼""法先王"来回到过去，这虽过于天真，完全不符合当时列国诸君欲取周王而代之的"世界潮流"，但目的却是构建脉脉温情的宗法社会。就此看来，儒家是"向后看"的，着眼于过去。于是，儒家力主"法先王"，虽然颇有守旧之弊，但守旧终归是用来倡导"孝"的，即利用"孝"来"法先王"，以制约后王，这对保障王权的稳定大有裨益。

法家则是"向前看"的，着眼于未来，擅长变法改革。于是，法家主张"法后王"，打破陈规，勇于创新，如商鞅变法便是最大程度地将每个国民都打造成"王的人"，并且建立了一整套打造新国民的国家标准，国家成了法家再造王权的机器。法家思想在秦国至秦朝的实践转化所强调的最大的"公"，便是最大的"私"，为的是杜绝国民的私欲和懒惰之心，将国民身心皆控制在王的手中，才事无巨细地制定各种标准，成就了传统中国政治上的早熟与法制上的繁密。然而，法家虽然强调"势"（形势），但殊不知，早在战国就已被启发动员的民众（贵族），到了和平之际更不会甘心被视为"刍狗"。历经中国"轴心时代"的战国之后，社会形势依然发生了巨变。此后，统治者如果只是按照此前法家之法，一味采取视民众为"群氓"的强硬做派，则必然会遭致反抗，这就让相对平和的儒家思想在"焚书坑儒"之后有了反击的机会。

儒法的解纷态度与治理应对

獬豸，是儒法共同认可的传统司法图腾。獬豸初为一只平行长角羚羊类动物，长而平行的角易被误认为独角。早在夏商周之际，其形象似牛、羊、猪，到春秋战国，则演变为虎、豹、狮的形象。这与当时法家思想兴盛有关,因法家强调以凶解凶(以刑去刑),所以獬豸的形象便从温和转变为凶猛。到了西汉中晚期,儒家思想重获新生,獬豸的形象又转变为羊。《后汉书·舆服志下》载:"獬豸,神羊,能辨别曲直,楚王尝获之,故以为冠。""羊"通祥,意味着"以吉化凶(讼)",与法家主张完全背道而驰,体现了西汉中晚期以来儒家的思想主张,也是儒生对皋陶作为儒家思想鼻祖的追认。这一形象变化反映了儒法之间对于"打官司"的不同态度。

儒家看重"以权利换和谐"的正义观,倡导以"先礼后兵"的礼教方式维持社会秩序,并且践行"有教无类"的社会宣教与治理原则。如此的儒家核心思想,使得儒家信徒完全有理由认为,任何纷争都可以通过教化或协商进行调停。这一思想在皇权统治实践中得到了成功转化,其成果便是在传统司法审判过程中形成了调判结合的解纷机制。此机制被誉为古代中国的伟大发明,而且与民间调解和官方裁判同时被列为传统纠纷解决的"第三领域",其价值一直延续到当代。

调停目的能否达到,在儒家看来,其关键在于调停之人是否有德,是为主观归因;法家则认为,其关键在于刑罚后果是否严厉,以国家强权苛法之后果作为调停条件,是为客观归因。这就决定了儒法思想对犯罪成因的不同看法。儒家的"内省"和"德性"要求统治者反思是否"子帅以正",现实具体表现为"罪己诏"之类的政治举措,而法家的"以刑去刑"要求统治者去反思是否"刑罚不够严厉",现实具体表现为愈发强化专制禁锢。

道家之于儒法的启示

道家的"无为而治"是受百姓欢迎的,毕竟轻徭薄赋的不扰民政策对百姓是重大利好,尤其是在立国初期,百废待兴,乃笼络人心之妙计。但"无为而治"并非指整个官僚系统无所作为。道家强调"无为"与"无不为"的辩证关系,实则为君臣之间确立了明确的职责分工。"无为"是为"君道",要求君王掌控大局,不拘小节,"治大国若烹小鲜"。因为君王的最大威胁来自于其一言一行都能被臣下猜透或看穿,这样容易遭到摆布,不利于君王实现"天之权柄,操之我手"。所以,强调君王的"无为"正是为了确保君心不被猜透。只有维持一个"无法猜透"的政治环境甚至是恐怖的政治环境，才能确保君王专制。"无不为"则是"臣之本分"，要求臣下需在"无为"的支配下"无所不为"，如此方能保证国富民强。法家过于强调君上的"无所不能"，实则暴露了君王的劣势。如果是足够勤勉聪慧的君王，法家便能助其成就伟业，反之则祸国无疑。

道家的辩证思维与儒家的中庸思想较为一致，但道家强调自然原始的社会状态，即"道法自然"，儒家则强调"道法圣人"。看似不同，自然的天然正当性与合法性却为儒家圣君仁政奠定了基础，此后便生发出了董仲舒式的"天人合一""则天行刑"的思想，自此，儒道之别不再如此悬殊。此后也不乏帝王将儒道糅和在一起，作为统御之法掌控朝局，补充法家之政不足，成为厚黑学之心法。

当代中国理性地提出依法治国和以德治国相结合的治理原则，而德法共治乃中华文明的原创性经验。"阳儒阴法"是德法共治的源头，儒家侧重德，法家看重法，儒法融合始于战国的荀子，最终在汉代形成了"阳儒阴法"互相吸纳的主流统治思想。"阳儒阴法"采纳了阴阳之态，"阴阳相合"又是道家的思想图景，加上古代中国的自然崇拜、祖先崇拜和权威崇拜又分别蕴藏了道家、儒家、法家的思想源泉，就此说来，儒法道思想共同塑造了传统中国统治的根本意识形态，也共同形成了中华法系的精神内核。不过，依法治国与以德治国相结合，主动性还是掌握在依法治国上，而且是"以德"，非"依德"，正是儒家强调"依德"但缺少明确而有效的标准，只能付诸繁琐而无用的礼制，才让法家思想占了先机。"以德"则是强调要考虑"依法"的效果，以德（天德和人德）来评估法治目的和效用，确保"依法"的正当性及可接受性，这正是传统儒道对于法家之补充的当代启示。

15. 春秋小国郑国和大国晋国为何相继公开法典？

回顾历史，中国曾出现过诸多提升国家治理体系和治理能力的改革,例如战国之际的变法,乃至春秋时代的铸刑,皆是列国通过改革旧有治理体系,新定律法文明,才能在如此深层次的、根本性的变革之后,为君王和国民争得一席之地。以春秋郑晋两国铸刑为例,可以看到二者是如何根据自身不同的国情背景和法制理路,选择国家治理的法制变革形式,进而提升国家治理能力,确保改革成效的万无一失。

春秋铸刑事件:郑晋两国的相同遭遇

春秋时期的郑晋两国先后铸刑被学界誉为首开中国古代成文法公开化的先河,但实际上在铸刑之前,成文法的公布早已有之。《周礼·天官·太宰》载:"正月之吉,始和,布治于邦国都鄙,乃县(悬)治象之法于象魏,使万民观治象,挟日而敛之。"天子诸侯将法典悬挂于门阙之上,故称"象魏"。"挟日"即十天,十天之后便藏起,时间之短,加上高悬于门阙而难以看清,且仅在王都之地公布,在老百姓的识字率及文化水平皆不高的西周之际,是难以达到法律公布之目的的。这就方便了执法者任意"出入人罪"。春秋之际的法律也采取了"悬于象魏"的方法来广而告之,但据相关史料,最迟至春秋中晚期以后,法律"悬于象魏"便不再是"挟日而敛之",很可能是长期悬挂。

郑国原是春秋之际第一个强大起来的诸侯国。第三任君主郑庄公称霸中原,史称"庄公小霸"。然三十年河东转河西,当周遭大国崛起之后,地处冲要、交通发达的郑国成为东西南北(北晋南楚西秦东齐)各国的必争之地,随时都有被吞并的可能。值此生死存亡之际,举国上下自然同心同德,在子产的领导下力推改革,锐意进取。子产,郑穆公之孙,名侨,与孔子同时,于公元前543年到公元前522年执掌国政20年。子产除了门第高贵外,还得到了以子皮(罕虎)为首的其他六家卿族的支持。经过数十年的经营,郑国出现了"内无国中之乱,外无诸侯之患"①的大好局面。但子产的"仁道"新政,也免不了"人亡政息",铸刑鼎就是子产新政的最后一环。公元前536年3月,"郑人铸刑

---

① 《说苑·政纪》。

书"。① 孔子曾高度评价过子产："有君子之道四焉。其行己也恭，其事上也敬，其养民也惠，其使民也义。"孔子为子产提前做好了背书，把子产所做的功德提升到了理论高度，难怪之后对子产的铸刑书之举没有多加指责。

晋国的叔向对子产一开始也是高度认可的，毕竟处在六卿专权之下的晋国没有比郑国好到哪里。但待"铸刑书"之后，叔向却态度大变，认为刑法从"刑不可测，危不可知"突然公开化，是对把持刑罚权的贵族一个极大的冲击。此前，子产限田征税，已然侵犯了贵族的经济权力，是可忍；现在却要把政治权力同时加以限制，孰不可忍。叔向何许人也？复姓羊舌，名肸，字叔向，主要活动在公元前557年至公元前526年。羊舌氏乃晋国公族，到叔向这一代，羊舌氏极盛，其执掌晋国国政近50年，与郑国子产、齐国晏婴齐名。叔向从政期间，韩、赵、魏、智、中行、范氏六家新贵族不断扩大私家势力，形成政在家门、公室衰微之局面。作为公室代表的叔向自然是与公族共进退，因此趋向保守，主张"奉之以旧法，考之以先王"。② 由于过于因循守旧，公元前514年羊舌氏被灭，仅过了1年，晋国即铸刑鼎，"遂赋晋国一鼓铁，以铸刑鼎，著范宣子所为刑书焉"。鲁国的孔子（前551—前479）对晋国这一做法极不赞同："晋其亡乎！失其度矣。……且夫宣子之刑，夷之蒐也，晋国之乱制也，若之何以为法？"③

郑国铸刑书：叔向的反对及子产的坚守

具体而言，叔向首先即以政治惯例来指责子产："昔先王议事以制，不为刑辟。惧民之有争心也。"此时周景王没有了昔日的威严和风采，以此论证未免太过单薄。此外，晋国六卿专权，相互倾轧，叔向所谓的先王之制，纯属掩耳盗铃。"民有争心"强调了法律教人为恶的一面，但并未指出问题的本质。法律的公布意味着民间的法律解释挑战官方权威便有了可能，郑国邓析制作《竹刑》即为明证。邓析曾"数难

---

① 《左传·昭公六年》。
② 《左传·昭公五年》。
③ 《左传·昭公二十九年》。

子产之政","欲改郑所铸旧制,不受君命,而私造刑法,书之于竹简,故言《竹刑》。"同时,邓析操两可之说,聚众讲学,令郑国执政继任者驷歂难以应对,于是"杀邓析,而用其《竹刑》。"① 杀其人还用其刑,一则说明《竹刑》更加先进,足以征用;二则说明《竹刑》已深入人心,不得不用。接着,叔向以"民知有辟,则不忌于上"告诫子产,此法有损贵族权威。对弱小的郑国而言,只有"你我皆为兄弟"的凝聚力才能抵挡得了晋国这样的大国的觊觎之心。这一点虽然是"民可使由之,不可使知之"的另一种说法,但于大国的社会治理更为合适,对小国的生死存亡则无济于事。郑国显然不需要"饿死事小,失节事大"之类的儒家说教,子产深知"皮之不存,毛将焉附"的道理。晋国亡国不过在子产铸刑书的130年后而已,而郑国直到公元前375年才灭亡,晚于晋国。因此,叔向最后一个反驳子产的观点"国将亡,必多制"诚可谓"杞人忧天"。实际上晋国之亡,很可能是隐秘的制度过多,而不是公开的制度过多所致。

学界以往均是将郑晋两国的铸刑事件同等看待,且多从礼治和法治的治理模式上来分析铸刑事件产生以及分别遭受批评的原因。面对春秋社会的剧烈变革,适应于"世代稳定"与"小国寡民"的西周法政传统显然已经落伍。② 若再凭先王的礼治经验,是难以应对巨变时代治理需求的。列国只有通过公开成文法迅速完成社会变革,方能适应新权力安排之需。作为小国的郑国时值生死存亡危急之秋,自然是选择铸刑这一应急之策来变法图存,奋力一搏,毕竟船小好调头。而作为大国的晋国倒是不能轻易启动铸刑这一类似于休克疗法的激进改革,更何况当时的执政是趋于守旧的叔向。作为郑国的改革者,子产深刻地认识到了这一点,于是只对叔向的批评作了简单回应:"侨不才,不能及子孙,吾以救世也。"③ 意思很明确,子产要考虑的只是当务之急,走一步,看一步,考虑太远反倒束缚了改革的手脚。相对于铸刑,子产在郑国推行的"都鄙有章,上下有服。田有封洫,庐井有伍。大人之忠俭者,从

---

① 《左传·定公九年》。
② 童书业:《春秋史》,北京:中华书局2006年版,第242页。
③ 《左传·昭公六年》。

而与之；泰侈者，因而毙之"等行政与经济改革才是重中之重，铸刑只是子产改革的一环，并非全部，为的是保障和巩固改革成果。

晋国铸刑鼎：孔子的反对与晋国的法政历程

在叔向去世之后，作为周礼卫道士的孔子趁机补位，对大国晋国的这一重大举动进行批评，为的是引起世人对"礼崩乐坏"的注意。不论孔子的批评是受晋国旧公族托付，还是其作为鲁国代言人自愿所为，其批评之理由都可以从鲁国的国情立场来解释。鲁国始终有"礼仪之邦"的美誉，堪称诸侯国的典型，时人有称"周礼尽在鲁矣"。鲁国政治的显著特点是执政之卿皆出身于公族，非公族不得执鲁政，因此卿大夫之间的争夺主要在公族内部。在子产铸刑之际，鲁国三桓与公室争权，由"政在公室"发展到"政在三桓"。① 这一政治形势要比深受六卿支持的子产差，孔子也就不好直接批评子产铸刑。此后，虽然鲁国公室实力衰弱了，但三家却促进了春秋后期鲁国国力的兴盛。相较于晋国，鲁国确实有资格提出批评，更何况是一直倡导克己复礼的孔子，面对着一群在晋国兴起的法家知识人。所以，孔子批评晋国铸刑鼎的背后反映的肯定是当时儒法立场之争。但晋国叔向批评子产或许就没有这么鲜明的儒法之别。子产并未完全是法家之流，因此深受孔子赞誉，其所作刑书应该不会完全无视"礼"的思想意义和制度价值。在子产的一系列执政之策中，其"不毁乡校"之举完全符合孔子所讲的儒家中庸之道，无怪乎孔子会认为"以是观之，人谓子产不仁，吾不信也"。孔子的批评在于，民众看到了刑鼎则不再尊重贵族，不是因为民智开启，而是在于从刑鼎一事可以看出贵族之间已经乱了尊卑秩序，相互攻伐。范宣子的刑书就是在夷地制定的乱法，以此作为法典版本，不正是当时晋国六卿专权，明争暗斗互不相让的真实写照吗？孔子反对的理由在于刑的本源，即刑鼎自身的合法性；而叔向看重的是刑鼎的结果意义。

当时各国为寻求变革，不得不改良旧制以壮大国力。《论语·子

---

① 盛险峰：《论春秋时期鲁国的政治道路》，载《安徽大学学报（哲学社会科学版）》2006年第5期。

路》曰:"名不正,则言不顺;言不顺,则事不成。"传统的"礼"和"刑"已不适合改革需要,作为变革法度的新称谓——"法"字的使用逐渐增多。铸刑鼎之前,晋国以"法"命名的制度规范主要有:①被庐之法。《汉书·刑法志》注云:"蒐于被庐之地,作执秩以为六官之法。"该法的目的是结合传统习俗惯例,建立以官僚制为核心的法权秩序。②夷蒐之法。据《左传·文公六年》载:"六年春,晋蒐于夷,舍二军。……宣子于是乎始为国政,制事典,正法罪,辟狱刑,董逋逃,由质要,治旧污,本秩礼,续常职,出滞淹。既成,以授大傅阳子与大师贾佗,使行诸晋国,以为常法。"该法包括了行政、刑事、民事契约等在内的诸多行为规范。被庐之法和夷蒐之法皆是以战争之地命名,兵狱同制。自文公始,晋国一直是天下头号军事强国,臣民长期处于国君直接控制之下,以文书行政为基础的郡县制得到了顺利推行。至铸刑鼎的前一年,晋国已有50余县,郡县制基本形成。此时,成文法的公开正是为了保障文书行政的正常运转。夷蒐之法制定后即授予太傅和太师这两位非军职官员,意味着兵法开始向刑法转变。兵刑同源,当权者因害怕依靠军事征伐而获得的权力旁落,最终重蹈周王覆辙,故而青睐"刑治主义"[①],制作刑典,以巩固权力。因此,晋国重要的法律规范还包括范宣子刑书。

范氏在晋国世代为法官,自然对刑律最为熟悉和了解。在范宣子平定栾氏之乱后,便企图通过立法来维护六卿的既得利益,于是从晋国大法抽离出来的范宣子刑书问世。从公元前550年到公元前453年约100年间,范宣子刑书成功巩固了六卿相对公族的优势地位。六卿为确保自身的安全,依靠范宣子刑书打破了"刑不上大夫"之类有利于公室特权的原则,以刑书提倡去专杀之威。此后,六卿企图将架空公室公开化和正当化,铸刑鼎就成了当然之选。铸刑鼎正是士鞅与魏舒前后两大执政互相夺权的产物。士鞅上台后即依照"刑鼎"之法报复魏舒,认定其在为周王室筑城过程中擅离职守,故而依照刑鼎降低了魏氏下葬的规

[①] 徐忠明:《"刑治主义"与中国古代法律观念》,载《比较法研究》1999年第3期。

格。范宣子刑书最开始是著之竹帛、藏于秘府的"刑器",此后才正式公布出来,反映了晋国异姓卿大夫蚕食公室权力,进而联合专政的政治演化过程。就晋国法政发展历程而言,晋国铸刑实乃社会政治改革发展的必然结果,这是与郑国铸刑书的根本不同。

郑晋异同:铸刑的法制理路与制刑的法制趋势

郑晋之间在关于铸刑方面的国情亦有类似,两国几乎同时出现了大都耦国的现象。因晋国长期与戎狄为伍,突破周礼文化束缚较易,最终国力"萃于三族",都与国的僵持被打破,实现了以都代国的目标,但郑国却始终未能实现。因晋国没有公族把持政权,便能推行任人唯贤以及看似比较激进的改革举措,所以最有成效。郑国子产的改革举措在某种程度上正是汲取了晋国的经验。同时,晋国又受法家影响,法制经验自然具有可借鉴性。在范宣子刑书之后约30年,郑国子产才铸刑书。况且子产和范宣子有交集,据称他曾写信给范宣子,申述大国应如何树恩立德,不要一味地向小国索求。① 就此而言,郑国的铸刑书很难说未受到晋国范宣子刑书的影响,并且晋国更有资格在郑国之前铸刑。但是在子产铸刑书后,晋国并没有即刻跟进郑国而铸刑,反倒是在20年之后才步郑国后尘,这说明晋国的铸刑完全是在自身法制发展成熟后才公开成文法的。照此推论,在范宣子刑书推出之后执政晋国的叔向或许就看到了列国会铸刑的苗头,他已在全力阻击晋国,但邻国反倒提前做了示范,只能将批评的矛头指向子产了。

对大国晋国而言,铸刑是法制发展的自然结果;于小国郑国而言,则是改革的应急之策。晋国叔向反对郑国子产,鲁国孔子反对晋国赵鞅等人,虽然有礼法之争的影响,但本质上还是各国社会重大变革所致。总之,因法政沿革和权力变革不同,春秋郑晋两国铸刑事件并非高度同质化,但两国可以等量齐观,殊途同归,都以改革与开放为目的。

另外,春秋之际成文法的公开(铸刑)虽不再是稀奇之事,但随着诸侯国王权专制集权加强,官僚制和郡县制广为推行,以成文法为基

---

① 《左传·襄公二十四年》。

础的文书行政开始盛行,列国系统地制刑频率逐步得到了提高。① 因此,法典的成文化(制刑)作为一种统治标准,变得比之前的公开化(铸刑)更为重要。体现对现任君王(后主)而非先王忠诚的制刑成了巩固王权的最佳工具,自然是春秋中晚期法制发展的主流趋势。

16. 从秦国向秦朝的转型有什么法制困难?

秦国在商鞅变法之前遵循西周宗法制,血亲贵族把持朝政。自秦孝公任用商鞅变法时,秦国的改革便以剥夺血亲旧贵(简称亲贵)的利益为中心,以建立忠诚于秦王的新型法政体制为目的。其一是改革行政体制,强夺亲贵之权。具体是将全国乡邑合成三十一县,建立县乡里长制,将王权直插县乡,官员由王直接任免且不得世袭,打破血缘和地缘垄断,瓦解地方贵族和宗族势力。其二是确立"军功"为任官晋升唯一资本,激发民众向上流动,填补亲贵的权力真空。其三,依靠连坐和告奸之法,进一步将臣民捆绑在秦王周围,同时防范新贵形成新的血亲利益集团,从而形成只忠诚于王的国民基础。凡此三者,皆以保障王权唯一为目标。正是因为如此,商鞅变法当时遭到了亲贵的极力阻挠,亲贵必然会伺机反攻清算。

秦国剪除亲贵势力的方法与时机

秦国对亲贵的打压在嬴政执政时掀起了第二次高潮,具体分为两个阶段:第一个阶段是在嬴政继位夺权的斗争中。公元前247年,13岁的嬴政被立为秦王,此时宫廷有三股外戚势力,分别是以华阳太后为首的楚国势力,以吕不韦和嬴政生母帝太后为首的赵国势力,和以夏太后和成蟜为首的韩国势力。最先遭到打击的是韩国势力,《史记·秦始皇本纪》载:"七年,夏太后死。八年,王弟长安君成蟜将军击赵,反,死屯留。"夏太后乃嬴政的亲祖母,成蟜是嬴政同父异母之弟,其母亦

---

① 徐祥民:《春秋时期法律形式的特点及其成文化趋势》,载《中国法学》2000年第1期。

是出身韩国的韩夫人。当时，夏太后与华阳太后共同监政，权势极盛。但夏太后死后，韩系便失去了保护伞。又逢成蟜出师不利，他因害怕回国受罚而降赵，这很可能是把持朝政的赵系与楚系共谋坑韩之结果。当时成蟜年轻，并无多少战场经验，就被派出作战。兵败后，赵系外戚乘机给赵国施压，让成蟜无法得到赵国庇护，只能反叛抗击。经此一役，韩国势力彻底退出秦国政治舞台。

赵国势力紧随其后遭到打击。帝太后是秦王生母，地位尊贵，吕不韦献给帝太后的嫪毐因得宠而成为巨富和权臣，被封为长信侯。嫪毐自称秦王假父被告发，嬴政决定拿嫪毐开刀。以华阳太后为首的楚国势力也想通过除掉嫪毐打击赵国势力，以独揽大权。嫪毐决定先下手为强。公元前238年，嫪毐在嬴政冠礼之时发动政变失败而遭车裂族诛，赵国势力随之土崩瓦解，帝太后被逐出咸阳软禁，吕不韦也在被赶回封地后不久服毒自尽。此时，秦国政治中枢就只剩下楚国外戚一家独大，其他五国于是纷纷游说秦王，力谏秦王除掉楚国势力，谨防秦楚联合对其他五国不利。后来秦王终被说服，亲自迎回帝太后，暂时平衡了国中外戚势力，但此时楚国和赵国外戚的权势已不可同日而语。总之，在嬴政继位后，最初三股亲贵势力互相攻讦，降低了秦王消除外戚势力的难度，最终嬴政可以集中力量，逐一攻破。

第二个阶段是在嬴政统一六国的战争中。公元前230年，秦国启动了统一六国的军事计划，其他六国得知后，争相与秦国结为政治联姻寻求自保，在秦国国内形成了各国的政治利益代言集团。秦王统一六国的十年，正是逐步清除六国在秦利益代言人的十年。此时，最大的亲贵集团还是楚系，其代言人为昌平君熊启。在吕不韦被罢后，熊启出任秦相。当时秦王已攻灭三晋、重创燕国，并计划攻楚，而熊启和大将王翦对攻楚一事显得谨慎和犹豫，这令志在必得的嬴政相当不满。嬴政遂将熊启罢免外调郢陈，以处理韩国动乱和安抚周边楚人，王翦亦被免职回乡。秦王此举既可让权臣无法掣肘其行动，以防泄露军情，又可以利用熊启楚人的身份和经验来处理动乱。不过，若是楚国沦陷，熊启便无权势依赖，再无重返政治中心的机会了。考虑再三，公元前225年，熊启决定在郢陈反叛，与楚军夹击大败秦军。然而，公元前224年楚王负刍被俘,①"荆将项燕立昌平君为荆王,反秦于淮南"。② 当时被消灭的亲贵势力并没有被斩草除根,而后集结共同反秦,不过,由于秦军太强,次年昌平君死,项燕自杀,楚国彻底灭亡。直到14年后,楚国戍卒陈胜吴广又在项燕自杀的地方淮北蕲县继承楚国亲贵遗志,起兵反秦,这就是历史的吊诡之处。

秦朝清除亲贵势力的方法与恶果

公元前221年,"六王毕,四海一",秦王嬴政创立皇帝制度并建立秦朝,自称始皇帝,贵族王侯专政的王国时代进入了君主专制的帝国时代。创立皇帝制度的初衷即是为了避免重蹈春秋战国周王权力式微、地方诸侯僭越之覆辙。秦始皇志在打破世卿世禄制,以皇帝直统的流官代替世袭,以郡县取代封国,强化中央集权。这一新型法政体制在最初遭遇到了顽强抵抗。面对大量亲贵残余势力,为了防止其复国、叛乱等,秦朝除了继承商鞅变法之法,还推行法家李斯"以法为教,以吏为师"的主张,打破宗法礼制对民众的身心控制,以新型官吏为效仿对象,让民众只知"法吏"背后的皇帝,以削弱亲贵对民众和地方的控制。同时,将权贵强制迁移,乃"消泯隐患之妙术",③"徙天下豪富十二万户于咸阳",秦始皇三十五年"因徙三万家丽邑,五万家云阳,皆复不事十岁"④。六国之间也互相迁徙,例如:秦国在攻占魏国的东郡后,将原在帝丘的卫元君迁至野王;⑤ 灭韩后又将韩哀侯平氏从平邑迁至下邑,⑥ 以加强皇帝对亲贵的监控,切断亲贵与民众的联系。这些都是践行了法家"刻薄而寡恩"的残酷统治之法,破坏亲贵法政体制,令民众颇感不适。

于是,官逼民反,陈胜吴广起义时,"诈称公子扶苏、项燕,从民

---

① 李开元:《秦谜:重新发现秦始皇》,北京:中信出版社2017年版,第140、155、269页。
② 《史记·秦始皇本纪》。
③ 马非百:《秦集史》,北京:中华书局1982年版,第916-929页。
④ 《史记·秦始皇本纪》。
⑤ 《史记·秦始皇本纪》《史记·卫康叔世家》。
⑥ 《通志·氏族略》。

欲也"①，扶苏和项燕皆是亲贵代表，以旧贵反抗新贵，便是当时之民意。"王侯将相，宁有种乎"之本意则是哀痛远古以来的贵族被暴秦灭绝，如今已经很难找到他们的子孙后代。② 陈胜等人正是利用了旧贵对新贵的不满，增强民众对亲贵法政体制的怀旧之情，这样便可联合深受新贵法政体制迫害和压榨的旧贵与苦难大众，提高反叛的胜算。据《史记·陈涉世家》载，"山东豪俊遂并起而亡秦族矣"。山东豪俊多是亲贵之后。张良，其父五世相韩；张耳、陈余，魏之名士，因"夫秦为无道，破人国家，灭人社稷，绝人后世"，故力劝陈胜"毋王，急引兵而西，遣人立六国后"③；魏豹，魏国公子，反秦时被立为魏王；田儋，故齐田氏族，儋之从弟田荣、田横，皆齐之豪俊，他们认为"诸侯皆反秦自立，齐，古之建国，儋，田氏，当王"④，遂自立为齐王；赵歇，反秦时被立为赵王；景驹，楚贵族后裔，自立为楚王；燕故贵人豪杰拥立韩广为燕王。项梁、项羽乃亲贵项燕之后，自不必多说。正所谓"农民叛乱的野火却点燃了旧贵族的死灰，不久秦朝的政权也就被颠覆了"⑤。

早期中国贵族法政体制转型的阵痛

到了公元前208年，博士淳于越就曾指责秦始皇："臣闻殷周之王千余岁，封子弟功臣，自为枝辅。今陛下有海内，而子弟为匹夫，卒有田常、六卿之臣，无辅拂，何以相救哉？事不师古而能长久者，非所闻也。"⑥ 这是公然对商鞅变法以来秦廷大力削弱血亲旧贵势力，彻底破坏旧贵法政体制的直接批评。商鞅因得罪旧贵族，最终遭车裂以安抚被削弱的亲贵。秦始皇登基以来，依靠新型法政体制对旧贵的打压有增无减，以强化君权。自二世继位后，旧贵的日子更是雪上加霜，当时连法

---

① 《史记·陈涉世家》。
② 李开元：《秦谜：重新发现秦始皇》，北京：中信出版社2017年版，第204页。
③ 《史记·张耳陈余列传》。
④ 《史记·田儋列传》。
⑤ 翦伯赞：《秦汉史》，北京：北京大学出版社1983年版，第77页。
⑥ 《史记·秦始皇本纪》。

家代表人李斯都进谏反对,但被赵高整治。当刘邦起兵逼近关中时,尚且存世的血亲旧贵们已是心灰意冷,多持观望和自保态度,无意勤王。从秦国商鞅变法始到子婴车裂赵高终,秦王和秦皇不余遗力地在削弱血亲旧贵的道路上越走越远。如此残暴镇压亲贵,最终自食其果,还是血亲旧贵葬送了秦之天命。

究其原因,秦朝任用法家强势推行"以刑去刑",并未给予民众认同和接受皇权新型法政体制的思想理论支持,官民一时难以适应,只能怀念传统的宗法制而抵触创新的郡县制,这无疑给血亲旧贵亡秦成功提供了机会。所谓"亡秦必楚"所指的并非楚民,而是像项羽一样的楚贵。"墙倒众人推",在秦灭之后,六国亲贵纷纷复国,再次回到了战国血亲贵族主导的法政体制。这是早期中国依靠血亲旧贵建立的贵族法政体制向皇权统领新型官贵建立的君主法政体制转型所必经的阵痛。① 刘邦建汉便转而推行郡国体制,实乃兼顾血亲旧贵和军功新贵之结果。纵观历代王朝,血亲贵族一直是王权必须要利用安抚又必然要严加防范的对象。

17. 董仲舒为何选择《春秋》来决狱?

在汉代儒生看来,《春秋》既然是孔子"手定"的"刑书",是"以断事"的"信之符",自然也是刑狱断案的可靠标准。汉儒在立法上改行儒制进展不大的情况下,转以《春秋》用作断狱之事,称"引经决狱"或"春秋决狱",建立起从司法上渗透帝国法律的通道,并最终实现法律儒家化的目的。此过程虽比立法改革来得缓慢,但比较隐蔽,也不会引起在当时体制下安于现状的既得利益阶层的过多注意,并且得到了皇帝的认可与支持,遂得以顺利推进。

春秋决狱的目的和手法

将儒家经典《春秋》作为司法审判依据的首创者是董仲舒。董仲

---

① 李贵连:《法治是什么:从贵族法治到民主法治》,桂林:广西师范大学出版社 2013 年版。

舒在向汉武帝推出"天人三策"后，并未直接入主中枢，而是被汉武帝派往地方监督"素骄好勇"的地方诸侯王。据《汉书·董仲舒传》载："天子以仲舒为江都相，事易王。易王，帝兄，素骄，好勇。仲舒以礼谊匡正，王敬重焉。"董仲舒不负武帝所望，在地方上取得了骄人的成就，安抚甚至平息了地方动乱的苗头，然而终生未曾登上权力顶峰，成为中央决策的核心成员，直至孤独终老。这大概是由于汉武帝"内多欲而外施仁义"的性情导致他只能粉饰一些儒家经义而不能用其精髓。不过，武帝没有大张旗鼓地将董仲舒推向权力的高位，目的是为了避免激起法家的排斥和反击，本质上自然是保护了董仲舒及其追随者。这为儒家思想悄无声息地渗透到官僚队伍中提供了机会。同时，在武帝的默许下，董仲舒间接干预甚至直接安排了大量儒生趁势进入帝国官僚队伍。在董仲舒的带领下，他们以春秋决狱的形式开始对当时法家主导的刑狱法制发起了挑战。

春秋决狱一开始是从难办案件入手，尤其是情理法冲突激烈的案件。据《汉书·艺文志》载，当时有董仲舒根据公羊学来决狱的案例16篇，名之曰《公羊董仲舒治狱》，可惜现已亡佚。董仲舒践行的春秋决狱之原理通过一例即可窥见："甲父乙与丙争言相斗，丙以佩刀刺乙，甲即以杖击丙，误伤乙，甲当何论？或曰：殴父也，当枭首。论曰：臣愚谓，父子至亲也，闻其斗，莫不有怵惕之心，扶杖而救之，非所以欲诟父也。春秋之义，许止父病，进药于父而卒，君子原心，赦而不诛。甲非律所谓殴父，不当坐。"[①] 由"君子原心，赦而不诛"所引出的就是董仲舒主张的"原心定罪"原理，也是春秋决狱的关键所在。即无论行为结果如何，只要其动机正当就可获得赦免宽宥，甚至不作为犯罪处理。"春秋之听狱也，必本其事而原其志。志邪者不待成，首恶者罪特重，本直者其论轻。"[②] 即春秋决狱须根据犯罪事实来探求罪犯的犯罪动机等主观心态。凡心术不正，故意为恶者，即使是犯罪未遂，也要加以处刑。尤其是对于共同犯罪中的首谋和组织领导者等首恶分子

---

① 【清】王谟：《汉魏遗书钞》辑董仲舒《春秋决事》。
② 《春秋繁露·精华》。

要从重处罚。相反，行为动机与目的合乎道德人情，即使违反法律，也可以减轻甚至免于处罚。"原心定罪"的实质是强调根据犯罪动机、目的、心态等主观方面来定罪量刑。此种处罚原则对中国古代犯罪构成理论的完善起到了重大作用，是法律儒家化在司法领域的显著体现。董仲舒断狱的例子还曾被汇编成十卷的《春秋决事比》，共收录232个以春秋之意来判决的典型案例作为判案的参考依据。这一司法裁判方式得到了武帝的认可，让儒家的思想在董仲舒老病退休后，依然能发挥作用，持续影响帝国高层的法家决策者。据《晋书·刑法志》称："故胶东相董仲舒老病致仕，朝廷每有政议，数遣廷尉张汤亲至陋巷，问其得失，于是作春秋折狱二百三十二事，动以经对，言之详矣。"董仲舒借用决狱之机，深入阐释了儒家经典的实用价值，对汉武帝时期司法裁判形成了广泛而深远、持续而深刻的影响。再加上儒家宣扬的仁义和德政，为解救当时武帝穷兵黩武而严重下降的支持率危机，提供了意识形态上的重塑价值。就此而言，以董仲舒为代表的儒家在理论和现实意义两方面为汉武帝重新确立统治权威，凝聚人心，重整帝国霸业提供了另一种可行的方案，并且描绘了光明的远景。儒法合流自荀子以来第一次有了实现的可能，外儒内法的统治方略在武帝的继任者手中逐步成型，逐渐成为此后国家的主流意识形态和帝国运转的基本国策。

春秋决狱的正负面效应

董仲舒所确定的"原心定罪"断案原则，为春秋决狱增添了更多的人治色彩。西汉后期的春秋决狱遂成为君王乱法和官员弄文的合法外衣。据《汉书·刑法志》称："及至孝武即位，外事四夷之功，内盛耳目之好，征发烦数，百姓贫耗，穷民犯法，酷吏击断，奸轨不胜。于是招进张汤、赵禹之属，条定法令，作见知故纵、监临部主之法，缓深故之罪，急纵出之诛。其后奸猾巧法，转相比况，禁罔浸密。律令凡三百五十九章，大辟四百九条，千八百八十二事，死罪决事比万三千四百七十二事。文书盈于几阁，典者不能遍睹。是以郡国承用者驳，或罪同而论异。奸吏因缘为市，所欲活则傅生议，所欲陷则予死比，议者咸冤伤之。"引经决狱带来的法律体系紊乱与司法腐败问题，在整个汉帝国始终未能得到彻底解决。宋元之际的马端临在《文献通考》中对《春秋决事比》一书做了较为公允的评价："《决事比》之书，与张汤相授受，度亦灾异对之类耳。帝之驭下以深刻为明，汤之决狱以惨酷为忠，而仲舒乃以经术附会之……盖汉人专务以春秋决狱，陋儒酷吏遂得以因缘假饰。"① 这种司法裁决方法对汉代法制的根本性破坏，甚至比秦帝国一断于法的法家专政更具威力。应该说，武帝之尊儒，并不意味着儒家此时的思想体系完全可以支撑汉代整个法制构建。须知，汉代的儒家思想杂糅了先秦诸家的学说，在学说思想上侧重于"整合"而非"创造"，并未形成自成一体的法治理论。正因为如此，通过春秋决狱的方式以渐进的思路不断侵入原来法家支配的法制领地，成为汉儒进入国家决策核心的必然选择。

引经决狱需要不断引入儒家学说中有关"仁""义""孝"的原则，在公羊学、谶纬学的"天人感应""阴阳灾异"等思想基础上，产生了"秋冬行刑""录囚"等儒家化的法律制度，并且确定了"经传决狱""原心定罪"等法律方法和法律原则，这些儒家化的制度方案对中华法系的发展完善起到了相当大的积极作用。

总之，汉代的春秋决狱实质上是儒学不能完全深入立法而改行的权宜之计，即儒家欲从司法上开始施加影响，进而深入内里，最终变革以法家为指导思想的汉代法律制度与精神。然而汉承秦制，历经"焚书坑儒"磨难的儒家在刚刚复苏之时就试图直接影响甚至改变立法显然是不可能的。春秋决狱是在以儒家思想"删定律令"而不得的情况下，旁出别径以推进帝制法律儒家化进程的关键一步。春秋决狱后来发展成为引经决狱，进一步扩大了引用儒家经典裁判的范围，为引经注律和引经入律的法律儒家化奠定了基础。法律儒家化是儒学经学化的目的，儒家化的法律成果除了律典中的内容之外，还有附着于春秋经传之上、以注疏辩解为主要形式的各种经学著作，以及依据春秋决狱而形成的大量判例。但不得不说，由董仲舒开创的春秋决狱，使得自曹魏《新律》开始，直至《唐律疏议》，历代律典在一定程度上都是在继承汉代所确

---

① 【宋】马端临：《文献通考·经籍考》。

立的德刑关系之儒家思想指导基础上，不断以立法的方式削除苛杂的判例，以消弭汉代春秋决狱所带来的种种弊端。不过，正是由于春秋决狱逐渐发展为引经注律和引经入律，才让儒学经学化促成了此后魏晋律学的昌盛。

18. 西汉削藩对政法建设有什么影响？

改革伊始：西汉初年分封改革及其不彻底性

汉初刘邦及惠帝吕后时期，中央主要削除功臣外戚为代表的异姓诸侯，分封同姓诸侯以收夹辅之效。同姓诸侯王在西汉早期"卒折诸吕之难，成太宗之业者，亦赖之于诸侯也"，① 确实达到了"世为汉藩辅"的目的。然而，因文景之时放任诸侯坐大，地方藩王多有拥兵自重、拥地自立之意。西汉初期在处理央地关系问题上始终秉持了"无为而治"的态度，这才导致文帝时吴王刘濞"招致天下亡命者盗铸钱，煮海水为盐""佗郡国吏欲来捕亡人者，讼共禁，弗予"；晁错上书文帝请求削除吴国，然"文帝宽，不忍罚"，此后"吴日益横"。② 景帝时，楚王"为薄太后服，私奸服舍"③，晁错再次上书请求处死楚王，而景帝只是下令削除楚王东海和薛县两处封地。如此放任发展，终致其"小者淫荒越法，大者睽孤横逆"④。

文景二帝并非对藩王坐大一事视而不见。当时中央统治尚未稳固，文景之治的盛世在一定程度上与放权地方有关。地方努力经营，中央基本不插手，激发了地方经济民生发展活力，这虽然是以削弱中央权威为代价，但换取了汉初七十余年迅速恢复发展的大好业绩。为了保护这一发展成果，文景二帝显然对地方藩王的诸多僭越挑衅之行为"睁一只眼闭一只眼"，一再顾及骨肉之情，容忍宽纵。其后果便是在景帝三年

---

① 《汉书·诸侯王表》。
② 《史记·吴王濞列传》。
③ 《汉书·楚元王传》。
④ 《汉书·诸侯王表序》。

（前154），"七国之乱"爆发。中央险胜后，景帝才着手应对藩王问题，从被动变为主动，率先以律法禁止诸侯王自治，王国的行政权、官吏任免权均收归中央，只保留其衣食租税的权力。一旦诸侯有违，即按律法加责，不会落得兄弟相残、骨肉相杀的下场，更不至于让世人看一出好戏。这些立法上的防范举措本该是高祖刘邦在分封之际就应该着手制定的，因为"无规矩不成方圆"，即便是亲兄弟也应该明算账。然而，刘邦借鉴亡秦之教训，为防范中央被架空，地方无人援手，只能再次选择西周的分封制，但仅是将异姓王变为同姓王，并未彻底改革分封制。殊不知，随着时间的流逝，血缘的淡化，同姓王与皇帝也会渐渐形同路人，同异姓王别无二致。

巩固改革：从政治军事削藩到法制削藩的转变

景帝之子武帝延续了法制削藩的策略，他接受主父偃的建议，颁布推恩令，从积极方面（行政立法）不动声色地推行削藩。元朔六年（前123）"淮南王乃昆弟语，除前隙，约束反具"。[①] 平息叛乱后，武帝"作左官之律，设附益之法，诸侯惟得衣食税租，不与政事"[②]——从消极方面（刑事立法）开始创设削藩罪名，巩固削藩成果，为后世提供了具体的法制削藩方案。

张家山汉简出土的《奏谳书》记载了高帝十年（前197）中央审理地方刑案的态度，在一定程度上反映了央地关系的早期状况。如在当时临淄狱史阑迎娶了尚未具备汉人身份的齐国田氏南之案中，阑被劾以"来诱及奸"，可判处磔刑，但是阑利用南户籍未定之事实，加上律法规范不清，最终仅"黥为城旦"。阑并非地方世官大族，仅为临淄狱史小吏，但因律法规定不够明确，中央只能谨慎判决，避免牵扯事端。到了景帝之时，因无法准确界定藩王之罪来为改革造势，只得借口"赵王有罪"以使师出有名，最终招致"七国之乱"。这与早期刑法"以刑统罪"的模式有关。以刑统罪依赖于王权的强大，地方毫无反对之可

[①] 《汉书·淮南衡山济北王传》。
[②] 《汉书·诸侯王表》。

能，君王专刑，便于提升中央威权。然而，如若王权不够强大，地方便可以罪状（罪名）描述的模糊为借口抗命不遵。"以刑统罪"的模式失去了强大王权的后盾，已然难以服众。到了景帝之际，"以罪统刑"开始受到重视，削藩的单行律（个罪刑法）陆续制定出来，在此过程中削藩类罪名日渐成系统。

儒家思想从"在野"走向"在朝"，积极推动了西汉从被动地依靠政治军事削藩到形成主动的"名正言顺"的法制削藩进程。正如《论语·子路》所言："名不正，则言不顺；言不顺，则事不成；事不成，则礼乐不兴；礼乐不兴，则刑罚不中；刑罚不中，则民无所措手足。故君子名之必可言也，言之必可行也。"名正言顺乃礼乐政刑之关键保障。除此之外，儒家的"出礼入刑"也启发了当时单行刑法的制定，例如酎金律规定，诸侯于宗庙祭祀时应随同酎酒进献黄金，武帝元鼎五年就因诸侯违法而一次夺爵达56人。这显然是以刑法来确保祭祀之礼的贯彻。

深化改革：系统化罪名的产生与皇权内容的丰富

从削藩单行律的制定时间上看，文帝制定了"事国人过律"，武帝制定了"阿党法""附益法""左官律""私出界罪""酎金律""非正与乱妻妾位之律"，元帝制定了"漏泄省中语罪"。这八种个罪大致可以分为三类：①削弱诸侯王的行政权。"阿党法"强化了对诸侯王的行政监视；"附益法"禁止在朝官员与诸侯王勾结；"事国人过律"限制诸侯王的役使人数；"左官律"限制臣民到诸侯国为官，限制诸侯国人力资源。②限制诸侯王的宗族关系和王位继承权。"酎金律"限制诸侯分封资格；"非正与乱妻妾位之律"限制诸侯继承资格。③限制诸侯王获取中央动向和人身自由。"漏泄省中语罪"禁止中央机密的外传；"私出界罪"限制诸侯王的人身自由。以上八种个罪相互联系，可组成削藩的类罪，目的是削弱或限制诸侯王的行政权、继承权和人身权，使诸侯王除了享有的身份权和税收权之外，与郡县长官基本无异。

当然，以上削藩单行律制定的时间显示，西汉从文帝和景帝开始就在逐步立法弥补高祖以来约束藩王法制的缺失。不过，此前的立法比较注重消极预防，多为刑事罪名。自景帝平定"七国之乱"后，法制削藩日益得到重视，并且逐步加快进程，因此，削藩法制扩展到了更加隐蔽和柔性的领域。此前的单行法或单行律都是面向刑事领域，而武帝之时，除了继续制定面向刑事罪名体系的单行法或单行律之外，还发布了包括推恩令和缗钱令等在内的一系列诏令，这些诏令涉及行政、经济等领域，都或多或少与削藩有关。换言之，武帝开始从行政经济等领域的立法来积极全面规范藩王行为，可以说已经进入了全面深化法制削藩改革的阶段，以达到彻底削藩的目的。

总之，在景帝成功平定"七国之乱"后，西汉中央化被动为主动，积极通过制定单行律来巩固削藩改革成果，将政治削藩、军事削藩转变为法制削藩。武帝加以继承，并将法制削藩推向纵深之地，深化了削藩改革。这些初步系统化的削藩罪名到后来成为规范地方诸侯的重要法源，直接启发了后世晋律中"违制"与"诸侯"篇的诞生，触发了古代中国"以刑统罪"到"以罪统刑"的转变，为后世罪名的发展奠定了基础。同时，秦始皇创立的皇帝制度在短暂的秦代并未发展出一整套完整且严谨的内涵与外延系统，这一问题随着西汉采用郡国体制而在西汉央地关系的紧张中不断凸显。因此，西汉在处理央地关系、君臣关系的削藩实践过程中不断探索和积累了皇权的内容。综上，西汉削藩从政治到法制的改革举措所形成的初步系统化的削藩罪名体系，不仅为后世律典提供了罪名，也丰富了皇权的内容。就此而言，西汉法制的发展与通过削藩来平衡央地关系，提升皇权威严密不可分，这再次印证了法制改革的深入推进需要政治改革先行的历史规律。

19. 西汉酷吏张汤做了哪些法制贡献？

张汤，西汉酷吏，因治陈皇后事，淮南王、衡山王谋反事得到汉武帝赏识。后因御史中丞李文及丞相长史朱买臣的诬陷，被武帝赐死，死后家产不足五百金，皆得自俸禄及皇帝赏赐，清廉至极。

张汤过人之处与老练的政治手腕

由于深受时任长安丞的父亲熏染，张汤自幼便展现出审案的特殊才能，正如那个广为流传的"张汤审鼠"案中所反映出来的那样：张汤父亲在发现儿子审鼠判决文笔"老辣如老狱吏"后，并非一笑了之，而是很快对他进行了更为系统的学徒式训练。这是中国古代"畴官"（世代相传的专业性官职）的典型做法，反映了朝廷官僚的世袭化和职业在家族固定传承的封闭倾向。不过，张汤一生历三帝，其政治才华在子承父业后还将沉寂多年。在这个颇需要实干才能和耐性的低级职务上磨练了多年的张汤，展现出了超常的政治嗅觉和过人的投机头脑。外戚田胜曾因罪下狱，张汤尽心帮助，两人交情极深。后来田胜被释后受封为周阳侯，便积极为其引荐贵族豪右。不久，丞相田蚡征召张汤为丞相史，又将其推荐给汉武帝，补任为侍御史。张汤抓住这一在帝王身边任职的机会，连办大案，先后治陈皇后事，淮南、衡山王谋反事，迅速脱颖而出。当然，张汤仕途进入快车道并非全凭揣度帝王好恶，巧言令色。在处理陈皇后巫蛊案时，张汤穷追其党羽，唯独将陈皇后交由皇帝定夺；在同赵禹编修法令时，务必使法令严密以防范有损帝业之事；在处理同僚关系上，严格但又故意放任，实则暗地里掌握下属的过错和疏漏，过去很久后才在不经意间指出，可谓恩威并重的老手；在处理地方藩王谋反之事时，张汤一抓到底，事必躬亲，且据理力争将武帝欲宽宥的叛贼严惩不贷，酷吏形象令武帝印象深刻。总而言之，张汤既能够体谅下情，又能够秉承上意，还能够矫正帝王之小过，方才得到皇帝的尊重和信任而晋升要职。

随着张汤决断国政，行丞相事，中央到地方都出现了大批酷吏，官场刮起了酷吏政治旋风，儒生与酷吏之间的矛盾不可调和。同时，张汤在担任御史大夫时治事严苛，用法严峻，又助武帝实施盐铁专卖，推行缗钱令，着力打击富商豪强，结怨颇多，一度出现上至公卿下到黔首纷纷指责的情形，其自身面临着严重的政治危机。在以上双重重压下，据《后汉书·应劭传》记载："仲舒老病致仕，朝廷每有大狱，数遣廷尉张汤亲至陋巷，问其得失。于是作《春秋决狱》二百三十二事，动以经对，言之详矣。"深谙帝王内心的张汤开始思考武帝的用心，并逐渐向董仲舒的主张妥协,① 引礼释法,将法家的刑名法术融合儒家的道德礼义,这是张汤试图解决武帝穷兵黩武以及大行酷吏政治所造成的社会危机之法。自此,这位长安丞之子开启的酷吏政治将随儒家政治共同取代西汉贯彻了一百余年的黄老无为思想,为皇帝中央集权和决断国政提供最为锋利的文刀舌剑。当然,张汤始终以帝意作为治狱准绳。皇帝肯定的,他就记录为断案时的法律依据;皇帝意图加罪的,他就穷治其罪;皇帝意欲宽恕的,他便引经用典减轻其罪状。因为,张汤深知其位其政皆是赖于皇帝支持。

武帝大业的股肱之臣与酷吏政治

汉武帝始终致力于建立"大汉天下"的民族自信,振兴帝国大业,其凭借汉帝国七十余年休养生息的基业,大兴兵戈,征讨匈奴。恰逢山东干旱,百姓流窜,世袭贵族土地兼并愈发严重,豪右大族勾连官吏巨贾,府库空虚,张汤敏锐地发现了其中的历史机遇,从自己最擅长的刑狱监察领域出发,积极进言武帝收回诸侯国铸币权,由中央统一铸造五铢钱。张汤还力谏盐铁官营,打击地方富商大贾;更是公布了缗钱令,助武帝剪除大批豪强贵族势力。于是,武帝对其倚重日渐超过了丞相,君臣二人终日促膝长谈国家财政大事,张汤的威望日益隆重。尽管张汤为吏严苛,但他对同僚和朋友却非常周到,不论得势与否,张汤总是极尽朋友之谊,不畏冬夏亲往拜见,赠以酒食。张汤时刻谨记要维护这种好人缘,以确保在其用法苛刻甚至有失公正之时,仍然能得到赞誉,让武帝的伟业能够走得更远。正是像他这样的经天纬地之才,一步一步匡助汉武帝将振兴大汉之梦变成现实。不过,张汤的酷吏生涯遇到了最好的时代,但也是最坏的时代。当时西汉正处在最为恢弘威严的时代,物极必反,恰好也处在了由盛转衰的节点上。

最初,汉武帝的"大一统"政策非常需要以张汤为首的"严苛少恩"的酷吏集团铁腕治理豪强贵戚和顽劣刁民,酷吏政治将"汉承秦制"推向了顶峰。起初的"汉承秦制"因汉初实行"黄老政治",只是

---

① 沈玮玮:《西汉司法:法儒两家的多轮交锋——董仲舒春秋决狱的背后》,载《人民法院报》2016 年 4 月 29 日。

表现为法典上的抄袭。到了武帝之际，因行集权专制之需，开始全面继承"秦制"，法家治国走向极端。然而，走向巅峰的酷吏政治向来是吹毛求疵，严酷刻薄，断不可长久，正如严刑重典不可长久一般。武帝晚年开始反思这一过于强硬和苛责的治世之法。张汤也饱受诟病，出力不讨好，于是，他要解决自己和武帝（国家）共同面对的责难。当张汤即便借用儒家引经决狱之法也不能减轻法家酷吏政治给社会带来的创伤时，武帝不得不丢车保帅，赐张汤自尽。因此，张汤酷吏生涯的起伏堪称武帝由法入儒的心路历程。或许是一种补偿，张汤的为人处事影响了儿子张安世，他以帝意为本的为吏之道和阳儒阴法的审判技艺被其子加以灵活运用，最终位极人臣，使得张氏家族荣宠益盛。

张汤的一生，无论是由酷吏到位极人臣；还是由官场跨足商场，大力推动新币发行和盐铁官营，都是他为西汉和武帝所作，从未为自己而谋。他对胸怀绳治天下大志的杜陵人来说，留下了"以法治国"的极致榜样，并深刻影响了数朝政法之风，让家族能显贵两百余年，或许这才是独属于他的政法杰作。

20. 东汉司徒鲍公撰写的《嫁娶辞讼决》是什么？

东汉司徒鲍公的学识履历及其主导的决事比编撰

司徒鲍公家学渊源与执法理念

据《晋书·刑法志》载："又汉时决事，集为令甲以下三百余篇，及司徒鲍公撰嫁娶辞讼决为法比都目，凡九百六卷。"此记载亦见《文献通考·刑考三》。"及司徒鲍公撰嫁娶辞讼决为法比都目"的正确断句应当结合前一句"集为令甲以下三百余篇"，二者是并列的动宾短语。而对前一句断作"集为《令甲》以下三百余篇"是没有疑问的，此处的"集为"是"集中整理为"，用作动词，接宾语。后一句"及司徒鲍公撰嫁娶辞讼决为法比都目"，其中"及"是并列连接词，当是

"集为"之后同《令甲》并列的名词短语。应当断作"集……为……",这一结构才符合并列动宾短语之表述。因此,后一句的正确断句应该是:及司徒鲍公撰《嫁娶辞讼决》为《法比都目》,而不是"及司徒鲍公撰《嫁娶辞讼》决为《法比都目》"。司徒鲍公所撰的是《嫁娶辞讼决》而非《嫁娶辞讼》。另外,引文中所用"撰"字,即编撰,既包含了编纂之意,还同时可以撰写编者的自己观点,比较强调有原创性,有主观创作的成分,因此,鲍公所撰的《嫁娶辞讼决》类似董仲舒的《春秋决狱》,并非完全是重新整理编排已有材料而不做任何主观评价的"编撰"。

司徒鲍公所指何许人也?司徒乃"三公"之一,东汉依旧采用三公九卿制,不过三公多以知名经师为之,以宣扬经术治国的理念,真正参决政务的是尚书,并不以实权付三公。汉光武帝即位,置大司徒官,负责人民教化,掌礼仪诸事。据《汉官仪》载"王莽时,议以汉无司徒官,故定三公之号曰大司马、大司徒、大司空。世祖(光武帝刘秀)即位,因而不改。"建武二十七年(51),去"大",称司徒。《后汉书·百官一》亦载:"司徒,公一人。本注曰:掌人民事。凡教民孝悌、逊顺、谦俭、养生送死之事,则议其制,建其度。凡四方民事功课,岁尽则奏其殿最而行赏罚。"因此,司徒所辖乃民政礼仪之制,皆涉及民事法律事务。若其不兼领"录尚书事",其权力大大低于尚书。另外,与西汉不同,东汉九卿分别隶属三公,其中太仆、廷尉、大鸿胪三卿属司徒。为了制衡廷尉和司徒掌管的刑民司法事务,特设尚书及其附设二千石曹。据查,两汉担任司徒一职的鲍公只有鲍昱(公元74—79年在任)。

鲍昱,字文泉,约王莽始建国二年(10)生,上党屯留(今山西长治屯留县)人,东汉司隶校尉鲍永之子。建武初年因剿平太行山中悍匪而知名,后担任泚阳长,因施行仁政,治理地方有道,于中元元年(56)拜为司隶校尉。永平五年(62),因救火迟延获罪贬为汝南太守。在太守任上,鲍昱加固堤防,令当地"水常饶足,溉田倍多,人以殷富"。① 永平十七年（74），鲍昱荐司徒之职。汉章帝继位后（公元75—88年在位），建初元年（76）天下初定，法制处于草创阶段，审判依据多有缺失，冤案错案多发。时年大旱，章帝向鲍昱询问减灾之法，鲍昱对曰："刑政未着，如有失得，何以致异？"接着道出了在地方任职经历，各地刑案任意牵连，流放罪犯无所皈依，民心不定。"一人呼嗟，王政为亏"，鲍昱认为，楚王刘英谋反牵连千人，或入狱或流放，以致罪责刑不相适应，很可能导致政权不稳。唯有"一切还诸徙家，蠲除禁锢，兴灭继绝，死生获所"，才能让民众各守本分，确保社会安定，国家兴旺，自然得以安然渡过天灾之年。当时天人合一的儒家理论盛行，鲍昱能够坚持儒家仁义为政，宽厚爱民，对民事类法律的注重也就顺理成章。加上当时决事比盛行，为了处理用法之弊，更会对编撰决事比之事上心。建初四年（79），鲍昱转任太尉，建初六年（81）卒。

在学术或其他领域颇有建树的汉代名流均流行以家教的形式传授子女学问，以延续家族优良传统，巩固家族地位，确保宗族兴旺不衰。鲍昱一生勤勉务实，屡迁高位，颇受百姓爱戴，乃得益于其家学渊源。祖父鲍宣为官一身正气，勤政务实，"常上书谏争，其言少文多实"，曾就西汉外戚斗争导致社会动乱向汉哀帝上书："民有七亡而无一得，欲望国安，诚难；民有七死而无一生，欲望刑措，诚难。"② 这便是其闻名于世的"七亡七死"之言。父亲鲍永曾弹劾光武帝刘秀叔父刘良大不敬之罪，得到皇帝支持，令"朝廷肃然，莫不戒慎"③。鲍昱"少传父学"，秉承家风，诚如《后汉书·鲍昱传》所载："昱在职，奉法守正，有父风。"建武初年（25）太行山盗贼横行，太守戴涉因"闻昱鲍永子，有智略"，④ 而寻求治理之法，鲍昱因此成名。

即便家学教育在汉代颇受重视，但是鲍氏三代皆为司隶校尉也实属罕见。汉代司隶校尉之职涉及监察、治安、领兵、议政、荐举、社会事务管理，关系一国政治端直，只有足够了解国家政治体制和官僚组织生

---

① 《后汉书·鲍昱传》。
② 《汉书·鲍宣传》。
③ 《汉书·鲍宣传》。
④ 《后汉书·鲍昱传》。

态之人才能胜任，当从有一定从政经验的官员中选拔。具体而言，司隶校尉的基本选拔条件包括"因功提拔，不拘泥资历""量才使用，不求全责备"①，乃是在政绩和品格方面的具体要求。东汉为了达到监察的震慑效果，司隶校尉必须"不动而威"，个人声望需求变得更高。鲍宣"有直项之名"②，鲍永"性矜严公正"③，鲍昱"奉法守正"，三人都极有声望。在汉帝看来，一直传承正统家学的名门望族能够将其后代培养成个人修养和家国情怀兼具的人才，因为累世名直最是关注其声望。这就是东汉重视门第阀阅的传统。担任东汉司隶校尉其人其家都必须得到皇帝的认同，鲍昱能够承袭其父任司隶校尉之职，乃是皇帝对其父鲍永爱屋及乌之体现。在受命传送文书时，鲍昱之名亦破例被注明在通官文书上，皇帝对此解释道："吾故欲今天下之忠臣之子复为司隶也"④，其意在表彰鲍永的忠贞和表达对鲍氏一族的厚爱。鲍昱之后，其子鲍德"修志节，有名称"，在南阳任太守时兴礼乐教育，为人所称；其孙鲍昂则有重孝义之名节，足见鲍氏一脉的士族之风。

司徒鲍昱掾属陈宠的编撰贡献

陈宠，字昭公，生年不详，卒于公元106年。其曾祖父陈咸在西汉因有律学专长而担任尚书，之后因王莽政变，拒绝出仕，"于是乃收敛其家律令书文，皆壁藏之。咸性仁恕，常戒子孙曰：为人议法，当依于轻，虽有百金之利，慎无与人重比"，⑤教育子孙用刑必须得当，从重议罪须谨慎。陈宠自幼明习家业，深得其家族律学与处世精髓。在担任司徒掾属后勤勉好学，还曾多次对鲍昱出言相助，这在"三府掾属专尚交游，以不肯视事为高"的年代尤为难得。鲍昱颇重陈宠才能，故而将其转任为辞曹，辞曹"主辞讼事"，⑥即专门处理民事诉讼，"其所

---

① 王尔春：《汉代司隶校尉选拔标准的量化分析》，载《南都学坛》2017年第3期。
② 《汉书·息夫躬传》。
③ 《东观汉记》。
④ 《后汉书·鲍昱传》。
⑤ 《后汉书·郭陈列传》。
⑥ 《后汉书·百官志一》。

平决,无不厌服众心"。① 这一任命从处理能力和效果上皆让陈宠积累了相当的民事审判经验,为其后来编撰民事类决事比提供了帮助。

公府辟士是指高级官吏任用属员的一种制度,始于西汉,盛于东汉。两汉公府自丞相(或司徒)、御史大夫(或司空)、太尉(或司马)、大将军以至九卿(如光禄勋、太常等),皆可自辟掾属,被召者佐主官治事,试用之后,主官可直接向朝廷推荐,或依诏令所定科目察举,内补中央官员或出掌州郡,是汉代选官与入仕的重要途径之一。公府属员官位虽低,却易于显达,故为士子所艳羡。陈宠"少为州郡吏,辟司徒鲍昱府",虽为司徒掾属,然而事必躬亲,不偷奸耍滑,"宠常独亲事",②谨慎周密,不以慎独为苦,谢绝人情往来。"是时,三府掾属专尚交游,以不肯视事为高。宠常非之,独勤心物务,数为昱陈当世便宜。昱高其能,转为辞曹,掌天下狱讼。其所平决,无不厌服众心。"③这表明陈宠十分勤奋用心,曾为鲍昱多次进言且切中时局要害。此种才能是后来鲍昱放心让其代理狱讼所必需的。可见当时处理狱讼之事,面对浩繁的决事比,需要平衡各方利益,综合各方考量,并以勤勉之心,识时务之睿智方能应对。此句一则说明陈宠之能,二则表明当时对司法职业者的能力和素养有着极高的要求,决事比之编撰正是司徒为了弥补当时多数司法官员技能不够的缺陷所作。

主属二人皆受儒家经学之影响,同有悲天悯人的情怀,在东汉盛行"谶纬"看重报应的观念感召下,体察民情,洞察世事,很能一拍即合,决心通过编撰决事比,以宽刑罚、以慰人心、以行仁政。陈宠后来升任尚书时是肃宗初年,即公元75年。当时处理狱讼多偏严酷,陈宠于是奏请削除前朝繁苛之法,主张在严明之后济之以宽:"宜因此时,隆先圣之务,荡涤烦苛,轻薄棰楚,以济群生,广至德也"。④ 后于永元六年(94)被任命为廷尉,后升为司空,虽专法律,而兼通经书,奏议温粹,号为任职相,乃当时儒吏和循吏的代表。主属二人法律理念

---

① 《后汉书·陈宠传》。
② 《汉杂事》。
③ 《后汉书·陈宠传》。
④ 《晋书·刑法志》。

相似，都追求立法均衡、宽严有度、断案明晰、待民仁爱。身为律学世家传承者且长年躬耕司法的陈宠官至尚书，对于国家的立法得心应手，也有相当的话语权。呈奏理当慎重，不可随便。只有鲍昱和陈宠联手才能让《辞讼比》的呈奏高效命中。有此出身于律学世家又志同道合者，决事比之编撰自然水到渠成。《辞讼比》成书于鲍昱任司徒期间，结合陈宠的上书时间，可以推测在公元75—76年编撰完成。

同时，鲍昱家族虽世代掌管司法之职，但在立法上的学问可能不及陈宠家族，也即他可能并不具备将民事决事比体系化、简明化，以很好地满足当时社会对立法的需求之能力，这一点他必然要依赖陈宠。从陈咸之经历就可见陈家对于律学有着较为高深的见解，且一直延续到后代陈宠。根据《后汉书·陈宠传》的记载："宠为昱撰《辞讼比》七卷，决世科条，皆以事类相从"，这是陈宠被认为是《辞讼比》真正作者的直接证据，但此句有"为昱"二字，即《辞讼比》是在鲍昱的要求或指导下完成的"职务作品"，二人至少应当是共同作者。在陈宠编撰完成后，《辞讼比》经鲍昱认可，最后才由"昱奏上之，其后公府奉以为法"。陈宠要完成如此艰巨的任务，至少需要遍阅之前包括鲍昱《嫁娶辞讼决》在内的所有民事判例，再从中筛选最恰当之案例重新编排，所耗费的时间和心力不可小觑。

陈宠之子亦步其后尘，安帝初（106年之后）辟司徒府，三迁廷尉正。以明习法律，擢尚书，居三公曹，执法宽详，于汉代法制多有建树。延光三年（124）累迁司隶校尉，中官外戚，近幸惮之。出为江夏太守，留拜尚书令卒。"宠子忠，忠后复为尚书，略依宠意，奏上二十三条，为《决事比》，以省请谳之弊。"① 陈忠不仅子承父业，而且大致上遵从父亲意思，编撰决事比解决审判弊病。这说明至少在公元125年前后，决事比对于解决"请谳之弊"就十分重要。据此可以反推鲍昱和陈宠经手过的《嫁娶辞讼决》和《辞讼比》的编撰目的和意义。

---

① 《晋书·刑法志》。

《嫁娶辞讼决》与《辞讼比》之关系及编撰环境

《嫁娶辞讼决》的开创与《辞讼比》的后续

《嫁娶辞讼决》以篇计，《辞讼比》以卷计，依靠现有资料无法查证"篇"和"卷"之间的区别，但可以肯定《嫁娶辞讼决》所含案例之数量竟有600余个，十分可观。古人重名，从命名而言，"嫁娶"应当只是涵盖了婚姻家庭类的民事判例，经鲍昱奏呈的《辞讼比》则在此基础上欲囊括全部民事类案例。《辞讼比》的目的是颁行天下，故而当简约而成体系，易懂而能操作，以达到"齐同法令，息遏人讼"的目的，按卷进奏亦是为了分门别类，便于查询类比适用。而简单以篇数成稿的《嫁娶辞讼决》很可能只是鲍昱为了便于处理日常司法事务留心积累后直接成书的。最后经鲍昱奏呈的《辞讼比》应当是依据早已留心收集的《嫁娶辞讼决》之基础，进一步简化凝练所成之果，是对前者及其他民事类典型案例整理删定的成果。"又汉时决事，集为《令甲》以下三百余篇，及司徒鲍公撰《嫁娶辞讼决》为《法比都目》，凡九百六卷。"① 此后所成的《法比都目》，即是为了规范通行适用的令和比，形成令比合纂的判案（决事）指南，形成了比《辞讼比》更包罗万象的《法比都目》。只不过《法比都目》并没有选择已经过鲍昱删选凝练的《辞讼比》，反倒是为了慎重起见，回到了《辞讼比》所参照的第一手资料《嫁娶辞讼决》，重新编撰，以免有所遗漏。

西汉最早的刑事决事比当属董仲舒所总结撰写的《春秋决狱》，"故胶东相董仲舒，老病致仕，朝廷每有政议，数遣廷尉张汤亲至陋巷，问其得失。于是作《春秋决狱》二百三十二事，动以经对，言之详矣。"② 这是儒家开始进入法家所执掌的司法事务之开始，开启了引经决狱之大门。232个刑事判例构成了"春秋决狱"的基本原则和操作方法。以儒家经义断案的《春秋决狱》之决事比在西汉确实发挥了解决司法疑难必要且不可忽视的作用。董仲舒将儒家礼法道德引入司法决

---

① 《晋书·刑法志》。
② 《后汉书·应劭传》。

疑，开创了儒家引经决狱以化解法家"不别亲疏，不疏贵贱，一断于法"的酷吏执法窘态的先河，这对于及时改善汉武帝执政刻薄寡恩之形象大有裨益。张汤多次造访董仲舒亲问案件处理之法，乃因其处理疑难案件须考量民意或社会效果，法家之"以刑去刑"的理刑思路已到了山穷水尽之地步。为了扩大儒家在处理司法事务上颇合天理人情的影响力，便于官员一体遵循贯彻，董仲舒才动笔撰写《春秋决狱》，并引经据典给出详细的说理过程，以"春秋决狱"而非"决事比"这一更加理论化的名称命名。故而《春秋决狱》当属理论性极强的学术著作。只不过到了鲍昱之时，引经决狱已经被普遍接受而成为断案的必备技能，故而早已内化在司法官员心中，仅编撰实用性较强的《辞讼比》即可。当然，自董仲舒撰写《春秋决狱》以来，决狱之比广为发展，而且十分丰富，相反，对于民事类判例之比的编撰较为欠缺，加之东汉经济凋敝，民生愈发艰难，故而才有鲍昱这一亲民之司徒，专注于嫁娶辞讼之比的编撰，借此拯救苍生。如果说董仲舒《春秋决狱》的直接目的是树立儒家在皇帝心目中之地位的话，那么鲍昱的《嫁娶辞讼决》直接目的当是解决本应当注重的民生细故。二者共同的目的都是希望能够被立法接受，成为永恒的规范指南。《春秋决狱》最后当是伴随着引经入律而被律典吸收，《嫁娶辞讼决》和《辞讼比》则被更完整全面的《法比都目》吸收，最后同律典融为一体，其命运如此相似，后文详述。

《嫁娶辞讼决》与《辞讼比》之诞生背景

《辞讼比》的前身之所以命名为《嫁娶辞讼决》，意在解决嫁娶纠纷之疑难或者无法可依之问题，这一专门决事比的出现或许意味着东汉的婚姻纷争出现了新的状况。男尊女卑是中国古代传统家庭的常态，不过汉代处在帝制初期，女性所受到的钳制尚不严厉，地位总体上较后世为高。汉代大体上还是认为，男性主导婚姻家庭事务，女子一般要做处于从属地位的"相夫教子"的贤内助，以"能奉其夫"为衡量妻子好坏的标准。不过在某些情况下存在例外，尤其是在涉及女性皇室成员特别是公主的婚姻中，公主骄横跋扈、待夫如奴，与夫尊妻卑的主流观念截然不同。东汉的郦邑公主"骄妒"、阴城公主因"贵骄淫乱"至"与嬖人居帷中"的做派皆彻底激怒了其夫而惨遭杀害。司法上对此类案件的处理则偏向皇室，郦邑公主之夫阴丰与其父母均判死刑，阴城公主之夫班始被腰斩后，兄弟姊妹也被"弃市"。① 公主的婚姻只是极为特别的例外，但皇室女性的嫁娶官司纠纷之审判结果，当会潜移默化地影响汉代妇女对嫁娶官司的防范和应对，从而增加嫁娶诉案的数量和审理难度。

当然，普通的汉代妇女并不完全依附丈夫，她们的职业多样，其中不乏骑兵、官员、商贾这样的多属于男子专职之业。因而在一些家庭中，妻成为一家生产力的主力，夫不得不对其言听计从。例如《后汉书·烈女传·乐羊子妻》载，东汉平民乐羊子外出求学期间，其妻"常躬勤养姑，又远馈羊子"，负担家庭的大部分经济来源。乐羊子辍学回家后，妻斥责他求学半途而废，辜负妻子的付出，对此乐羊子俯首听命。② 另外，传统所看重的妇道、贞节等约束女性的伦理，在汉代尚处于初步发展阶段，即便到了已经开始重视"贞"的东汉，"三纲五常六礼"仍未在社会生活中产生明显的作用，只不过是儒家推崇的理想道德罢了。总之，不同于后世男性绝对主导的固化的婚姻形态，两汉时期的女性能够相对自由地掌握自己的婚嫁，女性在嫁娶过程中尚具有一定讨价还价的能力，故而嫁娶官司出现的概率较大，由此观之，鲍昱编撰《嫁娶辞讼决》正是基于当时婚姻纷争的需求所致，可谓应时而生。

东汉编撰民事类决事比的环境动因

民事类决事比《嫁娶辞讼决》在东汉的出现之因值得关注。经过西汉的经营，法典已经在刑法上取得了诸多突破，尤其是在汉初削藩的斗争中出台了一系列单行律，这为汉代律典刑法内容的完善提供了相当的素材，可谓做足了准备。在决事比的数量上，刑事判例居多，这与传统律典将民事关系刑法化的思路相关，到汉宣帝任命于定国为廷尉（前69年—前51年任该职）时，"集诸法律，凡九百六十卷，大辟四百九十条，千八百八十二事，死罪决事比凡三千四百七十二条，决诸断

---

① 彭卫：《汉代婚姻形态》，北京：中国人民大学出版社2010年版，第56页。
② 彭卫：《汉代婚姻形态》，北京：中国人民大学出版社2010年版，第67页。

罪当用者，合二万六千二百七十二条"①，此距鲍昱担任司徒的公元74年至79年，已经过去了100多年，刑事决事比越发增多。然而，单独规范民事审判的决事比则未能形成体系，民事判例几被忽视，当与"重刑轻民"的传统多有关系。鲍昱当时向皇帝进奏除了七卷的《辞讼比》还有八卷《决事都目》，从其名称而言当是综合类的判例集目，此后由应劭编撰的《决事比例》也是如此。鲍昱在呈奏中明确提出"蠲除禁锢，兴灭继绝，死生获所"之论，表明他已经意识到在规范不足或不当的前提下处理有关百姓利益案件的严重后果，所以才萌生了编撰《嫁娶辞讼决》这类民事判例集之意。这一方面是为了确保自己依法断案而不受追究之责，另一方面则是为了从根本上解决汉代律法对民事纠纷关注不够的顽疾。

如前所述，以决事比为判案依据成为西汉末年至东汉的风尚，司徒鲍昱一直也在使用决事比，然"司徒例讼久者至数十年，比例轻重，非其事类，错杂难知"②。《嫁娶辞讼决》经年累月，也会有轻重不当、归类错乱、难以查阅之弊。为了统一法律适用标准，他和陈宠便从《嫁娶辞讼决》入手，开始编撰集民事类和刑事类判例为一体的决事比，且重点突出民事类决事比，最后奏定《辞讼比》七卷和《决事都目》八卷，以解决断案引例错综复杂、甄别事类失当的司法难题。

古代律典婚姻单独成篇与婚户律融合之缘

从户律到婚姻的单独成篇

湖北云梦睡虎地秦简并无"户"之篇名，但在《为吏之道》中收有《魏户律》一则："自今以来，叚（假）门逆吕（旅），赘婿后父，勿令为户，勿鼠（予）田宇。三枼（世）之后，欲士（仕）士（仕）之，乃（仍）署其籍曰：故某虑赘婿某叟之乃（仍）孙。"③ 这是有关户籍田宅的规定。《法律答问》亦有相似的一条法律解释："可（何）

---

① 《魏书·刑罚志》。
② 《东观汉记》。
③ 睡虎地秦墓竹简整理小组：《睡虎地秦墓竹简》，北京：文物出版社1978年版，第292-293页。

谓'匿户'及'敖童弗傅'？匿户弗（徭）、使，弗令出户赋之谓也。"①"匿户"即隐瞒户口，"敖童弗傅"指的是已达到傅籍年龄的少年不去傅籍，主要涉及户籍政策，可能主要规定在《傅律》之中。由此推测，与魏律有直接渊源关系的秦律应当也包含了户、傅两律，但可能属于前述的二级律目。有学者则认为"可（何）谓匿户""甲徙居"②"部佐匿诸民田"③及以下数条，当为《户律》的解答，并不涉及《傅律》。④此外，《法律答问》还有一条解释："'弃妻不书，赀二甲。'其弃妻亦当论不当？赀二甲。"⑤此条是针对男子弃妻后未登记当如何处罚的解释，应是《户律》对婚姻解除的最早规定，是此后户婚合篇的最早渊源。汉承秦制，在制定时间上距离秦亡不久的湖北江陵张家山汉简《二年律令》所含二十七种律，也只有户、傅与户律最为相关，其内容与《魏户律》大致相同，主要是关于"为户"（建立户籍）和"予田宅"的规定。由此度之，源自于魏律的秦律应该也有《户律》。《傅律》还涉及"傅籍""占癃""老"等内容，是国家征发徭役的法律依据，在汉代《九章律》中则被纳入《户律》而非《兴律》的依据，这样较为合理，因为《傅律》的主要内容是规制户籍登记，被统合到《户律》中更为合适。张家山汉简《二年律令》中的户、田律内容独有重合，《户律》包含多条官员田宅的规范，汉代户籍还包括了田比地籍、田命籍、田租籍等本应规定在《田律》内的内容，⑥据此可以推断，《田律》在九章律中也被纳入《户律》之下。《二年律令》中的户、傅、置后律与《唐律疏议·户婚》内容基本一致，其最大的不

---

① 睡虎地秦墓竹简整理小组：《睡虎地秦墓竹简》，北京：文物出版社1978年版，第222页。
② 睡虎地秦墓竹简整理小组：《睡虎地秦墓竹简》，北京：文物出版社1978年版，第213页。
③ 睡虎地秦墓竹简整理小组：《睡虎地秦墓竹简》，北京：文物出版社1978年版，第218页。
④ 殷啸虎：《〈法经〉考辨》，载《法学》1993年第12期。
⑤ 睡虎地秦墓竹简整理小组：《睡虎地秦墓竹简》，北京：文物出版社1978年版，第224页。
⑥ 张家山二四七号汉墓竹简整理小组：《张家山汉墓竹简》，北京：文物出版社2001年版。

同在于汉律多为民事性质的规范，而唐律皆将其纳入刑律范畴。

以上表明，汉代《户律》的内容主要包括户籍、田宅、析产、继承等内容。沈家本在《汉律摭遗》中将婚姻制度归入《户律》中，也只是参照《唐律疏议·户婚》的内容推测之，诚如他所言："《户律》目无可考，唐《户婚律》四十四条，前廿十五条并户事，余条略依其次序编入。"婚姻制度在汉时是否规定在《户律》尚无明证。汉律之后的律典基本保持了汉代《户律》的内容，自曹魏新律十八篇户第十二篇后，[①] 西晋泰始律二十篇，南梁律二十篇皆将户作为第十二篇，[②] 陈朝加以延续。北魏律亦有二十篇，[③] 尚仅存15篇篇名，只有户律可考。虽然婚姻没有单独成篇，但户律之中逐渐增加了婚姻的规定。例如晋律禁止以妾为妻，并惩罚居丧婚嫁宴请；北魏律有抑买良人为婢的规定；北周律则有禁娶母同姓为妻妾的规定，这些关于婚姻的规定都被《唐律疏议·户婚》吸收。直到公元563年颁行的北周《大律》将"婚姻"单独成篇为第五篇，第六篇为"户禁"。

婚户合篇与《嫁娶辞讼决》的价值

公元564年颁行的十二篇北齐律第一次将户律与婚姻合为一篇，即第三篇定为"婚户"。从继承北魏之大统的北周和北齐诸律来看，北魏律当有婚姻篇。至隋代开皇律，则将北齐律的"婚户"改为"户婚"，且移至第四篇，唐律及之后的宋元明清相沿不改，户婚始成为正律的固定篇目，至清末修律才按西方部门法的分类标准将其从刑律中分离出来。[④] 如果说婚姻作为独立一篇出现在正律之中始于北魏律（495），则比司徒鲍公编撰《嫁娶辞讼决》晚了400余年。若将婚姻作为独立一篇出现在正律的时间明确为北周律（563），则要比司徒鲍公编撰民事类决事比推迟了约500年之久。

为何婚姻作为律名出现的如此之晚，其原因在于官员婚姻的规范均在礼之规定之内，并无必要在律典中规定，加之汉代律典并非包罗万

[①] 龙大轩、梁健：《曹魏〈新律〉篇目与篇次考》，载《法学杂志》2015年第4期。
[②] 《唐六典》卷六刑部郎中员外郎条注，《隋书·刑法志》。
[③] 《隋书·经籍志》。
[④] 房丽：《汉、唐户婚之律比较研究》，吉林大学2005年硕士学位论文，第2-5页。

象,有"旁章"、单行律、科条、决事比等法律渊源辅助之,根本不需要进一步精简完善为逻辑自洽的经典之作。婚姻制度在东汉章帝建初四年(79)编撰的《白虎通德论》(简称《白虎通》)专门设第九篇为"嫁娶",对当时行用的婚姻礼仪制度作了较为详细的规定,此恰逢司徒鲍公所作《嫁娶辞讼决》及进奏《辞讼比》之后,应当颇有关联。此后,伴随法律儒家化的引礼入律继续推进,属于传统"五礼"之"嘉礼"的"婚冠"被纳入律中,以"婚姻"单独成篇。到了北齐律之际,婚姻和户合为"婚户"一篇,既意味着礼法融合之进程基本结束,又表明婚姻和户籍、田宅以及继承之内容开始正式被国家规制,家国一体的结构更为紧凑。唐代家内秩序(户婚)虽然为国家治理所吸纳,但其条文同维护君权的律法区分明显,并未被君权至上所吞噬。国与家统合在皇权政治内,可以说二者高度融合、相辅相成的同时,也各自保持着相对独立性。① 户婚在北齐律中迅速上升至第三,隋书律虽将其列为第四,但表明国家同家庭之间的关系正在逐渐协调化。唐律以后,国家日益从积极方面规制婚姻家庭关系,肯定家庭秩序对国家秩序维护的正面作用。② 律典能够实现纳礼入律,一准乎礼,进而实现国与家的关系协调,当归功于最早专注婚姻关系规范化的鲍昱,全赖其所纂《嫁娶辞讼决》对家庭婚姻法律关系的重视。

追踪司徒鲍昱的《嫁娶辞讼决》及《辞讼比》,到后来的《法比都目》《司徒都目》的演变过程,意在强调鲍昱对民事类判例(决事比)编撰的意义,在此基础上才能形成颇有综合体系的"都目"。到了魏晋之际,虽有晋故事,但作为断案的决事比之作用开始下降,决事比的内容已被律令科格式等吸收。包含在决事比中的民刑事法例也相应被律令体制接纳,到北齐律便形成"诸法合体,刑民有分"的律典体制。可以说,正是东汉鲍昱开始注重嫁娶之比,开创了编撰民事类决事比之先河,才为后世律典提供婚姻之法定规则,以使律典达到完整全面、礼律融合之结构形态。这便是考论东汉鲍昱所撰《嫁娶辞讼决》的主要目

---

① 丁凌华:《中国丧服制度史》,上海:上海人民出版社2000年版,第219-220页。
② 沈玮玮,赵晓耕:《家国视野下的唐律亲亲原则与当代刑法——从虐待罪切入》,载《当代法学》2011年第3期。

的和深远意义。在鲍昱之后，继续对民事类决事比用心推动的乃是应劭，其所著的《风俗通义》主要记述东汉社会风俗、礼仪名物、怪异等民事生活，对礼法结合的《唐律疏议》有巨大的影响，这是前述引《风俗通义》以管窥《嫁娶辞讼决》《辞讼比》之内容的理由。唐律十二篇中的职制、户婚、卫禁、斗讼等四篇有借鉴应劭之观点，户婚篇的影响力甚至到了近代中国。例如《唐律疏议·户婚》规定子孙不得别籍异财，民国法学家董康即将其思想渊源追溯到应劭，认为这是以应劭"凡同居，上也；通有无，次也；让，其下耳"为依据的。董康坚持认为民国民法应当规定同居不得别籍，他认为，"吾国今已颁继承之法，然只及财产一项。而别籍与否，不予限制。宗法观念较唐益薄，为维持东方家庭之团体计，固有规复《唐律》之必要也"①。与其说这是应劭的思想主张，倒不如说这是司徒鲍昱和陈宠等人编撰民事类决事比之法律实践对应劭的影响。

21. 传覆是什么样的汉代诉讼制度？

传覆，乃汉代诉讼制度之一，史料鲜有完整且直接的记载。民国法学家程树德只是引用了元代大儒张晏的经典注解对传覆进行了解释："传覆（囚律）：张晏曰，传考证验也，爰书自证，不如此言，反受其罪，讯考三日，复问之，知与前辞同否也。"② 即传覆规定在汉代九章律的"囚律"篇，是指在初次讯拷人犯得到口供后，过三日再次对犯人进行审问，看与前次审问得出的结果是否相同，以便坐实证据、公正裁判的司法程序制度。

传覆之渊源：从兵家到法家的防诈术

因汉承秦制，传覆制度应发轫于秦代，据《史记·樊郦滕灌列传》载："狱结竟，呼囚鞫语罪状，囚若称枉欲乞鞫者，许之也。"即与秦

---

① 董康：《刑法宜注重礼教之刍议》，载《董康法学文集》，北京：中国政法大学出版社2005年版，第626页。
② 程树德：《九朝律考》，北京：商务印书馆2010年版，第73页。

代的"乞鞫"制度相关。"乞鞫"是指案件当事人若对判决不服,申请对案件予以重新审理。在秦王政元年(前246)十二月十六日"黥城旦讲乞鞫"案的复审程序中,复审官员听取了当事人陈述并查验其伤后,"讯问毛曰:毛苟不与讲盗牛,覆者讯毛,毛何故不蚤(早)言请(情)?毛曰:覆者初讯毛,毛欲言请(情),恐不如前言,即复治(笞),以此不蚤(早)言请(情)"。由此可见,在刑事案件中,"覆"者早在秦代就已经出现。至秦二世,赵高陷李斯并"使其客十余辈诈为御史、谒者、侍中,更往覆讯斯。斯更以其实对,辄使人复榜之。后二世使人验斯,斯以为如前,终不敢更言,辞服"①。我们根据这些"覆讯""验狱"的记载基本可以肯定,彼时案件经初次盲讯,在案情基本清楚后,还应当再由其他审判人员进行二次审讯,以验证初次审讯获得口供的真实性。覆讯不再属于对已生效案件进行再次审理的复审程序,而是成为初审程序的一部分。

在以口供为核心证据的秦汉时代,若要做到尽可能在不动用刑讯手段的前提下审判定罪,只有利用当事人记忆遗忘和做贼心虚的心理,才能确保获取真实而有效的口供证据。这是传覆早已在秦代适用的根本原因。据睡虎地秦简《封诊式·治狱》记载:秦代"治狱,能以书从迹其言,毋治(笞)谅(掠)而得人请(情)为上;治(笞)谅(掠)为下;有恐为败"。即审理案件的最佳方法是在不对犯人进行拷打的情况下,就能够根据记录的口供破案,反之则为下策。而"凡讯狱,必先尽听其言而书之,各展其辞,虽智(知)其訑(欺诈),勿庸辄诘。其辞已尽书而毋(无)解,乃以诘者诘之。诘之有(又)尽听书其解辞,有(又)视其它毋(无)解者以复诘之。诘之极而数訑,更言不服,其律(笞)谅(掠)者,乃(笞)谅(掠)。(笞)谅(掠)之必书曰:'爰书:以某数更言,毋(无)解辞,治(笞)讯某'"②。这些操作性十分强的讯问之法,体现了对依赖口供审讯的重视以及对获取确凿口供的谨慎。据上述《封诊式·讯狱》所言,当时秦代设计的理

---

① 《史记·李斯列传》。
② 睡虎地秦简《封诊式·讯狱》。

想的审讯之法，是应先听取当事人的各自陈述，通过多次口供的对比来判断陈述的真伪。只有当其口供露出马脚，当事人依然百般抵赖，才能依法刑讯，并且记录在案。这便是自西周开始司法界广泛适用的"五听"之"辞听"法。湖北张家山出土的汉初《奏谳书》有"不知何人刺女子婢最里中"案的审理过程符合这一刑讯之法，该案的嫌疑人公士孔不承认，前后事实相反，最后才采用刑讯。这种方法被南宋人郑克总结为："鞫情之术有正、有谲。正以核之……谲以摘之……术苟精焉，情必得矣。恃拷掠者仍无术也。"①

在秦代，此种查案的"鞫情之术"看上去是为了保障嫌疑人的基本人权，实际上是为了尽快查明案情，以免浪费过多的司法资源，这与《孙子兵法》所言"百战百胜，非善之善者也；不战而屈人之兵，善之善者也。故上兵伐谋，其次伐交，其次伐兵，其下攻城。攻城之法，为不得已"② 如出一辙。如果从"兵刑同源"来看的话，秦代法家之讯问程序与兵家之攻城兵法的初衷皆是从节约经济的角度来实现征服和统治之目的。总之，作为严防当事人口供欺诈的"覆讯""验狱"之法，乃法家和兵家所谓的"防诈术"。正所谓"兵不厌诈"，只有经过再次"覆讯""验狱"，多轮回合较量，才能在最终定谳上做到"知己知彼，百战不殆"。

传覆之内容：从技术到程序的再发展

我们梳理上述案件可以看出，秦汉时期在刑事案件审理中的"二次讯问"为"覆讯"，在民事案件审理中的"二次讯问"应为"验证"，刑民案件已有差别，然本质上相同，均是司法验证之法。只不过，秦代的传覆仅为审讯技术，而到了汉代，已经发展为审判的具体程序。汉高祖时，"高帝自言不伤婴，婴证之，是狱辞翻覆也"③。"狱覆"应为一种司法验证程序，同样是对初次审讯获取口供真实性的验证和确认。高祖十一年（前196）八月甲申朔乙丑"毋忧案"经审理后有

---

① 《折狱龟鉴》卷三《鞫情·陈枢治僮》。
② 《孙子兵法·谋攻篇》。
③ 《史记·樊郦滕灌列传》。

"毋解"和"问,如辞"之语的记载;"婢媚逃亡案"经诘问后亦有"毋它解""它如辞"之语的记载①。这说明在审讯达到了"毋解"或"毋它解",即事实清楚之后,又有"问,如辞""问,它如辞"的再次讯问程序,只有得到了与前述相同的供词,方才定案。就比而言,汉高祖时期案例记载的司法过程最接近于张晏关于"传覆"的引注。《建武三年十二月侯粟君所责寇恩事》载"初三日(乙卯日)爰书和十六日(戊辰)爰书"等重审记录②,已经明确记载了在复审时第一次讯问采"爰书验问",第二次讯问采"更详验问";建武四年(28)三月壬戌朔己亥日,官府审理万岁侯长宪告发秦恭挟带一架鼓离开第一隧到吞远隧一案,也采用了"验证"程序,③ 可见,验问口供的传覆已是汉代诉讼必不可缺的程序。④

在汉代,该程序具体可分为告劾、受理立案、"证不言情"之辩告、案件事实查证和判决。在告知人犯与相关人等"证不言情"的法律后果之后,案件事实查证阶段则复开启,由"讯""验"和"鞫"三步组成。《汉书》和《后汉书》多见"案验"的记载,如:"皆勿案验"⑤"有司案验"⑥"请案验"⑦"因是遣御史丁玄案验"⑧"须立秋案验"⑨"事下案验"⑩ 等;"案"与"验"分述的记载另有多处。从这些记载来看,"案"相当于"讯",即初次讯问,调查核实罪名能否成立、犯罪的具体过程为何等内容;而"验"(或覆讯)则是通过第二次讯问进一步核实初次讯问的内容,前后两次讯问是否一致、具体罪名和罪状是否确凿。

---

① 《张家山汉简·奏谳书》。
② 《居延新简》EPT22:1-36 简。
③ 《居延新简》EPT22:329-332 简。
④ 程政举:《略论〈奏谳书〉所反映的秦汉"覆讯"制度》,载《法学评论》2006 年第 2 期。
⑤ 《汉书·平帝纪》。
⑥ 《汉书·文三王传》《汉书·翟方进传》。
⑦ 《汉书·杜周传》。
⑧ 《汉书·外戚传(下)》。
⑨ 《后汉书·肃宗孝章帝纪》。
⑩ 《后汉书·光武十王列传》。

"案"与"验"应是两个前后紧密衔接、相互配合的诉讼环节,将两个程序合并来看,初次讯问后经再次讯验查证属实,都是传覆的题中应有之义。通过"案""验"(传覆)反复讯问核实后,若案件事实清楚,证据确实充分(或证人证词与口供印证一致),审判程序便要进入"鞫",即司法者最终对案件事实给予认定,将其作为"谳"(定罪量刑)的基础。主持"案""验"两个程序的司法人员是不同的。根据《史记·张汤列传》记载:"爰,换也。古者重刑,嫌有爱恶,故移换狱书,使他官考实之,故曰'传爰书'也。"这表明汉代"案""验"讲究"使他官考实之"。这意味着汉代为了确保口供的准确性显然已经尽可能在审讯程序上极其努力。

传覆之动因:从法家到儒家的再利用

汉初统治者采纳黄老之学,与民休息,先后废除了法家过于极端的连坐及部分肉刑,推行大赦和赎刑。传覆制度因与节约司法资源和废除苛刑的汉初治理原则相符而得以保留。在审讯中设置传覆环节,虽然细节规定细微,操作要求纷繁,但是却能提高一次性审判的服判率,降低复审程序启动的机会,无疑起到了节约司法运行成本的作用。同时,除去别有用心对抗官府的"刁民"之外,多数当事人可以通过传覆来修正供词,提高口供的准确率。尤其对于那些老实巴交的初犯者,因惧怕官府而口供表述不清,甚至口供不全、逻辑混乱等,可以在传覆程序中做出更为真实的表述。而且,在传覆过程中,司法官和当事人之间沟通更多,不仅可以在此过程中教化民众,而且可以据此改变官府的司法形象,对官司的解决和预防纠纷产生良好的效果,这都是儒家所期盼的社会治理之法。因此,在儒家化的过程中,传覆更多地被赋予了儒家"仁德"之道。此后为了少刑慎杀,针对难以定罪的疑狱,汉代发展出了奏谳制度,为刑讯留下了更少的适用空间。包括改革刑罚在内的汉代法制创新,都是在儒生逐渐进入官员群体并执掌司法权后带来的新气象,能够被儒家利用的传覆制度也得以继续推广。

为了在司法活动中尽可能准确地作出判断并得出恰当结论,司法人员的智慧和司法制度的优势缺一不可,这种智慧和优势皆依赖于诉讼程序的理性设计。秦汉的传覆针对讯问口供而设计,不论是初审还是复审,只要涉及讯问,均要由传覆来规范,成为通过"辞听"之法辨析言词证据确凿与否的必要环节。传覆起初仅作为"鞫情之术"被用来限制刑讯,有着朴素的司法谦抑性色彩。但到了汉代,在儒家思潮的推动下,传覆成了一种规范严谨的程序机制,对官员审判进行合理的引导——包括司法者个人的内心活动和司法者外在的行为约束等各方面,无不体现汉代司法审判的理性。

汉代诉讼审判程序已经达到了相当严谨的程度,除了沿用秦代的诉讼制度之外,还发展出奏谳、录囚、刺史巡循、引经决狱等多种审判程序,足以启动复审程序以平反冤假错案。从更微观的层面看来,包括传覆这样的小程序也被汉代统治者细致且规范地添补进来,致使查验案件事实的程序更为丰满,体现了皇权掌控司法权的缜密心思。为了满足皇权大一统的帝王专制,司法权的细微操控必须被严密规范,以防官员滥权草菅人命,最终导致民心不稳,激起民变。因此,发端于秦代法家,甚至源自先秦兵家的司法审判技术,也被汉代为巩固皇权专制而全盘接收。于是,我们看到传覆在汉简所记载的案件审讯环节中多次出现,司法官员运用这种程序且被严格记录在案,对当事人供述进行严格确证,让当时不太发达的取证和鉴定有了最大程度的保障。

综上所述,传覆作为早期中国传统司法程序理性设计的缩影,衍生出"据实断案""狱疑者谳"等优良的司法审判原则,并且在"五听"之法正式进入律令后,一再被强调。北魏时期《狱官令》规定:"诸察狱,先备五听之理,尽求情之意,又验诸证信,事多疑似,犹不首实者,然后加以拷掠。"[①] 到了唐代,《唐律疏议·断狱·讯囚察辞理》规定:"诸应讯囚者必先以情,审察辞理,反复参验,犹未能决,事须讯问者,立案同判,然后拷讯。"可见,唐代已经形成了五听、验证、拷掠三个审问程式。清代则发展成"逐级审转复核制",通过逐级解押案犯,转换审判场域,多次当面讯问,迷惑当事人,以验证口供之真伪,监督官员执法,汉代司法的传覆制度完全被吸收整合,成就了严谨高效

---

① 《魏书·刑法志》。

的中国传统鞫问审判程序。

22. 泰始律的制定者只有张斐和杜预吗?

中古时代之律令法制发展脉络主要有二：其一，法律儒家化，此为中华法系之魂；其二，律令体系化，此则塑造中华法系之形。秦以法家思想为圭臬，构建律令法制的雏形。曹魏陈群等人在律令法典纯化、体系化、义理化方面均有重大建树，然亦存若干遗憾。经此番积累，立法技术虽不断发展，但律典依旧没有摆脱礼律混杂、律令混杂、各律令间缺乏整体性等困局，这为此后制定先进的晋律提供了契机。西晋泰始三年（267），晋武帝正式启动制律，历时四年终成。一般教科书通常在提到晋律的制定者时，只是突出杜预和张斐之功。其实晋律的制定者远不止二人，先后有十五人参与，且由当时的宠臣贾充领衔。因晋律先后历经两帝，参与人员发生了变化。据《晋书·刑法志》载，最初吏部令史荣邵参与了编纂工作。当晋律编成之时，武帝诏书却没有提到荣邵，而是提到骑都尉荀辉。律文原本早已散佚，现在只能在《晋书·刑法志》等零星见到。令人庆幸的是，2002年6月，随着玉门花海毕家滩十六国墓葬群发掘的《晋律注》四千余字纸文书的出土，晋律的部分容貌再次展现在世人面前。

晋律抑或泰始律

现存正史典籍以及出土文献，均以"晋律"而非"泰始律"称呼这一律典。以年号作为律名最早见于南朝，即南齐永明年间所修的《齐永明律》八卷。西晋律典称"泰始律"应是晚近之说，并非当时就有。

据《晋书·刑法志》载，贾充等人"就汉九章增十一篇，仍其族类，正其体号"。贾充等人即以"汉九章"为基础，以延续汉律传统，做到体例纯正。《晋书·刑法志》有载，晋律共二十篇，27 657字。在篇目的设计上，贾充等人汲取了秦汉"具律"和曹魏"刑名律"的经验，并在此基础上继续创新，在"刑名律"之后又增设"法例律"，进一步区分"定刑罚"和"集罪例":"刑名律"应以概括刑名、划定刑罚为主,而"法例律"则侧重定罪的原则归纳。这表明贾充等人对总则功能认识得更为真切。正如张斐所言:"自始及终,往而不穷,变动无常,周流四极,上下无方,不离于法律之中也。"① 这一番带有浓厚魏晋玄学味道的评价,正说明了晋律有着极强的适应性,能通过各篇章各行其职,满足实践所需。当时世人评价晋律"刑宽禁简",《隋书·刑法志》也称:"内以平章百姓,外以和协万邦,实曰轻平,称为简易。"之所以如此,是因为晋律改变了此前律令庞杂的局面,将律、令、科、比等融为一体,篇目清晰,体系严密,条文简易。为了体现新朝气象,贾充等人新设一些律篇,例如为了强化皇权,特增设了《卫宫》《违制》,依据《周官》新编了《诸侯》。

同时,因需要提升司马政权继位的正统性地位,晋律在法律儒家化的进程中着力甚多,践行"刑名分立""纳礼入法",标志着儒法精神内核的全面融合,被后世吸收和发扬,还远播四夷,辐射东亚。

参与制律的不同政见者

晋律的制定者们主要分为两派。其一为效忠司马家族的贾充、荀勖、荀𫖮等人,荀勖、荀𫖮终生追随贾充,他们组成了礼法派阵营。其二是内心偏向曹魏但不得已与司马氏合作的羊祜、杜预、裴楷等人,他们是玄学名士派(以下简称玄名派)。制律之时,羊祜为中军将军,杜预官居河南尹。后来羊祜长期出镇荆州,卸任之后又将灭吴重任交给杜预,加上二人同为司马氏的姻亲,关系亲密。裴楷是一个深受玄学思潮影响的儒者,在思想观念上同羊祜等人成为一派。贾充受命制律时,裴楷则被委任为定科郎。此职系临时设立,专门负责整理精简律令工作,或许是羊杜二人力荐所致。在两派之间,也存在较为中立的郑冲等人,来缓和两派的矛盾冲突。

先说晋律的主导者贾充,其世代信奉法家。《晋书·贾充传》载,"充有刀笔才,能观察上旨",故而被晋武帝委以制律重任。东汉末年,

---

① 《晋书·刑法志》。

贾充之父贾逵是拥曹称帝的中坚力量。在魏晋禅代之际，贾充又"子承父业"，制造了"高贵乡公之难"，为司马氏上台扫清了最后障碍。《魏书·贾逵传》注引《晋诸公赞》载："高贵乡公之难，司马文王赖充以免，为晋室元功之臣。"同样，荀勖、荀顗等人也为司马氏上台立下了汗马功劳。二人还曾力荐贾充之女贾南风为太子妃，三人关系非同一般，可谓"铁三角"，是礼法派的领军人物。

玄学名士们因有共同的思想主张聚集到一起，所以凝聚力较为不足。他们虽曾参与西晋建立，但并非司马氏的心腹，由于其内心眷念曹魏，因而始终游离于政治核心之外。并无派别的郑冲自小研习经史，精通经义，品德优良，颇受大众敬仰，是司马昭极力拉拢的人。对于制律之事，郑冲最初并没有表现出较大的热情，显得十分淡定。《世说新语·政事》载："贾充初定律令，与羊祜共咨太傅郑冲。冲曰：'皋陶严明之旨，非仆暗懦所探。'羊曰：'上意欲令小加弘润。'冲乃粗下意。"郑冲曾以不通刑律为由加以推脱，显然深知此事并不简单，毕竟要在两大政治派别中周旋。然而，羊祜道出了实情。司马氏只是想利用郑冲的名望和才学，赋予新律以正当性和合法性，以遮蔽晋律乃两大政治集团斗争妥协的事实。不过，晋武帝也明白，为防晋律"流产"，郑冲的学术声望和从政资历，都是化解两派矛盾、求得统一意见的最佳人选。

纵观晋律的制定者们，因礼法派在晋初禅代一事上有重大功劳，魏晋以来礼法派明显占据主导地位，且派内成员构成稳定，关系紧密。相反，玄名派大多为玄学之士，关系相对松散复杂，一直不占上风。直到晋武帝后期，贾充的势力才被削弱。就此而言，正是贾充而非杜预主导甚至决定了晋律的基本样貌。张斐虽然深受魏晋玄学影响，但派别倾向不清，只能算作技术官员，在具体的律文逻辑和精简律文方面为贾充制定万世之表的晋律助了一臂之力。或许为了反击礼法派在制律上的胜利，杜预和张斐二人才为晋律作注，经晋武帝批准颁行天下，与晋律具有同等效力。毕竟，晋律的实际操刀者贾充恶名在外，不能见容于世，经张杜二人注解后的晋律就被称为"张杜律"，而非"贾充律"了。

作为尝试政治制衡的制律

魏末以来，司马氏就倾向于用礼教来治天下，礼法派借助这股东风迅速占据了西晋初期政坛的主导地位。为了避免一支独大，晋武帝一上台便大赦天下，使玄学名士合法化，玄名派渐成气候。为争夺尚书台的控制权，以贾充、荀勖、荀顗为首的礼法派与以羊祜、裴秀、山涛（"竹林七贤"之一）为首的玄名派展开激烈争夺。鉴于礼法派势力过于强大，晋武帝于泰始元年（265）任命裴秀为尚书令。又迫于礼法派的压力，泰始四年（268），贾充接任尚书令。同时为保持平衡，羊祜被任命为左仆射，与贾充共同执政。然而，贾充等人利用晋武帝的"灭吴之志"，一年之后将羊祜外放襄阳都督荆州诸军事，自此贾充一人独霸相权。① 然而，贾充背负着弑君之罪，始终有政治污点，晋武帝再次寻找制衡贾充的玄名派人选，于是，山涛于泰始十年（274）出任吏部尚书。在山涛任职的八年间，政局平稳，弥补了羊祜外调的缺憾，让玄名派得以发展壮大。可见，正是晋武帝为了平抑皇权政治的"一派专制"才刻意培养出"鹬蚌相争"的"两派制衡"，让玄名派和礼法派的斗争贯穿了西晋前期的政治史。而晋律正是在两派形成制衡之际制定的，制律便成为这两派既制约又平衡的预演。两派在制律的过程中既有章法可循（秦汉魏旧律），也有共同难题（律法繁苛难以适用的现实困境），很容易在较为客观的层面达成技术上的共识，甚至是价值上的初步共识，造就了晋律在体系化和实用性上的巨大成就。

由此观之，晋武帝借立法来缓和两派之间的政治矛盾，维续皇权政治统治。两派通过制律交换政治主张，勾兑政治利益，制律便成为双方权力角逐和政治商谈的平台。这就是中国古代"政法不分"在立法上的典型体现。

除去政治派别的因素，制定如此先进的晋律，在技术上要求制律之人必须家学背景深厚、儒学修养极高，又颇有法律经验。精于礼法的世家大族子弟就成为编纂律典的当然人选。再加上相较于汉魏律的制定，晋律在人力、财力、时间等方面的耗费可谓前无古人，这均是造就晋律上承汉律、曹魏律，下启唐律辉煌的重要因素。

---

① 王晓毅：《司马炎与西晋前期玄、儒的升降》，载《史学月刊》1997年第3期。

晋律成功的政治动因

在暗流涌动的魏晋禅代之际，制律可谓牵动着皇权顺利运转的每一根神经。故而，司马昭对制律人选进行了充分的政治考量。须知，司马氏早在建立西晋之前就已形成了一个庞大的新贵族集团。晋武帝正是依靠这一贵族集团才能"禅代成功"。此后，他不得不积极回馈新贵族集团。然而，这个贵族集团贪婪、奢腐、残暴，加上后汉以来政风积弊，西晋初建之际已呈现出"乱世末流"的景象。在此情境之下，晋武帝开始约法省刑，除魏宗室及汉宗室禁锢，罢部曲将长吏以下质任，录囚徒理冤枉；亲率王公卿士耕藉田千亩；诏行俭约，省郡国御调，禁乐府靡丽百戏之伎及雕文游畋之具，焚异服雉头裘于堂前；令考课令史之尤异者，岁以为常。总之，晋武帝以"制礼作乐""立制垂范"的决心来开创西晋王朝新的气象。①

在陈寅恪看来，司马氏是礼法大族，西晋篡魏亦可谓东汉儒家大族之复兴。晋武帝的王朝新气象正是在朝着从重刑名法术转为重礼法名教的方向发展。重刑名有压制豪族、振作法度之意；而重礼法，更多的是积极迎合士族。这是晋武帝努力追求的一种政治平衡，以构建一个相对温和的政治局势。然而，短期内就历经两次禅代的世人，早对儒家"天命"或"民意"不以为然，名教纲常日渐失势。何况晋武帝为了报贾充弑君之功，授以高位，都让世人对礼法名教避之唯恐不及。晋武帝对此相当清醒，他除了凭借传统的儒家道德形象取悦于民之外，还需要用其他方式来重塑政治威严，修律就成了不二之选。在修律的过程中平衡各种政治势力，约束各自的越轨行为，达成重要的政治协议，同时展现轻刑的政治利好，博取民众的政治好感，正是晋武帝十分重视泰始年间制律且取得成功的重要原因，此其一。

其二，晋武帝时代皇权政治的核心问题便是在巩固其权力集团的同时，解决禅代政治的过程性危机。从制律层面试探性地迅速解决这一核心问题，可能是最容易取得成效的，这是晋武帝对泰始年间制律十分上

---

① 阎步克：《西晋之"清议"呼吁简析及推论》，载《中国文化》1996 年第 2 期。

心且取得成功的又一重要原因。因为在其他方面显然更难解决"伦理中心主义"的政治文化结构（以儒家礼义为主的伦理道德评价机制）与以"行政安全"为考虑权力构建（以法家法势术为中心的皇权运转机制）之间的矛盾，于是导致此后西晋政局困顿。例如：咸宁五年（279），围绕渡江伐吴问题，礼法派和玄名派又产生了严重对峙，以张华、杜预为代表的玄名派倾向主战；以贾充、冯纨、荀勖为代表的礼法派则倾向主和。这种政治分歧根本无法像制律一般容易化解，毕竟律典有前朝可以参照，且公众自可评判，涉及较多的只是技术问题，而非价值问题。后来，晋武帝虽然采纳了玄名派的建议，但是将礼法派等人与有功将士同行封赏。武帝的纵容以及"示人以私"，更加助长了贾充等人的气焰，并未起到缓和政治矛盾的效果；相反，礼法派"疾张华如仇"，并陷害杜预。殊不知这种政治行中主义可以用在立法上，但是在兵法上却是万万不可。这就是政法有时候必须有所区分的治国之道。

24. 西晋刘颂和张斐的法律思想有何关联？

晋律制定背景下的刘颂和张斐故事

司马氏乃礼法大族，西晋篡魏实则意味着东汉儒家大族的复兴。因此，司马炎缔造的西晋要朝着从曹魏重刑名法术转为复兴重礼法名教的方向发展。刑名与礼法的差别在于：重刑名有压制豪族、振作律法之意；重礼法为的是积极迎合士族，巩固统治基础。如何在士族和豪强之间平衡把控，则是晋武帝制律要考虑的关键，继承汉代以来法律儒家化的融合之路，正是晋武帝的首选。西晋泰始三年（267），晋武帝正式启动制律，历时四年终成，先后有十五人参与，且由当时宠臣贾充领衔。在这十五人中，包含了当时的两大政治派别，即以贾充、荀勖、荀顗为首的礼法派与以羊祜、裴秀、杜预、山涛（"竹林七贤"之一）为

---

① 罗先红：《禅代政治中的权力集团——晋武帝时代君臣集团研究》，载《重庆科技学院学报（社会科学版）》2013年第1期。

首的玄名派，制律便成为晋武帝试图平衡豪强世族两派的第一个大动作，直接关乎朝局的稳定和统治的前程，开启了魏晋时代的制定法运动。

刘颂（？—300），字子雅，西汉广陵厉王刘胥之后，有经国治世之才，极具战略眼光，继承了先祖的审时度势和对国家利益的远见卓识。泰始元年（265），晋武帝司马炎受魏帝曹奂禅让，建立西晋，授刘颂为尚书三公郎，掌管律法并审理冤狱，经屡次升迁担任中书侍郎，然其并没有参与晋律的制定。咸宁年间（275—280）他代理廷尉，在职六年，其间尚书令史扈寅无罪被下狱，正是刘颂的坚持才让扈寅得以免祸，号称最详察公平，被时人比作西汉张释之，足见他身为名门之后，其对法度和人心的把握依然具有高超的水准，能够协调"宏观大局"与"微观正义"的关系。正是这一职业生涯，让他早在三世纪便第一次提出了"罪刑法定"原则："法欲必奉，故令主者守文；理有穷塞，故使大臣释滞；事有时宜，故人主权断。"在任廷尉期间，刘颂还频频上表主张恢复肉刑，时值法律儒家化的势头太盛，意见终未被采纳，但反映了他欲在生刑和死刑之间保持均衡，既维护重刑惩罚态势，又保障劳动供给的期待。元康元年（291），刘颂被晋惠帝任命为三公尚书，又因上疏议论律令，为时论所称美。这是史籍记载的关于刘颂与律法有关的零星文字。另外，刘颂与张华交好，而张华和杜预同为玄名派，故而刘颂应当比较倾向于杜预对律典的性质判断，这些都决定了刘颂是一个不折不扣的法律工具论者，其将法律作为维护君王统治、国家稳定、百姓安康的治国理政之工具，这是秉持了法律现实主义的功能立场所致。

张斐生卒年不详，于晋武帝司马炎（265—290年在位）时任廷尉明法掾，明法掾为廷尉属官。因任职时间具体不可考，故而无法判定张斐和刘颂是否有过共事的经历。不过，在晋律制定之时，张斐因为位卑而基本没有资格参与，只是在编纂晋律之后，以技术官僚的身份注律，方便律典的司法适用。他并不属于当时的玄名派或礼法派，其继承了法家自秦代以来主导廷尉的司法传统，属于技术实践派，著有《律解》（二十卷）、《杂律解》（二十一卷）以及《汉晋律序注》等，原书均失传,仅存其注晋律后向皇帝陈奏的表,史称《律注表》。因史料遗失,我们能够检索到关于刘颂和张斐法律思想的资料相当有限,主要是依靠《晋书·刑法志》的记载来剖析二人之异同及其历史意义。

张斐的制律观和司法观及其与刘颂等人之异同

历经西汉法律儒家化的影响,西晋已进入收尾阶段,张斐自然接受了礼法融合的观念,他在《律注表》中理顺了"理"与"律","礼"与"刑"的关系,成功地揭示了晋律是如何成功"纳礼入律"的。他认为,"理"与"律"多从规范渊源的角度阐明制度原理与律法条文的关系,"礼"与"刑"则侧重从规范等质的角度阐释规范的不同位阶及功能。法家思想主张"律"的唯一权威与"刑"的万能功效;儒家化的法典更关注律文形式与刑法规范之外的范畴,在律文形式之外为"理",在刑法规范之外为"礼"。可以说,张斐能在《律注表》中构建"理—律"的形式结构与"礼—刑"的内容结构,是"儒法合流"与"礼法结合"的结果所致。

魏晋之际,鉴于汉律的异常繁复与适用不便,时人提出了法尚简约的立法原则,据此需要制定一部综合性法典,因此,法典必须要具备"变通"的特性,才能实现"宽简"与"周备"的统一。张斐在《律注表》中充分运用《周易》比拟法典体系:"故为敕慎之经,皆拟《周易》有变通之体焉。……变无常体唯理。"其时统治者标榜儒术,思想界玄学风靡,援引儒家经典且为"三玄"之一的《周易》诠释法律变通性与开放性堪称绝妙。接着,其强调了法律作为"变通之体"的三大特征:一是刑名的统合意义,"《刑名》所以经略罪法之轻重,正加减之等差,明发众篇之多义,补其章条之不足,较举上下纲领"。二是阐明法律概念术语解释的重要性,此后历代"刑名则当从晋"[①]。三是强调律典各部分如何组成一个统一体,"告讯为之心舌,捕系为之手足,断狱为之定罪,名例齐其制。自始及终,往而不穷,变动无常,周

[①] 章太炎:《五朝法律索隐》,载《章太炎全集·太炎文录初编》,上海:上海人民出版社2014年版,第72页。

流四极，上下无方，不离于法律之中也"①。这些共同造就了晋律自洽周圆而又开放包容的特点。

张斐通过《律注表》将晋律诠释得如此具有变通性，旨在揭示这一包罗万象的法典具备"律者，幽理之奥"的思想。他将法典作为研究对象，将律学奉为圭臬，颇有学究气质，因此，他看得更深，直接将律典或律学视为神圣。同样因注律出名的杜预反倒认为："法者，盖绳墨之断例，非穷理尽性之书也。"② 这完全是一种法律工具主义观。当时的律学尚处在经学的附庸地位，即律学为经学之分支。杜预虽为硕学通儒，但也只是将法律限定在"术"的范围内，遵循的还是法家的理路。须知曹魏之际的法观念依然主张法、势、术合一，这种观念同样在杜预的思想中根深蒂固。与刘颂的出身有些类似，杜预的出身也很显赫：祖父杜畿是曹魏名臣，曹丕即魏王位后获封关内侯；父亲杜恕与司马懿是姻亲关系；杜预更是与司马昭的妹妹高陆公主成亲，成为司马氏集团最杰出的成员之一，人称"杜武库"，文韬武略，无所不通，其地位在刘颂之上。杜预曾任曹魏的尚书郎，可谓前朝遗臣，其内心偏向曹魏，后来才同司马氏合作，他的法律观带有曹魏政权的残影。例如杜预十分看重律令分野，在《晋律序》中指出："律以正罪名，令以存事制。"③ 这一观点早已在曹魏之际提出并付诸实施，④ 身处西晋的杜预继承了曹魏的这一法律分类标准，在能够发声时抛出这一观点，并利用当时急于解决法律繁杂的现实难题而将其付诸实施，为简约晋律贡献巨大，将曹魏的遗志进行到底。这是杜预站在统治阶级的立场所要推行的政治抱负，饱含着法律实用主义或功利主义者的现实关怀。就此而言，杜预和刘颂同为政治家（更准确地说，或称其为功利主义的政客），处在最高统治阶层，两人有着一致的法律工具主义观。这与汉代廷尉史杜周所主张的"前主所是著为律，后主所是疏为令"⑤ 一脉相承，他们皆

---

① 《晋书·刑法志》。
② 《晋书·杜预传》。
③ 《太平御览》卷六三八。
④ 李玉生：《魏晋律令分野的几个问题》，载《法学研究》2003年第5期。
⑤ 《汉书·杜周传》。

是皇权的代言人。张斐虽然执王法，其职位与杜周类似，皆为廷尉的助手，但其观念与杜周完全不同。他抛开了政治倾向，从纯粹学术的角度来看待法律的价值导向，用儒家或玄学理念拓展了律典的涵摄范围，提升了律典的精神境界，这是法律理想主义的观念。同样为吏，张斐与杜周截然不同，足见杜周之后儒学思潮对司法职场的影响。

张斐系"刑名之学"的注释律学家代表，在"穷理尽性"的律典性质确证的基础上，他更侧重于立法严谨。而刘颂曾任三公尚书和吏部尚书，位极人臣，作为统治利益集团之一员，他必然要从维护和稳定大局出发，重视依法办事，并不过多考虑立法与法理，而偏重于司法的完善。① 即刘颂更多地从实用主义（功能论），而不是理想主义（知识论）的角度来看待律法。就此而言，张斐偏重纸面上的法，刘颂更看重行动中的法。如果将张斐对律典的理解以及礼律融合的推崇，我们很容易将其类比为自然法的代表者，而刘颂更看重维护"以法治国"的制定法代表者。在此差异之下，张斐因长期办助廷尉释法断案，其实践经历自然会强调不应拘泥成文法典框定的法律边界，常理人情等均可作为裁判的依据。于是，他提出"随事取法""临时观衅"的司法原则，强调法律的变通性，进而主张一种能动、变通的情境化司法理念。即所谓的"本其心，审其情，精其事"，十分符合"本其事而原其志"的"春秋决狱"之主张，目的是实现"理直刑正"。刘颂则从法家的立场出发，为维护晋律之权威，也即皇权威严，主张"律法断罪，皆当以法律令正文。若无正文，依附名例断之，其正文名例所不及，皆勿论"②。由此可见，刘颂虽然反复强调"主者守文"，但仍留有"依附名例"之余地。③ 这是张斐和刘颂都无法回避的司法裁判事实，也是二人思想的共同之处。

---

① 杨松：《中国古代两种对立的司法主张——魏晋时期刘颂、张斐法律思想的比较》，载《辽宁大学学报》1992年第5期。
② 《晋书·刑法志》。
③ 马腾：《中国传统法思想形态新探——以晋〈律注表〉为中心》，载《法制与社会发展》2017年第1期。

张斐与刘颂的可比性及二人思想的意义

张斐虽在当时还身处法家官僚队伍群体中,但其深受魏晋玄学影响,所以对律学和法典的认识更为先进,致使他的法律观不仅与时俱进,而且还能推陈出新,代表了当时儒学玄学化和律学独立化的超高成就。或许是由于他没有明显的派别倾向,才能够在法律观念与实践上更进一步,超越派别之见,从律学理论知识的实践运用方面,在具体的律文逻辑和精简律文上为贾充制定万事之表的晋律助了一臂之力。说到底,正是张斐的主张十分符合以贾充为代表的礼法派之心意,才让他的注律被最高统治者认可,成为与晋律同等效力的规范,名垂后世。否则,仅作为明法掾的张斐所注之律极有可能被武帝弃之一边。或许为了反击礼法派在制律上的胜利,杜预同时也为晋律作注,同样得到了晋武帝的批准而颁行天下,此乃晋武帝制约两派的政治用意罢了。史上所称的"张杜律",实则是张斐和杜预分别为晋律作注,因二人关于律典之性质有着本质分歧,合称的"张杜律"实际上应当多有不同。《南齐书·孔稚珪》记载了尚书删定郎王植的奏书,这封奏书反映出因张杜二人不同的注律观点给晋律适用造成的不利影响:"臣寻晋律,文简辞约,旨通大纲,事之所质,取断难释。张斐杜预同注一章,而生杀永殊。自晋泰始以来,唯斟酌参用。是则吏挟威福之势,民怀不对之怨……取张注七百三十一条,杜注七百九十一条。或二家两释,于义乃备者,又取一百七条。其注相同者,取一百三条。集为一书。凡一千五百三十二条,为二十卷。请付外详校,摘其违谬。"由此可见,正是因为《晋律》在其颁行之后不久就有了两家不太统一的注,到南朝齐时,删定郎王植就将两种注疏文字取其可从者,糅合在一起,编成一书,总计1532条,以解决司法适用的困境。①

总之,张斐将理想主义的律典以儒家玄学化的外衣包裹起来,以技术理性(诸如创设刑名和诸多法律概念)诠释了晋律的开放和变通,

---

① 张俊民、曹旅宁:《毕家滩〈晋律注〉相关问题研究》,载《考古与文物》2010年第6期。

既保持了浓厚的法学实践品格，又不失经学的理性价值追求，这与他浸润法曹多年（实践），潜心律学研究（理论），将法典体系和条文视为科学与艺术兼具的作品密不可分。正是因为他略带理想主义追求，才与刘颂的观念差异明显。刘颂出身高贵，长居高位，必须具备政治家的大局观。他虽然也躬耕过司法职场，但仅是司法的高层决策者，并不懂得技术的细枝末节，很多时候都要以政治眼光而非法律眼光看待律法。太康元年（280），西晋灭吴功臣王浑与王濬为了功劳而争执不休，武帝命刘颂来决断此事。结果武帝认为刘颂断法不合理，便将其降职。诸如此类的经历总会让刘颂的法律观难免沾染上法律工具主义和实用主义的色彩。而张斐位卑权轻，若不是因为注律，根本不会被载入史册，其多年置身于繁琐的司法案牍中，劳心劳力，可谓献身司法。他即便是在注律后也没有飞黄腾达，否则史书会对其大书特书，足见技术官僚的命运。如此，在追求实现善良和公正的审判艺术的过程中，张斐不由自主地会无限拔高律法（注律和用律——立法和司法）的价值，以突出他将毕生精力奉献律法事业的意义，这是他出于法律职业主义的伦理精神需要，或者说是职业习惯。位高权重而显赫的政务性官僚刘颂，同位卑权轻而平凡的事务性官僚张斐，二人的思想足以代表在"纳礼入法"的魏晋时代的法典化运动过程中出现的不同法律观。正所谓时势造英雄，他们各自都在法律儒家化的进程中实践着自身的律法观念。通过历史残留的只言片语，我们看到了以刘颂为代表的大人物和以张斐为代表的小人物在变动的时局里秉持的律法态度，何其幸哉。

24. 北魏兰陵公主之死还有什么内情？

案外人的反对：案情简述及处理异议

约在北魏宣武帝正始初年（504—505），孝文帝之女兰陵长公主与曾为南朝刘宋皇族出身的刘辉结为夫妻。这类联姻，在当时流亡北朝的南朝皇族后代中十分常见。起初，二人感情尚可，但没过几年，魏明帝神龟年间（518—522）刘辉便经常外出偷腥。据《魏书》卷五十九记载:"公主颇严妒,辉尝私幸主侍婢,有身。主笞杀之,剖其孕子,节解,以草装实婢腹,裸以示辉。"长公主本性妒忌,难以容忍刘辉的不忠行为,对待与驸马通奸的怀孕婢女,竟然采用类似于明代剥皮实草之法,十分残忍地将婢女连同胎儿一起杀死,斩草除根,足见长公主生性好妒,其做法惨无人道。此事传到了当时摄政的太后耳中,经过查证,太后一纸懿令便结束了二人十年相爱相杀的婚姻。然一年后,兰陵长公主又和刘辉复婚。未曾想刘辉依旧本性难改,竟在长公主怀孕期间,置长公主于不顾,与平民张智寿的妹妹张容妃以及陈庆和的妹妹陈慧猛有染。原本试图隐忍的长公主在他人的挑唆下,妒火重燃。结果两人发生争执,愤怒的刘辉"推主堕床,手脚殴蹋,主遂伤胎",而后畏罪潜逃。清末修律大家沈家本曾将该案列为古代中国最典型的司法案例之一。

北魏朝廷对如何审判刘辉,以及惩治张智寿、陈庆和兄妹的意见不一。以尚书三公郎中崔纂为代表的汉官集团主张应该以父系家族伦理为标准来判案,坚守"夫为妻纲"的原则;而门下省官员则主张维护皇室脸面,坚守"君为臣纲"的原则。故而,门下省奏请应将刘辉、张容妃和陈慧猛三人判处死刑,张智寿、陈庆和作为兄长预知奸情却不加干预,甚至有勾引刘辉之嫌,应流配敦煌。最终,朝廷基本接受了门下省的处理意见,只是将张容妃和陈慧猛由死刑改为"髡鞭付宫",即削其发、鞭笞后送入宫中为奴。崔纂提出了异议:其一,依《北魏律·斗律》:"祖父母、父母愤怒,以兵刃杀子孙者,五岁刑;殴杀者,四岁刑;若心有爱憎而故杀者,各加一等。"刘辉只是杀死骨肉,应定为堕杀亲子罪,仅适用徒刑。其二,如果案犯涉及死刑或流刑,则应待主犯定罪后才可处置从犯。因此,民女张容妃和陈慧猛至少要待刘辉缉拿归案后再作判决,且二人仅为通奸,罪不致"髡鞭付宫"。其三,张智寿、陈庆和作为兄长实在无辜,不应连坐。据"在室之女,从父母之诛;既醮之妇,从夫家之罚"的原则,已出嫁之女所犯之罪不应连坐娘家兄长。尚书元修义也认为:"明妇人外成,犯礼之愆,无关本属。况出适之妹,衅及兄弟乎?"同时,张智寿、陈庆和二人包庇妹妹的行为符合"亲亲得相首匿",于礼于法均可豁免其罪。其四,门下省属内朝，当时仅负责传递文书，并无参与判决之权，隶属于尚书省的刑部才是该案的当然裁判者。而该案的最终判决恰是完全无视刑部的存在，可谓名不正则言不顺。

参与者的处境：异议剖析与汉化进程

北魏鲜卑族统治集团当时汉化并不彻底，仍保留部分母系社会的传统，女性享有较高的地位，颇能决断家国事务。按照北魏传统，婚后丈夫要到女方家居住一到两年之后才可同妻子单独居住，因此，即便是出嫁的女子往往与娘家往来频繁，而与夫家较为疏远。就此而言，张智寿、陈庆和作为兄长遭到连坐，并不是无中生有，毕竟符合鲜卑传统。崔纂恰恰认为要连坐的是婆家，鲜卑则习惯连坐娘家。同时，一夫一妻多妾制的传统主要存在于社会的中上层人士中。这一儒家伦理如果在北魏上层贵族深入人心的话，长公主就不会在驸马出轨后做出如此举动。然而，北魏中后期社会上却出现了另外的景象，普遍流行一夫一妻，蓄养小妾似乎并不多见。据《魏书》卷一八《太武五王传》载："将相多尚公主，王侯亦娶后族，故无妾媵，习以为常。妇人多幸，生逢今世，举朝略是无妾，天下殆皆一妻。"在这样的社会氛围中，纳妾者成为少数，其社会形象也不大好。"设令人强志广娶，则家道离索，身事内外亲知，共相嗤怪。……父母嫁女，则教之以妒；姑姊逢迎，必相劝以忌。持制夫为妇德，以能妒为女工。"传统的贞节观念虽仍占主导地位，但婚外私情和"妒悍"现象同样盛行，这是导致刘辉一再偷腥、长公主悍妒的外在原因。因此，女性基本不再理会儒家"七出"所认定的"妒"妻作为休妻之法定理由。长公主杀人在前、刘辉动手在后的行为并非完全因公主刁蛮所致，乃社会风气使然。另外，考虑到当时律法对通奸行为的惩处并无明确规定，长公主只能通过杀婢女以泄愤恨。或许长公主更是希望借此机会发泄对政治婚姻的不满。毕竟，北魏的大多数公主的婚姻并不幸福，她们或是由于政治关系面临家与国的选择，或是由于与丈夫关系恶劣而引发一系列问题，可以说公主婚姻是国家政治的牺牲品，对此，长公主亦深受其害。①

退一步讲，崔纂一方试图以汉族士大夫的儒家礼法挑战北魏少数民族的当政者，殊不知儒家礼法本是为了维护北魏皇权之稳固，一旦礼法伤及皇族之脸面，便不再被视为当然。因此，其异议全部遭到驳回。按照儒家伦理的逻辑，"出嫁从夫"，长公主在嫁与刘辉后，她和胎儿都应该遵从刘辉的夫权和父权，刘辉对其加害的行为，就应当以家庭成员之间的犯罪而非侵害皇权的犯罪论处。不过，按照儒家的"三纲"，父为子纲、夫为妻纲均要为"君为臣纲"让路。长公主为皇家子嗣，与驸马之间不仅是夫妻关系，而且更是君臣关系。凡臣下伤害君上，均为死罪，因此，本案最终判决并不违背儒家基本伦常。

身为朝中股肱之臣的崔纂，在北魏孝明帝熙平初年，"为宁远将军、廷尉正，每于大狱，多所据明，有当官之誉"；但因自视高傲，与同僚不和，曾祈求解任，得了领尚书三公郎中的闲职，未过多久，便被免职。其人可谓孤傲倔强，自视出身博陵崔氏名门，得汉人儒家真传。殊不知，汉化的北魏有反弹之势，在孝文帝去世以后仅过了25年，北魏边镇鲜卑军事集团就发动反汉化运动——六镇起义，最终导致了北魏分裂为东西魏；并且北魏在对待汉人礼制与律法上，抱有较强的功利态度。以内廷制约外朝的政治架构被北魏朝廷效仿，但汉人政权消极的一面，例如太后干政是东汉倾覆的前车之鉴，均被北魏继承，这对于儒家士大夫而言是难以接受的。

决策者的关系：细节回溯及背后缘由

据《魏书》记载，在第一次长公主残忍杀害与刘辉有染的婢女及其腹中胎儿后，刘辉"忿憾，疏薄公主"。清官难断家务事，刘辉并没有将此事告发，反倒是长公主的姐姐听闻此事后禀报给了灵太后。灵太后乃孝明帝生母。公元515年，宣武帝去世，孝明帝即位。孝明帝年幼，皇太后胡氏充华（死后谥号灵太后）临朝听政。灵太后曾下令造申讼车，以接受投诉冤情，又在朝堂亲自策试孝廉、秀才以及州郡上计

---

① 苗霖霖：《北魏公主婚姻考》，载《唐都学刊》2012年第2期。

簿的官吏，颇通律法及官场政治。长公主是宣武帝之姐，灵太后便是长公主弟媳，因此，太后对此案不能不上心，当时便召集清河王元怿共商处理办法。元怿乃孝文帝第四子，与长公主为亲姐弟，"才长从政，明于断决，割判众务，甚有声名"。孝明帝继位后，元怿历任司徒、太傅、太尉等职，掌门下省事务。灵太后与元怿商议纯属处理皇家内部事务，看似由门下省议决，然并非按照一般司法程序处置，实乃维护皇家脸面之必要。更何况门下省本为皇室秘书机构，由皇家子嗣掌管，且参与皇家事务处理，与清代专门处理皇家事务并且享有皇族案件审判权的宗人府颇为类似。崔纂以"名不正则言不顺"指责门下省僭越职权，主张"门下中禁大臣，职在敷奏"，但他何尝不知自汉代以来，帝国中枢有外朝和内廷之分，是为"朝廷"。门下省设置的初衷便是为了皇权能够更好地制约以尚书省为首的外朝。北魏之际，门下省、中书省和尚书省虽然初步实现了权责分明，即中书省负责起草旨意，门下省负责传达，尚书省则总领执行，但利用门下省监督尚书省的目的并未改变。这就有了作为秘书机构的门下省而非刑部的意见被采纳的定罪结果。因此，崔纂虽然形式上反对本案由门下省查办拟判，实际上意在对太后等人通过非正常渠道介入司法、展现权威的做法表示异议。

元怿当时是与同为辅政大臣的高阳王元雍、广平王元怀共同查证此事的。三人认为长公主与刘辉不和，建议离婚，同时削夺刘辉的爵位，太后从之。广平王元怀是北魏洛阳时代末期重要的政治人物，他乃孝文帝皇子、宣武帝同母弟，可谓亲尊无二。《洛阳伽蓝记》卷四《城西·冲觉寺》："延昌四年（515），世宗崩，（清河王）怿与高阳王雍、广平王怀并受遗诏，辅翼孝明。"可知，对于皇族内部家事，灵太后当然是要求先皇遗诏辅政的三位亲王来处理。延昌四年二月，元怀晋升司空，与新任太傅、领太尉、高阳王元雍和司徒、清河王元怿并列三公；八月，元雍被权臣于忠废黜，清河王元怿升任首辅大臣，元怀则递补元怿太保、领司徒之缺，与司空、任城王元澄结成新的辅政格局；十二月，太师元雍复出，又与元怀、太傅元怿，后父中书监、侍中胡国珍联袂"入居门下，同厘庶政"。不过，孝明帝初期的宗室辅政大臣徒有其表，并无实权，在朝廷"公"的帝国事务上只能秉承强后和权臣意旨成事而已。当然，在宗室"私"的家族场域，元怿、元雍和元怀则有资格出席皇家宗族的宗议，裁决皇族内部事务，即调查奏报长公主与刘辉夫妻不和一事。① 不过，元怿自幼聪敏，长相俊美，灵太后常招其夜宿宫中，成为太后面首，必然能够秉承太后懿旨。就此而言，崔纂所提异议，也是对太后专权的抗争，太后专权必然违背儒家伦理。另外，元雍风评并不好，传闻他曾打死第二任妻子崔氏，且妓妾满房，侍近百许人，如此之人竟能参与案件处理，实乃有违儒家之道。加上刘辉乃南来投靠北魏的汉人旧贵，这些都让刘辉在第一次偷腥之后付出了沉痛的代价，无法按照儒家"三妻四妾"的伦理纲常以及正常司法途径获得公正的裁决。

一年后，在高阳王元雍和深得灵太后信赖的宦官刘腾再三请求下，才让长公主与刘辉复婚，史载"太后流涕送公主，诫令谨护"。这一来说明太后与公主的情意之深，二来太后依然认为是公主受了委屈，需要严加保护。实际上，北魏公主的婚姻大多由皇帝赐婚，且不可逆；即便是皇帝，所命离婚也是不可逆的。灵太后能够同意长公主与刘辉复婚，已是莫大恩宠，可见灵太后、元雍以及刘腾与长公主之间的深厚情感，这就基本预示了刘辉可能再次通奸的结局。正光初年（520）后，刘辉又与两民女私通，"公主更不检恶，主姑陈留公主共相扇奖，遂与辉复致忿争"。这位陈留公主显然是导致长公主之死的催化剂。长公主与陈留公主，从父家说是姑侄关系，从夫家说则是妯娌关系，感情甚好。当时陈留公主已有50多岁，她婚姻坎坷，虽欲坚持自己的意念，但最终未能牵手中意之人，无法得到一个稳定幸福的婚姻。因此，她见到长公主一再受辱，便鼓动长公主为自己而战，酿成不可挽回的恶果。可以断言，陈留公主及与其有特殊关系的人都是长公主与刘辉结局的制造者，例如宦官刘腾曾经和陈留公主一起参与了颠覆冯皇后的重大事件，可谓铁杆交情。②

公主因伤致薨后，灵太后十分悲痛，亲临恸哭，出葬城西，亲送数

---

① 刘军：《〈魏书·广平王元怀传〉补疑》，载《古代文明》2013年第4期。
② 罗新：《陈留公主》，载《读书》2005年第2期。

里，尽哀而还。原因正如她对侍中崔光所讲："追念公主为辉顿辱非一，乃不关言，能为隐忍，古今宁有此！"也即，长公主并未主动将驸马刘辉的恶行向灵太后告状，而是选择了一直隐忍不发，可谓顾及了皇室和夫君的脸面，即便是按照儒家的"夫为妻纲，君为臣纲"之礼，长公主也尽到了为人臣为人妇的伦理道义，乃古今第一楷模。再加上陈留公主等人结合自己境遇的真情陈述，灵太后必然要对刘辉施加酷刑，方可祭奠长公主的妇道和臣道。崔纂显然没能从同为女人的灵太后以及陈留公主等人的立场出发，只是站在完全中立的视角上看待这桩普通的故意伤人致死案，未真正深入案件内里，调和情理法之冲突。崔纂等人所提异议看似在强调儒家礼法原则及捍卫司法裁决权，实则既没有厘清内外之别、家国之分，也没能真正调适儒家义理与北魏社会政治习俗之间的适用张力，自说自话，其后果可想而知：崔纂尚书三公郎之职被免，尚书元修义也被"夺禄一时"。不过，驸马刘辉的结局尚好，本欲被执行死刑，然"会赦得免"，正光三年（522）其官爵也得到了恢复，且升任征虏将军、中散大夫，可见刘辉的才能并未因为长公主之死而遭到否定。可惜一年后刘辉便病故，自此家道中落，冥冥之中，或有天意。

25. 从单一审判制变成多审复议制是什么时候开始的？

秦代建立皇帝制度之后，置廷尉，掌刑狱，为九卿之一。自秦到北齐，廷尉是享有中央司法权的最高官职。不过，为了防止廷尉审判权过大，自西汉开始，逐步发展出多审复议制来限制廷尉所享有的单一审判权，限制的最初表现为间接监督，而后发展为直接插手，最后形成隋唐"三法司"共享的中央审判机制，而这一演变开启的关钥则是北魏的审判改革。

作为监督中央单一审判制的尚书属官

历史上首先出现限制廷尉单一审判权的机构为尚书。尚书在秦朝已有设置，掌管文书奏章，地位不高。汉武帝时尚书受到重用，开始涉足司法事务。汉成帝时"初置尚书，员五人，有三公曹，主断狱事"①。此时的三公曹并不直接参与案件审判。因西汉的行政体制采用三公九卿制，重大案件由"三公"会同廷尉参与审判，因此尚书专门设三公曹，负责审判监督与信息上报，便于皇权对司法的掌控。② 由于廷尉在武帝之时权势极大，虽为九卿，但在西汉并未受限，反倒是试图监督廷尉的三公被尚书监督。

东汉光武帝设尚书台，"光武皇帝愠数世之失权，忿强臣之窃命，矫枉过直，政不任下，虽置三公，事归台阁。自此以来，三公之职，备员而已"③。"台阁"即尚书台，已是国家政务中枢。"后汉光武以三公曹主岁尽考课诸州郡事……二千石曹主辞讼事，中都官曹主水火盗贼事。"④ 光武帝已将尚书台内负责审判的官员变为二千石曹，三公曹改为负责考课州郡官员。尚书台权力的扩大是以削弱三公的权力为代价的。因此，监督"三公"审判的三公曹失去了意义，遂"主岁尽考课诸州郡事"，转而监控地方。二千石的地方郡守集行政与司法大权于一身，以二千石曹来监督地方辞讼，即是监督郡守司法，这是光武帝基于西汉末年皇权衰微而进行的改革举措。虽然"事归台阁"，但三公九卿体系并未废除，尚书台负责建议和监督，所属的二千石曹也只能是审判监督（作为监督机构），并不能直接插手地方司法。

因战乱频仍，曹魏精简机构，裁撤了三公曹、二千石曹等监督机构，设都官曹来"督佐军事"，这是战时之需。⑤ 西晋沿袭曹魏，尚书台已发展为尚书省，总揽政务，但别置中书、门下二省以分其权。皇帝授权之时会适当分权以制衡，这一权力操控技术在司法上也有体现。尚书省三公曹恢复，都官曹由督佐军法改为督察司法。据《晋书·刘颂

---

① 《汉旧仪》。
② 张春海：《从三公曹到刑部：论隋唐刑部的形成》，载《南京大学法律评论》2016年春季卷。
③ 《后汉书·王充王符仲长统列传》。
④ 《晋书·职官志》。
⑤ 《通典·职官四》。

传》载："武帝践阼，拜尚书三公郎，典科律，申冤讼.'即说明三公曹已享有审判权，以分廷尉之权，且由都官曹监督。

北魏三省直接插手中央审判权之改革

北朝的中书省掌诏命起草权，然据《魏书·刑罚志》载，北魏太武帝拓跋焘太平真君六年（445）春，"以有司断法不平，诏诸疑狱皆付中书，依古经义论决之"。表明中书省已享有复审权。不过，三十年之后的延兴四年（474）诏曰："自狱付中书复案，后颇上下法，遂罢之，狱有大疑，乃平议焉。"此即说明中书省的复核权已被收回，这表明多重复议机构参与审判也会利弊皆有。不过，还有可能的原因是，北魏孝文帝（471—499年在位）继位后，依照魏晋设置官制，尚书省下设六尚书和三十六曹。三十六曹的三公曹、都官曹、二千石曹和比部曹都不再局限于审判监督，开始染指审判权，以分享中央司法权。① "时法官及州郡县不能以情折狱。"世宗宣武帝元恪即位，欲改变这一司法现状，意在宽政。正始元年（504）冬诏曰："尚书门下可于中书外省论律令。"② 改变了此前立法权独由中书省掌握的制度，"论律令"其实可以包括对疑难案件的复议权，这是此后尚书省和门下省掌握复议权的开始。就此看来，皇权欲通过增设复议机构来获得预想的审判结果，即皇帝可以选择最合朕心的复议机构实现"宽政"之结果，这是多审复议制在北魏萌生的关键原因。十年之后的北魏延昌二年（513）秋，符玺郎中高贤，其弟员外散骑侍郎仲贤，其叔司徒府主簿六珍等人遭到连坐被除名，但遇大赦，皇帝将其官复原职。其他中枢机构皆无异议，唯有殿中尚书邢峦上书，认为依律连坐之罪不得以官职相抵，即使是因小罪连坐，遇赦后也不得免官复叙，更何况他们犯的是逆反大罪。皇帝并未接受尚书省的意见，执意将其官复原职。尚书省显然是主张依法裁断，然而皇帝意在宽仁，乃法外开恩，毕竟所赦三人均为皇帝近臣。③

---

① 严耕望：《北魏尚书制度考》，载《历史语言研究所集刊》（第十八册），北京：中华书局1987年版。
② 《魏书·刑罚志》。
③ 《魏书·刑罚志》。

时隔不到一年的延昌三年（514）六月，廷尉卿元志及其下属廷尉监王靖为了依律判决，以维护廷尉的终审权而上书皇帝。据《魏书·刑罚志》载："依律文，'狱成'谓处罪案成者。寺谓犯罪迳弹后，使复检鞫证定刑，罪状彰露，案署分晒，狱理是成。若使案虽成，虽已申省，事下廷尉，或寺以情状未尽，或邀驾挝鼓，或门下立疑，更付别使者，可从未成之条。其家人陈诉，信其专辞，而阻成断，便是曲遂于私，有乖公体。"廷尉认为判决生效（结案）的标准是经廷尉审判，尚书省复核后便可。如果要改判，那就应依律之法定程序（即"未成之条"），即可通过廷尉提出"情状未尽"而重审，或通过"邀驾挝鼓""门下立疑"等法定直诉程序。其他任何方式皆是扰乱国法、助纣为虐之行为。元志等人和邢峦依律办案的思维一致，主张除了法定程序之外，不得容忍或纵容当事人及其家属通过其他途径干预已决之案。他们所指的其他非法干预行为很难不让人联想到513年秋的官复原职之案。

然而，元志的属下大理正（即廷尉正）崔纂、评杨机、丞甲休，律博士刘安元等人却表示了反对，他们认为"虽已案成，御史风弹，以痛诬伏；或拷不承引，依证而科；或有私嫌，强逼成罪；家人诉枉，辞案相背。刑宪不轻，理须讯鞫。既为公正，岂疑于私"[①]。廷尉审判可能存在诬告冤枉，刑讯强逼等情形，当然需要通过家人上诉等其他形式来监督审判，并非是"曲遂于私，有乖公体"。元志等人是看到了在诉讼机制外部非正常干预审判的情形才有感而发，极力维护廷尉的独立审判权，而崔纂等人则是从诉讼机制内部强调监督廷尉审判的必要，二人的论述根本不在一个层面上。元志等人的上书是针对当时已被不断侵夺的廷尉独享的单一审判权，崔纂等人并未当即意识到皇权欲通过设置复议机构来干预司法的危害，甚至根本没有料想到这一干预有愈演愈烈的趋势，并彻底改变了自秦代以来中央的单一审判制。[②]

崔纂等人的观点实际上无意中支持了皇帝，因此得到了皇帝的肯定，不过皇帝并未明确下诏改变中央单一的审判权结构，因为廷尉的反

---

① 《魏书·刑罚志》。
② 卢建荣：《法官与政治威权：中古三法司联合审案制下的实际权力运作（514—775）》，载《台湾师大历史学报》2000年第28期。

对依旧存在。多重复议是在司法实践中逐步落地的。这就涉及 519 年的"公主之死"案。当时北魏孝文帝之女兰陵长公主与刘宋皇族后裔刘辉结为夫妻,婚后刘辉却与平民张智寿的妹妹张容妃以及平民陈庆和的妹妹陈慧猛私通。已有身孕的公主发现后与刘辉争执,却被刘辉殴打,因受伤过重,一尸两命。案情虽简,证据确凿,但关于如何审判刘辉及张智寿兄妹及陈庆和兄妹的意见却并不统一,此案交由门下省审理,门下省奏请将刘辉、张容妃、陈慧猛三人判处死刑,张智寿、陈庆和身为兄长,明知奸情而不干涉,甚至有勾引刘辉之嫌,应发配敦煌。其时已任尚书三公郎的崔纂表示反对,他认为审判主体、审判依据和审判结果都存在错误,尤其是门下省属于内朝秘书机构,最不应该侵夺廷尉的审判权。

崔纂并未弄清楚,他在 514 年反对元志等人的理由恰是支持门下省审判此案的。因为该案的当事人尤其是张智寿、陈庆和最有可能喊冤,即便是该案交付廷尉审判,他们之后依然会鸣冤叫屈。由门下省来审理,类似于跨过了一般管辖,适用特殊管辖,即皇帝委派门下省以"提审"的方式来审理这一重大案件,如此就便于皇帝选择司法机构,以执行贯彻帝王意志,随时掌控生杀予夺之权。皇帝更是认为:"辉悖法者之,罪不可纵……特敕门下结狱,不拘恒司,岂得一同常例,以为通准。且古有诏狱,宁复一归大理。而尚书治本,纳言所属。弗究悖理之浅深,不详损化之多少,违彼义途,苟存执宪,殊乖任寄,深合罪责。崔纂可免郎,都坐尚书,悉夺禄一时。"① 皇帝以特殊情况为由驳斥崔纂"弗究悖理之浅深,不详损化之多少"。至于何谓"不拘恒司",并没有惯例可徇,全赖帝王考虑。而且为了论证门下省的审判正当性,皇帝甚至认为当下尚书省都可以参与案件审判,门下省有何不可?因为元志等人在 514 年的上书中就已经提到:"若使案虽成,虽已申省,事下廷尉,或寺以情状未尽,或邀驾挝鼓,或门下立疑,更付别使者,可从未成之条。"此处的"省",应当指的就是尚书省;"门下立疑",应当说的是门下省。尚书省是刑罚执行部门,根据皇帝在 519 年的"公主之死"案的审判诏令中所说,尚书省至少在 514 年之前就可以参与审

---

① 《魏书·刑罚志》。

判,这是自北魏孝文帝以来延续的传统。而门下省可以对已成案件提出质疑,使已决案件失效。显然,在 514 年之际,门下省对审判结果享有一票否决权。只不过五年之后的门下省已经深得皇帝信任,因为当时执掌门下省的是孝文帝第四子元怿。

从大理正转任尚书三公郎的崔纂应该带有部门利益倾向,他反对门下省查办此案,是为了维护廷尉的审判权。这是在支持元志等人在 514 年的上书意见。崔纂应该十分清楚,反对由门下省审判实际上是对太后等人非正常干预司法表示不满,他是在冒着被免职的风险。北魏末年尤重门下省,一度获中书出令之权,时有"政归门下"之语,其长贰常总典机密,受遗诏辅政,权任极重。因此,在 519 年的"公主之死"一案的十年之后,永安二年(529)御史中尉高恭之为防止廷尉和御史勾结,建议"如二使阿曲,有不尽理,听罪家诣门下通诉,别加案检。诏从之,复置司直"①。门下省便开始正式享有针对御史纠劾之冤案的再审权。

多审复议制的形成与隋唐之后的完善

起初,北魏为了制约由廷尉掌控的中央司法单一审判制,设置了同样起到监督作用的行政决策机构,实现多审复议制。中书省一度掌控了复审权,但在此制度运行三十年后,也被作为复审机构的中书省玩坏了,故而失去了皇帝的信任,导致其权力被废,也可能是为尚书省掌管复审权让位。同样是在三十年之后,连中书省的立法权都被尚书省和门下省染指,这亦为门下省进入司法事务打开了通道。加上当时皇帝欲改变廷尉依律判决造成的苛政之果,故而通过增加新的心腹机构分享审判权来达到名正言顺地推行宽政之目的,故而在 514 年前后,门下省开始获得审判权,十年之后成为定制。东西魏存世时间过短(东魏二十年,西魏十五年),在官制改革上无甚作为,此后北齐继承了北魏官制,仅将廷尉改称大理寺,形成了大理寺、尚书省、门下省的多审复议制。所谓的多审复议制,即多方参与司法审判并给出司法建议。多审只是复议

---

① 《北史·高道穆传》。

的形式，复议的目的是为了方便皇帝做最终裁判。皇帝通过多方参与审判和讨论的制度设计，能够达到兼听则明、约束臣权、平衡利益，进而名正言顺地掌控司法大权之效果。

隋代的门下省与中书省同掌机要，共议国政，并负责审查诏令，签署章奏，有封驳之权。原来由中书省独掌的诏令发布权，被门下省分享，尚书省则掌管执行，并由御史台监督之。诏令发布即立法权，审判权可以被视为执行（执法）权，匡此，专掌执行的尚书省分享大理寺的审判权名正言顺，由隶属于尚书省的刑部来复核大理寺所断案件足矣。门下省就没有必要再插手司法实务，而专注于决策，多审复议制得到完善。

开皇三年（583）都官改名为刑部，唐代沿用。据《唐会要·定格令》载，刑部"掌律令，定刑名，按覆大理及诸州应奏之事"。这便是刑部从西汉中都官掌部分司法权后逐步发展为全国案件之复核权的过程。贞观二十二年（648），御史大夫李乾祐奏曰："以囚自大理来往，滋其奸故，又案事入法，多为大理所反，乃奏于台中置东西二狱，以自系劾。"① 即大理寺狱在押人犯易生变故，且御史台初审的案件多被大理寺复审翻案，于是请设御史台狱。此后，御史台便获得了独立于大理寺的审判权，寺权受限。中唐之际，大理寺的审判权进一步受限，仅审理徒以上在京官吏犯罪、百姓"非贯属在京者"，及非京兆府管辖之案。其他则交由京畿地区（京兆府）和其他地方司法部门（河南府）。而且，凡遇特别重大案件，则由大理寺、刑部、御史台三机构长官共同审理，名曰"三司推事"。简言之，隋唐通过延续北魏514年前后的司法改革形成了由司法、行政和监察部门多方参与的多审复议制。② 两宋沿用；元代彻底废除大理寺，刑部独掌中央审判权；明清为了抑制部权，大理寺恢复设置，但由审判机构变成了复核机关，多审复议制基本得到恢复。

中央审判权变化的历史，无论是部权扩大、寺权缩小，还是部权缩

---

① 《通典·职官六》。
② 卢建荣：《铁面急先锋：中国古代法官的血泪抗争》，北京：中国政法大学出版社2012年版。

小、寺权扩大,都是在多审复议制的结构之内自我调适。多审复议制正是皇权通过任用信任的内廷官员如尚书省、中书省和门下省来制约外朝司法官员廷尉等形成的,为皇帝独揽集立法、行政、司法和监察权于一身的大权而服务。称其为"多审复议制"而非"多元审判权",恰是为了反映古代帝王不断加强中央集权专制而作出的努力。因为,即便是唐代"三司推事"亦非真正的共同审理案件,乃是共同为皇帝提供决策咨询,"推事"仅有推理事务(事奉皇帝断案)之意。明清演变为"三司会审",即通过会议的方式集思广益,化解分歧,还是为皇帝的最终定谳提供参考。① 毕竟,中国古代司法与行政高度统一,密不可分,很难说是行政兼理司法,还是司法兼理行政,只有"多审复议制"才能更加准确地展现中国传统"审而不判""判而不审"的中央集权特色,且深刻地影响了现代中国的审判权构成。

26. 唐律规定的"六赃""七杀"为何如此分类?

唐律对"六赃"与"七杀"的规定可谓轻重有度,最大限度地保证了律文的灵活,同总则性的"举重明轻,举轻明重"之条款相得益彰。同时,相关律文简明易懂,最大限度地保证了国家意识与庶民观念的一致性,体现了唐律对罪名分类标准的独特认识,代表了传统中国立法和司法的实用主义特点,奠定了唐律"得古今之平"的美誉。

赃罪的分类标准

据《唐律疏议·名例律》"以赃入罪"条议曰:"在律,'正赃'唯有六色:强盗、窃盗、枉法、不枉法、受所监临及坐赃。自外诸条,皆约此六赃为罪。""六赃"指的是六种非法占有公私财物的行为,相当于是现代刑法中的抢劫罪、盗窃罪、贪污贿赂罪的统称。

"王者之政,莫急于贼盗。"《唐律疏议·贼盗律》又进一步将盗罪

---

① 沈玮玮:《同样是九人:明清中央会审官员的布局》,载《人民法院报》2015年12月18日。

细分为强盗和窃盗两种。强盗是"以威力而取其财,先强后盗,先盗后强,若与人药酒及食,使狂乱取财,亦是";窃盗是为"公取窃取皆为盗"。议曰:"公取,谓行盗之人,公然而取;窃取,谓方便私窃其财,皆名为盗。"由此可见,二者的区分标准在于是否运用暴力手段。强盗是指使用暴力或致人失去意识后非法占有他人财物,即使不得财,也要徒两年。持凶器得财者一尺,徒三年,十疋及伤人者,绞;杀人者斩。而窃盗更侧重以秘密手段而非以是否盗得财物为处刑标准。不得财者,笞五十,得财者至五十疋,处加役流刑,处罚较强盗轻。

其他的赃罪基本与现代刑法的贪污贿赂罪相似。据《唐律疏议·职制律》载,受财枉法是指"受有事人财而为曲法处断者,为枉法赃""诸监临主司受财而枉法者,一尺杖一百,一疋加一等,十五疋绞"。受财不枉法是指"虽受有事人财,处断不为曲法者,为不枉法赃""诸监临主司受财而不枉法者,一尺杖九十,二疋加一等,三十疋加役流"。议曰:"先不许财,事过之后而受财者,事若枉,准枉法论;事不枉者,以受所监临财物论。"受所监临财物是指官吏利用职权非法收受所辖范围内百姓或下属财物。"诸监临之官,受所监临财物者,一尺笞四十,一疋加一等;八疋徒一年,八疋加一等;五十疋流二千里。与者,减五等,罪止杖一百。乞取者,加一等;强乞取者,准枉法论。"《唐律疏议·杂律》"坐赃致罪者"条议曰:"然坐赃者,谓非监临主司,因事受财,而罪由此赃,故名坐赃致罪。"据此,坐赃主要是指其他官吏或一般人非因职务原因而收受财物,同时禁止监临主守官在辖区内役使百姓,借贷财物,违者以坐赃论处,是前面三类赃罪之外的兜底条款。受财枉法、受财不枉法、受所监临与坐赃是以不同的犯罪主体来区分的。而受财枉法与受财不枉法的区别在于犯罪性质上的差别,即前者收钱办事,后者收钱不办事。此外,受所监临可以根据收受财物的手段,分为乞取、强乞取、恐吓取人财物等;根据收取财产利益与非财产利益则又分为监临受供馈、役使所监临、监临娶所监临女等。

整体而言,"六赃"是指与经济关联的犯罪,唐律将一切具有"赃"之特征的经济犯罪统一称为"六赃",廓清了此前纷繁杂呈的各色经济犯罪以及混乱不一的罪名。但仔细来看,"六赃"的分类标准并不统一，可谓具体情况需具体分析。其中受财枉法、受财不枉法、受所监临的犯罪主体为官吏，主要为了惩治官吏贪污受贿的行为。强盗、窃盗、坐赃则针对一切犯罪主体，是对通过非法手段获取财物的行为进行惩处，其刑罚轻重有别，规定细致。"六赃"虽将与经济有关的犯罪予以概括，但内部的关联性并不强，此种列举式的立法技术最大缺点是并不能达到囊括全部经济犯罪的目的。

不过，正是因为其混乱不一的分类标准才增大了法律所适用的范围。"六赃"各罪刑罚轻重不一，适用主体范围有大有小，保证了最大程度的变通性。此外，虽然其罪名分类没有一个统一的标准，但没有标准本身就是传统刑事立法的一个特征和标准，即便于在"法无明文规定"时适用"举重以明轻，举轻以明重"。唐代尚未完全践行"罪刑法定"的思想，因为在唐人看来，唐律并非单纯是刑律，而是国家基本法典，所以唐人不可能在律典中遵循"罪刑法定"的原则。为了应对多变复杂的社会，他们只能在"经"与"权"之间把控平衡，这就是"举重以明轻，举轻以明重"的重要作用。

另外，唐律对赃罪的定性与类型把握比较符合民众的感知度，凡是百姓"常识"认为属于犯罪利益的"赃"都会被纳入律典中，并不局限于现行刑法所圈定贪污贿赂罪客体的财产性利益，非财产性利益也都在律文的规定之内，方便了大众对律文律义的把握。例如"监守内奸"与"娶所监临"。唐律规定："诸监临主守，于所监守内奸者，谓犯良人，加奸罪一等……妇女以凡奸论。"明代学者雷梦麟对该规定进行了立法目的上的解释："有监临之意，而奸之，是倚势而为奸者也。妇女以凡奸论是以妇女也未免有乐纵之意。"唐律进一步规定："诸监临之官娶所监临女为妾者，杖一百。"明律对此补充道："若监临官娶为事人妻妾及女为妻妾者，杖一百，女家并同罪。"再如，关于礼尚往来与吃喝请托。唐律规定："诸监临之官受猪羊供馈，坐赃论。注曰：非生者。"疏议曰："举猪羊为例，自余禽兽之类皆是。其有酒食瓜果之类而受之，亦同供馈之类。"明律则更加细致地规定，若接受所部内馈送土宜礼物，"受者，笞四十。若因事而受者，计赃，以不枉法论"。据此看来，对日常的礼仪交往和婚配自由，唐明律皆作为犯罪利益。由此可见，但凡在庶民大众看来有利用权力之嫌而获得的各种利益，都可能成为科刑的依据。只不过，利益分大小，有"计赃论罪"和"不计赃论罪"之分。同时，只有如此细致才能达到《唐律疏议·名例律》所规定的要求，即："诸断罪而无正条，其应出罪者，则举重以明轻；其应入罪者，则举轻以明重。"除此之外，《唐律疏议·名例律》还对准枉法论、准盗论、以枉法论、以盗论等构成及概念做了详尽的规定，以便对贪污贿赂行为更好地进行类推定罪。

总之，"六赃"虽然看似没有现代刑法的统一分类标准，但能够形成自洽的刑罚适用原则，既便于官员类推适用，又便于大众理解掌握，体现了中国立法和司法传统"接地气"的实用主义特征，这一点在"七杀"的规定上亦有具体体现。

杀人罪的分类标准

唐律根据犯罪人主观意图由强到弱对"六杀"进行了细化，分为谋杀、故杀、斗杀、误杀、过失杀、戏杀。此后有学者认为还存在"劫杀"这种第七类杀人行为。《唐律疏议·贼盗律》"谋杀人"条议曰："谋杀人者，谓二人以上"，即谋杀的典型形态为两人以上的共同杀人，同时对谋杀的另一种特殊形态也做了规定："若事已彰露，欲杀不虚，虽独一人，亦同二人谋法"。由于谋杀的社会危害性极大，唐律更加强调谋杀的犯罪主观方面，对于犯意明显的"独谋杀人"可视为谋杀。《唐律疏议·斗讼律》"斗殴杀人"条议曰："斗殴者，元无杀心，因相斗殴而杀人……以刃及故杀者，谓斗而用刃，即有害心；及非因斗争，无事而杀，是'故杀'：各合斩罪。"根据以上规定可以推断，故杀之"故"是"杀伤之害心"的意思，可等同于现代刑法理论的直接故意。事实上，唐律对故杀的概括性描述仅为"故杀人者，斩"，列举式的描述较多且分散于贼盗、斗讼、诈伪等篇目中。斗杀的成立必须是犯罪者"无杀心"，即行为人对犯罪对象死亡结果持放任态度，相当于现代犯罪理论的间接故意。故杀与斗杀虽然以直接故意与间接故意来划分，但二者之间的界限并不明确，如谋杀的特殊形态与故杀就存在交叉的可能性。而劫杀作为"谋叛掠人"的加重情节，与谋杀、故杀在主观意图上较为一致，因此，故杀可以视为劫杀和谋杀的兜底。

戏杀是指"以力共戏，因而杀伤人"，即共同危险行为致人死亡，双方行为人对共同的行为及危险结果存在共同的认识。戏杀根据危险程度进一步分为普通戏杀和危险戏杀，《唐律疏议·斗讼律》"戏杀伤人"条议曰："诸戏杀伤人者，减斗杀伤二等；……虽和，以刃，若乘高、履危、入水中，以故相杀伤者，唯减一等。"可见，对于行为人可预见危险却放任发生的情形，唐律给予了重于一般戏杀的刑罚。误杀是指行为人由于主观认识与客观实际不相符而造成他人死亡的结果，主观恶性介于戏杀与过失杀之间。根据犯罪行为的起因，误杀可以细分为误杀被劫之囚、因盗而误杀、斗殴而误杀等；根据对象，误杀可以分为误杀尊长、误杀卑幼、误杀旁人等。过失杀是指行为人无杀人之意而致他人死亡，包括意外致他人死亡与轻微过失致他人死亡，主观上对他人死亡结果的态度不是希望或放任，或者行为人没有预见到其行为可能造成他人死亡，这种犯罪的社会危害性和主观恶意在"七杀"中最低。

我国现行刑法将杀人行为分为故意杀人罪与过失致人死亡罪。其中，将直接故意与间接故意两种主观心态皆归于现行刑法第232条的故意杀人罪，对应的刑罚是"死刑、无期徒刑或者10年以上有期徒刑（情节较轻的，处3年以上10年以下有期徒刑）"；将疏忽大意的过失与过于自信的过失归于第233条的过失致人死亡，对应的刑罚是"处3年以上7年以下有期徒刑；情节较轻的，处3年以下有期徒刑"，具体属于何种故意或者过失，条文并未明显区分，只能由裁判者依具体案情予以认定，并根据犯罪情节在法定刑区间内进行量刑。因而，现行刑法相对唐律"七杀"较为简化，只是粗略地分为故意杀人与过失杀人，给了审判者极大的自由裁量权。

若将唐律与现行刑法相比，谋杀与故杀可视为直接故意，斗杀可视为间接故意，劫杀可视为故意，戏杀可视为间接故意与过于自信的过失，误杀可视为疏忽大意的过失，过失杀可视为疏忽大意的过失或是意外事件。"七杀"虽与现代刑法有相似之处，却并不能完全套用，因为唐律所规定的某些杀人行为同时包含有故意与过失，例如戏杀。该罪就综合了主观心态与特定的客观方面，无法严格按照现代刑法理论进行清晰地界分。

就此而言，对于杀人罪，唐律规定了更为复杂的"七杀"，混杂了多个分类标准。比如，从主观意图可分为故杀和过失杀，从客观环境可分为斗杀、戏杀与劫杀，罪名繁杂，且相互交叉，在司法适用过程中很容易导致混淆，让具体的司法者难以把握。但这种担忧很可能是杞人忧天，因为，此种分类标准并非是没有逻辑而为。一方面，对于"七杀"，唐律有十分详细的规定。以谋杀罪为例，唐代针对谋杀的立法相当缜密完备。按其结果，谋杀可分为"谋而未行""谋而已伤""谋而已杀"。比如：夫杀妻、妻杀妾，谋而未行，判处徒刑三年；谋而已伤，流放三千里；谋而已杀，判处斩刑。而夫杀妾，谋而未行，判处徒刑两年；谋而已伤，判处徒刑两年半；谋而已杀，判处徒刑三年。同样是杀人，身份不同，刑罚则不同。另一方面，"七杀"之间界限虽然并非清晰分明，但并不会完全重合。其一，虽然故杀与谋杀比较接近，但故杀并不一定是谋杀，谋杀必须建立在"谋"与"议"的基础上。且谋杀包括合伙作案，故杀通常的犯罪主体只指向一人；其二，误杀与过失杀虽存在交集，但并非完全一致。例如意外事件都归入过失杀之中。因此，"七杀"与"六赃"在立法标准上基本一致，即通过尽可能详细的列举方式，将轻重不一、场合不同、标准有别的各种罪名皆归入"七杀"。以看似无统一标准的立法列举作为裁判依据，使裁判者能够较为便利地适用法律，尤其是在法无明文规定时，能够"举重以明轻，举轻以明重"，以不变应万变。并且，这种"轻重相举"的自由裁量，相较于现行刑法，反倒能够被控制在合理的范围内，不至于失控，更为理性和实用。

唐律罪名分类标准的特质及意义

尽管唐律对侵害财产和侵害人身的各类犯罪进行了区分，但在罪名的分类标准上并不统一，且罪名内部关联性并不高。这一现象是中国传统立法技术和司法适用的特点所致，即通过列举常见的犯罪种类，来适用类推原则："诸断罪而无正条，其应出罪者，则举重以明轻；其应入罪者，则举轻以明重。"此外，随着货币交易的发展以及维护社会秩序的需要，国家对于百姓和官吏的控制，以及对社会运行的干预超过唐代之前的任何时期。因此，唐律的罪名分类包括对行为人主观状态的区分、对不同犯罪对象身份的区别、对受害人身份的区分以及对同类犯罪主观恶性强弱差别的划分等，都体现出了比此前更为"客观具体化"的特点。

除了便于量刑之外，唐律的这种罪名分类标准还能极大地方便普罗大众对律文律义的掌握，体现了唐律贴近日常生活、"一准乎礼"的主旨追求。"礼"，指的就是庶民大众日常行用的生活规则，如此，唐律才能得到最为广博的普及和普遍的遵守。

不过，以"六赃"与"七杀"为代表的唐律罪名分类，所区别、明确、认同与维护的依旧是等级关系和宗法关系，使"尊卑贵贱，等数不同；刑名轻重，粲然有别"，为的是稳固皇权秩序。这是唐律的精髓所在，也是其特质所在。

27. 唐太宗纵囚归狱所为何事？

贞观六年（633）十二月辛未日，据《新唐书·刑法志》载，唐太宗亲录系囚，"见应死者，闵之，纵使归家，期以来秋就死。仍敕天下死囚，皆纵遣，使至期来诣京师。至是九月，去岁所纵天下死囚凡三百九十人，无人督帅，皆如期自诣朝堂，无一人亡匿者，上皆赦之"。这便是唐初著名的太宗纵囚归狱，也是古代帝王唯一一次的司法创举。

纵囚前因：司法改正行政之过

太宗做出纵囚决定的前因大致如下："贞观六年春，正月，乙卯朔，日有食之。癸酉，静州獠反……会河南、北数州大水……十二月，癸丑，帝与侍臣论安危之本。中书令温彦博曰：'伏愿陛下常如贞观初，则善矣。'帝曰：'朕比来怠于为政乎？'魏征曰：'贞观之初，陛下志在节俭，求谏不倦。比来营缮微多，谏者颇有忤旨，此其所以异耳。'帝抚掌大笑曰:'诚有是事!'"① 由此可知,唐太宗欲以纵囚来消解劳民伤财的工程营造之"魏征责难"。当时大量的囚徒从事繁重的劳役刑,主要为帝国大兴土木提供廉价的劳动力,这是在贞观四年(631)死囚仅 29 人的基础上导致贞观六年死囚数量迅猛增长的主要原因。同时贞观四年时"天下大稔,流散者咸归乡里,米斗不过三四钱,终岁断死刑才二十九人。东至于海,南及五岭,皆外户不闭,行旅不赍粮,取给于道路焉。"② 自贞观四年以来风调雨顺带来的民丰物阜,也可能导致犯罪率激增。

与古人类似,今人亦质疑所纵囚犯数目的真实性,因为从贞观四年到六年社会并未发生剧烈变动,死囚之数却攀升了十多倍,不合常理。③ 但有观点则认为是贞观五年(632)发生的张蕴古案让官员倾向于执法严苛,重判刑徒所致,或有一定的道理。④ 在唐太宗及其宠臣看来,大兴土木容易引发执政危机,于是在十二月癸丑日君臣奏对之后不久的辛未日(时隔仅 18 天),唐太宗便亲自录囚,颇为冒险地释放死囚回归乡里,待到来年秋天按时归狱后再考核。这与唐太宗及时纳谏的形象颇为吻合,而且是同宠臣温彦博和魏征共同商议的结果。

贞观六年十二月的录囚当是太宗在及时纳谏后做出的迅速决定,不过,此前太宗十二月录囚是在夺位之后的武德九年(626),有先例可循,不算太过突然。除录囚后的纵囚外,贞观年间的法律事件(包括法律改革和用法讨论)共有九次之多,其中大部分为立法(刑罚)改革,这是新朝建立之初必须要完成的国之大事,各项改革皆有君臣奏对或诏书内容,唯独这次颇不寻常的纵囚事件没有记载君臣态度,不符合太宗个人的纳谏风格和执政惯例。结合文献前后表述,太宗与近臣此前对"安危之本"的探讨当与纵囚有关,在魏征的提醒下,太宗对贞观

---

① 《资治通鉴·唐纪十》。
② 《资治通鉴·唐纪九》。
③ 杨孟哲:《法律的文学叙事与历史叙事——从欧阳修的〈纵囚论〉说起》,载《天府新论》2017 年 3 期。
④ 《李世民放死囚回家是政治作秀还是另有深意》,资料来源:https://zhuanlan.zhihu.com/p/61272900,最后访问时间:2020 年 1 月 29 日。

初年民力稍微恢复之后就大兴土木的做法表示忏悔，当即以纵囚来纠正，这种知错能改的态度十分符合太宗善于纳谏的性情。如此说来，纵囚之策乃是皇帝以一次颇不寻常的司法操作来自我纠正此前的政治决策失误。而整体来看，纵囚之策与唐太宗所推行的九次法律改革，均符合其推行仁政、改革前代之弊、宽省刑法的一贯思路，并不十分突兀。

纵囚后果：快速司法决策之虑

通常，史学家在记录帝王录囚这样的善举之后，紧接着就会提到人口增加以示怀柔远人，以彰显帝王的皇恩浩荡。于是在贞观三年太宗录囚后，"是岁，户部奏：中国人自塞外归及四夷前后降附者，男子一百二十余万口"①。而在贞观六年太宗纵囚后，循例记载"是岁，党项等羌前后内属者三十万口"②。不过这一记载颇有刻意做作之嫌，因为贞观六年的纵囚是在年底，贞观三年的纵囚是在年初，也即党项等人口的归附并非感念于太宗的纵囚，这是史学家的笔法而已。

值得肯定的是，太宗向来有自我反思和检讨的习惯，在雷厉风行地纵囚后不久，"上谓侍臣曰：'朕比来决事或不能皆如律令，公辈以为事小，不复执奏。夫事无不由小以致大，此乃危亡之端也'"③。当时《贞观律》尚未出台，《武德律》并不完善，擅长用兵的太宗显然向来不会按照律令行事，直到《贞观律》出台前的贞观十一年（638）正月，君臣还在探讨依律断案的问题，当时大理卿刘德威针对太宗问及"近日刑网稍密"的原因时认为："此在主上，不在群臣，人主好宽则宽，好急则急。……陛下倘一断以律，则此风立变矣。"④这解释了太宗纵囚为何置律法于不顾，但作为掌控生杀予夺大权的帝王，对此事当然有自主决定权，但当时宠臣不加阻拦让他事后有些犹豫和担心。宠臣指的就是温彦博和魏征，在皇帝看来，他们认为纵囚事小，也是皇帝特权，故而不需要进谏。但在宠臣们看来，纵囚已经是经过讨论"安危

---

① 《资治通鉴·唐纪九》。
② 《资治通鉴·唐纪十》。
③ 《资治通鉴·唐纪十》。
④ 《资治通鉴·唐纪十》。

之本"后达成的君臣共识,无须再议。太宗只是在提醒防微杜渐,避免因小失大,而且还将纵囚之事上升到"危亡之端",显然是对纵囚一事有所顾虑,也是接着不久前君臣讨论"安危之本"的话题在进一步反思。这就进一步说明纵囚之策是太宗以司法方式解决政治危机的即时方案。

  太宗纵囚后颇有顾虑,还因此前从未有过皇帝如此操作。私放囚犯一直以来都为法律明文禁止。秦汉律皆规定:"见知故纵,以其罪罪之。"① 唐代更是规定:"故纵者,不给捕限,即以其罪罪之。"② 如此违律的纵囚之行为,作为"子帅以正,孰敢不正"③ 的明主自然需要谨慎而为。无怪乎在纵囚之后,太宗依然反思"朕比来决事或不能皆如律令"。当然,自东汉开始到太宗朝前期,仍有大量的纵囚事迹见于史料,有学者认为类似的纵囚事迹在东汉及魏晋南北朝正史中多次出现,形成了情节高度雷同的程式化书写。④ 不过,纵囚主官皆是基层官员,严格来说完全是非法行为,但由于囚犯按期而归,未见对纵囚之人有任何处罚。一方面是由于历史惯性已经赋予了纵囚某种正当性;另一方面所纵之囚几乎均非死囚,不至于罪大恶极。即便所纵为死囚,但因当时地方官员或掌握死刑决定权,故而放纵死囚自然不会被人诟病。例如,清末沈家本考证认为,两汉"三辅及守令、相皆有专杀之权"⑤。两汉"刺史守令杀人不待奏"⑥,尤其对于毫无疑难的死刑案件而言更是如此。直到南北朝时死刑复奏制度方确立,隋朝"诏诸州死罪,不得便决,悉移大理案复,事尽,然后上省奏裁"⑦。唐承隋制,可以说到唐太宗时,皇帝掌握死刑决定权尚为时不久,当然要谨慎而为。更何况太宗因靠"玄武门之变"夺得皇位,在贞观初年更是需要应对各种可能

---

① 《史记·酷吏列传》。
② 《唐律疏议·捕亡》。
③ 《论语·颜渊》。
④ 陈爽:《纵囚归狱与初唐的德政制造》,载《历史研究》2018年第2期。
⑤ 【清】沈家本:《历代刑法考》,邓经元、骈宇骞点校,北京:中华书局1985年版,第1975—1976页。
⑥ 【清】赵翼:《陔馀丛考》卷十六。
⑦ 《隋书·刑法志》。

的非议，因此之故，其不得不对自己未经深思熟虑的纵囚表达隐忧。

太宗关于"危亡之端"的观点一发，臣下自当想方设法免除皇帝纵囚的后顾之忧。虽然史书没有记载臣下当时的反应，但紧接着史书记载"贞观七年（634）九月，山东、河南四十余州水"①。九月正是检验所纵之囚能否按时返回的关键时刻，数百人的死囚中定然有山东、河南的四十余州受灾之民。他们在享受了半年之久的自由之后，又遇到如此突发的自然灾害，很有可能会匿迹逃脱，其他省份的死囚或许也会有收买顶替谎报之情形。毕竟所纵之死囚涉及面大，人数众多，而史书记载的却是"无人督帅，皆如期自诣朝堂，无一人亡匿者"。突发的灾情定让臣下为确保所纵之囚按期返回而展开的监控遍布全国各地的死囚的行动变得难上加难。即便如此难办，臣下也只能努力办好，这让太宗选择看似违背常情的"权变"②之纵囚，在他一番自我警醒之语的点拨下，死囚"无人督帅""皆如期""无一人亡匿"的"归狱"变得十分容易理解。

归狱补救：行政弥补司法之失

为臣之责是替君分忧，作为宠臣的中书令温彦博和秘书监魏征自当重视，毕竟若有闪失，二人也免不了不积极谏言和不及时劝阻人主执政之过的责任。如何消除隐忧，积极弥补这一明主之失？唯一的办法是严密监控所纵之囚，确保其按时归来。我们无从追踪在纵囚之后的九个月内太宗如何叮嘱宠臣们确保纵囚一事的万无一失，故而也无法评判欧阳修批评唐太宗纵囚"是上贼下之情也"③的道德表演，因为可能太宗在道出了"此乃危亡之端也"便再也无暇顾及这一小事，事后则是宠臣私下为君分忧之举，并非太宗的自编自演。因为在贞观七年初，太宗还曾以诸葛亮和梁武帝为例再次强调："故我有天下以来，绝不放赦。今四海安宁，礼义兴行，非常之恩，弥不可数，将恐愚人常冀侥幸，惟欲

---

① 《资治通鉴·唐纪十》。
② 马小红：《"确定性"与中国古代法》，载《政法论坛》2009年第1期。
③ 【宋】欧阳修：《欧阳文忠公集·居士集第十八》。

犯法，不能改过。"① 此后太宗便赦免了所纵之死囚，这一举动与上述所言不符，这很可能是出于感念宠臣的事后补救，让太宗的心灵得到了慰藉，保全了君王的脸面，借此可以营造皇帝善于纳谏并自我反思纠正的朝堂氛围。

太宗的赦免更是对臣子在背后所作的工作的肯定，便于此后君主顺利纳谏，纵囚反倒成就了君臣和谐共治的"贞观之治"的美好口碑。这从另一文献的记载上能够找到证据："于是天下死罪囚三百九十人皆释禁，自至朝堂，不劳督领，一无逃散。太宗感其奉法，竟尽赦之。"② 有学者认为所谓"不劳督领"就暗示了囚犯在到达朝堂之前一直在督领之下，即受到官府的严密监视和控制。"自至朝堂"，并非在地方狱所当场放免囚犯，听任其自至京师领罪，而是由地方官吏以"督领"的方式一路严密监视，把囚犯押解至京，在宫外象征性地放免。③ 归狱的过程尚且如此受到监控，那么在太宗意识到此事"乃危亡之端"后，囚犯很有可能已经被严密监控起来了。

宠臣对天下死囚的监控需要依靠强大的国家治理（管控）能力来保障，正如有学者所言，由于唐王朝的强大控制力，此次纵囚"由虑囚而起，而以特赦告终"④。唐代军事力量强大，贞观四年，大将李靖灭了东突厥，李世民获得"天可汗"称号，唐朝的实际控制区达到了贝加尔湖以北，设置行政区的范围扩大到了阴山以北600里，对地方控制严格精细。宋代之前，城市居民的主体是贵族、官员、二人与兵将，管控相对简单。唐代城市采用里坊制，坚持日中为市、坊市分离和实行宵禁，官府、民坊、市坊截然分离，除寺庙旗亭白日开放外，没有其他公共活动场所。法律禁止商人与官员来往，且禁止朝廷大臣进入集市，有意的空间区隔能够保障有效监控。⑤

---

① 《贞观政要》卷八《赦令第三十二》。
② 《册府元龟·帝王部·推诚》。
③ 陈爽：《纵囚归狱与初唐的德政制造》，载《历史研究》2018年第2期。
④ 王应瑄：《唐太宗纵囚辨》，载《法音研究》1988年第4期。
⑤ 【美】查尔斯·本：《中国的黄金时代：唐朝的日常生活》，姚文静译，北京：经济科学出版社2012年版，第40、184页。

所纵之囚姓名可查，有迹可循，追踪监管较易，加上帝王率先垂范，又有能臣辅佐，臣下和地方官员自当能实心用事，坚决维护皇权威严和律法效力。同时，臣下为了维护太宗时期来之不易的君臣良好相处局面，更会动用所有行政资源努力防范君王所担心的司法风险。总之，虽然纵囚树立了帝王善于纳谏的英明形象，但归狱始终带有冒险成分。不过，唐代的治安管控和官僚体系在贞观初年尚能确保所纵之囚按期归来。可以说，纵囚之策缘起于太宗以司法宽仁来弥补执政严厉，又以行政控制来消解司法风险。不过，太宗亦感知到这一司法冒险成本太过高昂，在此之后录囚很少，纵囚更是没有，或是担心再次心血来潮纵囚而带来不可挽回的司法风险，因为太宗录囚"多所原宥。见死罪者，悯之"①。究其原因，是太宗即位之初曾谓侍臣曰："死者不可再生，用法务在宽简。古人云：'鬻棺者欲岁之疫，非疾于人，利于棺售故耳。'今法司核理一狱，必求深刻，欲成其考课。今作何法，得使平允？"②

如果将贞观六年的纵囚归狱一事归入赦免（特赦）的话，持续23年的贞观朝还大赦了六次，赦因多为新皇登基、太子新立、农业灾害、战争获胜等重要事件，这符合太宗在贞观二年（629）强调的"不欲数赦，恐小人恃之轻犯宪章"③的谨慎原则。自汉代始，赦必有因，包括立后、立储、加服、庆满月生、祀明堂等政治性赦因，和改元、上尊号以及有事南郊等政策性赦因。④ 若贞观六年所纵之囚是因守信而归狱，那么，诚信显然不在传统的法定赦因之内。不过，亦有观点认为，两晋南北朝在录囚制度中出现的赦宥之事使录囚在唐代具有了显著的赦宥因素。⑤ 考虑到太宗朝的赦免频率不太高，此次赦免纵囚，并不意味着太宗滥赦。更重要的是，唐太宗的赦免看上去是一时兴起，但实际并非如此。太宗应当是在京录囚，在贞观五年后，在京的死刑案件要求秋后处决前一天两复奏，处决当天三复奏。故而在死囚归来之际，太宗应当也

---

① 《册府元龟·帝王部·推诚》。
② 《贞观政要》卷八《论刑法第三十一》。
③ 《资治通鉴·唐纪八》。
④ 沈玮玮：《赦的功能变迁》，载《南方都市报》2016年10月2日。
⑤ 万安中：《录囚制度考论》，载《学术研究》2004年第6期。

是经过了"五复奏"的艰难考虑才决定赦免死囚。而且这些死囚定当经过了中央多个机构的死刑复核程序。① 同时,在贞观四年,魏征提到隋亡因炀帝枉捕滥杀,太宗曰:"非是炀帝无道,臣下亦不尽心,须相匡谏,不避诛戮,岂得惟行谄佞,苟求悦誉。君臣如此,何能不败?朕赖公等共相辅佐,遂令囹圄空虚,愿公等善始克终,恒如今日。"② 因此,赦免归狱之囚当是君臣共议之结果。

选择赦免死囚,应当考虑到了农业生产的时节点。太宗选择年底纵囚,是为了不妨碍春种,约定来年秋后归狱,符合"秋冬行刑"的理念,若归来即赦免就不妨碍当年的秋收。因为在贞观"元年,关中饥,米斗直绢一匹;二年,天下蝗;三年,大水"③。如此看来,太宗纵囚之策当是为了弥补贞观前三年农业一直歉收导致的民贫国弱之弊。从"举重以明轻"的唐人思维来看,所纵之死囚尚能感化而赦免,其他活囚自然也可赦免,于是在三年之后的贞观九年(636)三月大赦天下。与此同时,又恰逢山东、河南水灾,法定的赦因就有了。总之,太宗的赦免顺理成章,也足以让宠臣觉得事后的补救行动获得了帝王认可。

就此说来,太宗的纵囚起因于政治检讨的当即决断,但得到了信臣的支持,无人反对。事后太宗表示了担忧,宠臣便迅速行动,利用严密的治安监控网络确保"君无戏言"的效力,为太宗挽回不按照律令决策可能造成的失误,可谓有惊无险。当宠臣确保归狱的行动成功后,太宗及时以赦免奖掖臣民,足以传为贞观之治的佳话。

28. 初唐徐元庆复仇案的处理意见为何出现反转?

近年来复仇案件频发,如何适用法律成为争议焦点,而这一问题在古代中国并不鲜见。当代的争论是正当防卫构成与否,古代则是用礼还是依法。当然,正当防卫也是合礼之规范。讨论是否适用正当防卫,同样是在讨论如何做到情法两尽,这同古代并无二致。初唐武后统治之

---

① 王宏治:《唐代死刑复核制度探究》,载《政法论坛》2008年第4期。
② 《贞观政要》卷六《君臣鉴戒》。
③ 《资治通鉴·唐纪九》。

时，同州下邽（今陕西渭南）人徐元庆为报杀父之仇手刃原县尉赵师韫，案发后主动归罪。如何处理此案，朝臣多有争论，中唐时该案再次翻出，以陈子昂、柳宗元和韩愈为代表的文坛大儒均卷入论战。现就这一引发百年论争的复仇案展开分析，探讨处理意见背后的政治姿态。

徐元庆复仇案在初唐的处理

《新唐书·孝友》简要记载了徐元庆复仇案："下邽人徐元庆父爽为县尉赵师韫所杀，元庆变姓名为驿家保。久之，师韫以御史舍亭下，元庆手杀之，自囚诣官。"虽然不到50个字，但究其细节，仍有几处疑虑：徐元庆为何很早就潜入驿站准备复仇？其身份暂无可考，但他应久居下邽，下邽乃西都长安与东都洛阳之间的必经之地。由长安沿渭水南岸东行到达洛阳，交通至繁，公文传递、政务上报均赖于此，已升为御史的县尉赵师韫定会有机会在县驿过宿，因此徐元庆选择在此"守株待兔"，伺机而动。御史乃帝王耳目，选择在监察官员下榻之地手刃赵师韫，似有向皇帝表明因奸人得道而伸冤不得只能私力救济的情绪发泄，也可视为赤裸裸地挑衅皇家官府不作为的行动。毕竟，下邽乃京畿重地，在此谋杀监察官员，显然是故意想把"小事闹大"。杀人后，徐元庆立刻到官府自首，一副大义凛然、英勇就义之态。武后本想遵循先例，贯彻儒家"父之仇弗与之共戴天"①的信条赦免复仇者，以博得仁义之名，毕竟儒家礼法思想当时已经深入民众骨髓。然而，仅八品的左拾遗陈子昂（659—702）并未如此考虑，左拾遗的作用就是指正皇帝行事不足，供帝决策参考。因高宗驾崩，武则天临朝改制，陈子昂适时地上书赞其为"非常之主"，借此机会被武后发现，遂入仕常伴左右。后武则天称帝改国号为周，陈子昂又作《周受命颂》称颂。对于徐元庆一案，他再作《复仇议状》一文，主张不应以礼屈法，提出"置之以刑，然后旌其闾墓"，先诛后旌，可谓报答知遇之恩，极尽言官之责。武后念其忠诚，考虑之后采纳，并奉为经典供后世参照。

有文献可查的唐代血亲复仇案例共16个，最后有7个被处死，9

---

① 《礼记·曲记》。

个被赦免、从轻发落或嘉奖。而在武后之前的7个复仇案只有1例被处死,其余或免死或奖掖。再往前追溯,秦代禁止复仇,汉代虽禁,但多数赦免,魏晋南北朝之际也认可复仇,隋唐赦免复仇的依旧占多数,按律处刑或减等的虽然不少,但都有政治意义。回看被处死的1例,据《新唐书·孝友》载:"永徽初,同官人同蹄智寿父为族人所害,智寿与弟智爽候诸涂,击杀……乃论死。"结合当时刚颁布的《永徽律》,朝廷为了维护律典权威,这才将"顶风作案"的智爽智寿处死。陈子昂在《复仇议状》中言道:"废国之刑,将为后图,政必多难""故圣人作始,必图其终,非一朝一夕之故,所以全其政也",其论证的出发点显然也是维护《永徽律》之权威。因为,在他看来武后的统治合法性实在不足,只有守法断案,维护和坚守自高祖以来制定和贯彻的李家唐律,才是其统治合法性的唯一依凭。

同时,徐元庆一案具有特殊性,该案不仅是唐史有载的第一例杀官报仇案,而且是在像陈子昂一样的监察官员面前行凶,岂不是有打心眼里瞧不起言官、公然批评监察官员无能之意?想必该案在当时十分轰动,不仅因其发生在京畿重地,而且因其谋杀官员,挑衅监察,可谓胆大包天。官员背后的靠山是皇帝,公然挑战官府和监察官员,指向的是对武后统治的不满。如若赦免徐元庆,无形中可能鼓励暗杀官员甚至暗杀君王的行为,这对当时统治根基尚不稳固的武后来说,是细思极恐的。因此,生性多疑的她接受了陈子昂的折中处理方案,如此做法不仅可以维护国法皇权之威信,而且还可体现武后宽仁之形象。既能够延续以往嘉奖复仇的传统,又能树立武后铁腕惩凶的决心,何乐而不为?当时正得武后垂爱,又心怀大志,谋求重用,且同为监察官员的陈子昂,提出抛弃非礼即法的传统观点,以标新立异的折中方案,着实在君臣面前露了脸。

徐元庆复仇案在中唐的反转

百年之后,柳宗元(773—819)重提此案,作《驳复仇议》批判陈之建议,认为"既诛且旌"乃"渎刑坏礼",应遵循圣人之制,"穷理以定赏罚,本情以正褒贬"。他认为礼法本不存在冲突,目的都是为了防乱。礼法合一在唐律中已经体现得十分完美，不合法即不合礼，因此，表彰与处死同施于一人，将导致滥用刑法或破坏礼制，不利于教育后人谨慎行事。这种折中的处理意见，既没有做好惩罚，也没有起到预防作用。他建议对复仇案件要区分论罪用刑：若复仇合乎"礼"，即父为官吏误杀，复仇当被奖励；如其父确实当诛，复仇便是"仇天子之法""悖骜而凌上"。因为"礼之所谓仇也"乃"冤抑沉痛而号无告也"，即只有当父母蒙受冤屈而无处申诉时，方可"复仇"。

《驳复仇议》是在柳宗元任礼部员外郎，春风得意，锐意改革时所作。他在《寄许京兆孟容书》曾言："勤勤勉励，唯以忠正信义为志，以兴尧舜孔子之道，利安元元为务。"表明了怀着传道利民的远大抱负参与永贞革新之心迹。尧舜孔子之道要求"凡居其位，思直其道。道苟直，虽死不可回也；如回之，莫若亟去其位"①。这是柳宗元欣赏和实践的"直道"。"牝鸡司晨"的武则天名不正，自然言不顺，完全不符合儒家之礼，这就很容易理解为何经武后认可的《复仇议状》被掌管礼部的柳宗元嗤之以鼻。再结合其革新团队和改革使命，如此破除前朝旧例，不难理解，此举乃积极为变法造势。《驳复仇议》一文并未对"复仇"一案详尽分析，且选择了"民对官"复仇的情形。若是真要复兴礼法，应该不会遗漏"民民复仇"的类型，此为其一。其二，柳宗元若想仔细辨别礼法冲突的解决之道，大可选择其他事实更为清晰、记载更为详实的案件，而非百年之前存疑颇多的徐元庆案。就此而言，《驳复仇议》是对人不对事，直指陈子昂背后的武后昏聩无道，乱法无礼。如果考虑到柳宗元祖上河东柳氏一族曾因武后迫害而开始没落，那么他借复仇案抨击陈子昂或许也有发泄私愤之心。

与柳宗元同时代的韩愈（768—824）加入了论战，不过他选择的是梁悦复仇案，为此写了《复仇状》一文。该文有言："或为官所诛……凡有复父仇者，事发，具其事申尚书省，尚书省集议奏闻。"也即臣下无权决断复仇案，应当直接上呈尚书省，由集体讨论出具意见，最后由皇帝定谳。早在西周之际就采取了集议制处理重大疑难案件，最

---

① 柳宗元：《与韩愈论史官书》。

后由皇帝来定夺,这自然是信任皇帝的天子之能,方能达到"经律无失其指矣"。由此,既能树立帝王权威,又能凸显帝王的睿智和宽仁。

复仇案论争背后的政治姿态

如果说陈子昂和柳宗元都是在实体法上为复仇案的审理出谋划策,求得实质正义的话,那么韩愈则是在程序法上为重大决策权真正被君王掌控提供思路,以求得程序正义。对比两种复仇案的处理方案,前者过于理想化,后者则更具现实性。

退一步讲,陈柳二人的观点都是站在法律规范主义的立场思考礼法的冲突解决机制,把政治问题法律化处理;而韩愈则是站在政法关系的道路上为提升政治权威寻找出路,将法律问题交给政治决断。当然,三人的主张都有政治的考量。韩愈所处的中唐时代更需要加强君权,君王只有逐步地收归生杀予夺的大权,才有可能重现盛唐皇权的荣光。柳宗元所属的革新派同样需要重塑皇权,但柳宗元并非永贞革新的主角,他要"谋议唱和,采听外事"①,须配合革新集团的整体行动,故而仅拿"民对官"复仇说事,借以抨击无德昏君及其导致的吏治败坏来形成社会舆论,助推官场革新。相较于韩柳,初唐的陈子昂只是为了图得"前无古人,后无来者"的名声,故作另类,为武后执政的稳定献媚罢了,可惜并未得到进一步的重用。言尽于此,只能说性格决定命运,政治决定法则。

29. 唐代有哪些铁面无私的执法者?

武后强权与铁面执法者

中唐之际,因取李唐而代之的行为缺乏王朝建立的正统性与合法性,武则天不断受到群臣的质疑与冲撞。正因如此,女皇为维护其统治,任用酷吏周兴、来俊臣、丘神勣、王弘义等人罗织罪名,构陷无

---

① 《顺宗实录·卷五》。

辜，将法律作为打压现实及潜在的反对者的工具。正所谓"上有所好，下必甚焉"，在处死被定为谋叛的罪魁后，主办官员往往会阿谀逢迎帝好，以连坐之法扩大打击面。于是，冤狱横行，酷吏肆虐，法司判断多不依律定罪。不过，浸润法曹多年、深得礼律精髓的高素质官员却能够据法、据礼力争，其间上演了一幕幕维护法律权威的大剧。这些官员以徐有功（640—702）最具代表性。

徐有功，名弘敏，初为蒲州司法参军，以宽为治，不施敲打，因任官三年从未对人犯用过一次大刑，故而被百姓称"徐无杖"。永昌元年（689）升任司刑寺丞，即大理寺丞，后为刑部郎中、侍御史，审刑15年，处理大案六七百件，据《资治通鉴·唐纪二十》载，徐有功曾为"酷吏所诬构者，有功皆为直之，前后所活数十百家"。他曾三次被酷吏构陷为死罪，但三次被赦后仍不改秉直性格。史学家刘知几之子刘㻞编写的《隋唐嘉话》这样记载徐有功："每见武后将杀人，必据法廷争。尝与后反复，辞色逾厉，后大怒，令拽出斩之，犹回顾曰：'臣身虽死，法终不可改。'至市临刑得免，除名为庶人。如是者三，终不挫折。朝廷倚赖，至今犹怀之。"武后时酷吏皇甫文备，"与徐大理论狱，诬徐党逆人，奏成其罪。武后特出之。无何，文备为人所告，有功讯之在宽。或曰：'彼曩时将陷公于死，今公反欲出之，何也？'徐曰：'汝所言者，私忿也；我所守者，公法也。安可以私害公？'"① 可见徐公之秉公执法。人如其名，徐有功对维护唐中期的律令权威颇有功劳。不仅徐有功如此，唐中期涌现的一大批铁面官员都如他一般"卓然守法，虽死不移。无屈挠之心，有忠烈之议"。虽说"太后虽好杀，知有功正直，甚敬惮之"，但这些铁面执法者能够成功对抗皇权的决定性原因却在于——与唐太宗相比——武后的合法性不足遂致君权式微，才使得她的司法干预成功率不高，而这在唐太宗时期是不可想象的。

律令体制与法条主义

律令体制到唐代已臻完善，因此强调"一断以律"之司法原则，

---

① 《新唐书·徐有功传》。

《唐律疏议·断狱》规定："诸断罪皆须引律令格式正文，违者笞三十。"与此同时，规定了严格的司法审判责任。于是，长期坚持的"法条主义"造就了一批据法力争的铁面官员。唐代对律令体制的维护需要官员对法典相当熟稔且理解透彻。这些均提升了当时官员依法断案的水准。尤其在面对皇权干预司法，以司法为工具行构陷冤狱之时，铁面官员能够塑造依法独立行使审判权的循吏形象。而谋反谋叛之案或侵犯皇室尊严之案最能体现铁面官员如何排除皇权的政治干扰，敢于据法断案。

在徐敬业谋反案中，当时徐敬业已亡，主审官员在抓到了徐敬业的余党韩氏后，力主将韩氏及其家族按连坐处理。徐有功则主张这样定罪缺乏证据和法条支持，韩氏及其家族依律当无罪释放。按唐律规定，"疏议曰：律，谋反者斩。身亡即无斩法，无斩法则不得相缘。所缘之人亡，则所因之罪减。"即谋反者应处斩，然处斩的前提是正犯尚存活，而今正犯徐敬业已死，处斩则无实施之可能，连坐之人也就失去了处分的依据。加之当时朝廷屡次大赦，韩氏家族几乎没有处分的必要。徐有功据此与武后力争，最后"依有功所议断放"。在崔宣谋反案中，告密者声称，崔宣在准备谋反时，因其小妾准备揭发，遂将小妾杀害后沉尸。主审官员张行岌经查后发现并无证据证明崔宣谋反，于是以无罪结案。武后要求重新审理，张行岌在无新的证据下依旧判决如初。武后大怒，直言张行岌袒护崔宣，张行岌则毫不畏缩，直到崔宣之妾现身才真相大白。徐有功和张行岌能够坚持己见，不屈服强权，正是依赖于当时盛行的严格依律断罪。

在685年李氏家族韩、鲁诸王谋反案中，有"徐有功第二"之名的苏珦经长期调查、审讯之后亦未能找到谋反的证据，于是此案被搁置。急于扫除一切反对势力的武则天就此召见苏珦，诘问苏珦为何迟迟不结案，苏珦在殿堂上则反驳武则天不应干预司法。此后武则天认为苏珦不适合办理此案，就此革职并派其立即前往外地监军。

据法抗争与据礼力争

唐律的"一准乎礼"使得受过儒家经典洗礼的士大夫十分看重以

礼为准据的神圣法条。当坚持法条主义无法满足日渐变化的社会时，他们往往会以礼义作为补充。因此，盛唐之际的官员都垂青律礼兼修。通过习礼（儒家经典）可以掌握用法准则和适法依据，这是自北齐以来形成的关于法律知识如何获得和精进的传统。坚持法条主义，同样重视礼法兼备，成为官僚群体的主要知识来源和行为依据。

同样在徐敬业谋反案中，湖州府书办江琛为了扳倒裴光，利用割字法伪造了一封信，足以认定裴光与徐敬业互相勾结谋反。在经历了多次审理仍无法结案的情况下，张楚金被举荐为主审法官。张认为在谋反失败后，为何裴光没有及时销毁尚未寄出且有谋反嫌疑的信件是一大疑点。他日思夜想，一日在榻上偶然对着阳光看此信时发现了玄机：虽然信中的每个字皆为裴光亲笔所书，但却是用割字法将字一个个粘贴在一起"写"成的。张楚金与其他三位不知名的官员不轻易给裴光定罪，而是结合法条主义与常情常理的判断，谨慎而行，维护了法律权威。

铁面执法者们除了挑选合适的法条作为辩护依据外，还引用了道德情理强化论证。在任知古、裴行本等七人谋反案中，来俊臣等酷吏极力奏请斩杀，徐有功则挺身而出，以圣人之道加以辩护："俊臣乖明主再生之赐，亏圣人恩信之道，为臣虽当嫉恶，然事君必将顺其美。"① 在窦妻庞氏案中，徐有功在法条用尽的情况下，同样祭出礼义教化，力主圣王有好生之德，少杀慎杀。据法力争和据礼力争在他们手中运用自如。

冥判信仰与制度基础

唐代盛行佛教思想，讲究因果轮回，以"生前为恶，死后受惩"的"因果报应论"来引导社会向善。当时流行的佛教经典《妙法莲华经》（又称《法华经》）告诫大众：每个人在死后都会到地府接受冥王审判；若司法官员在任职期间有冤假错案或枉法裁判，则在地府接受的惩罚会比一般人更重。这一说法使得多数官员相信存在"冥判"，于是不敢枉法裁判、草菅人命。《冥报记》《冥报拾遗记》《法苑珠林》《还

---

① 《旧唐书·徐有功传》。

冤记》等反映"冥判""报应"的司法作品在当时盛行一时，《冥报记》更是出自曾任御史大夫和刑部尚书的唐临之手，可见影响之深。

唐代涌现出来的神勇非凡的铁面执法者还有戴胄、张叡册、韦思谦、刘仁轨、王义方、狄仁杰等。这些铁面执法者皆有榜样可效仿，例如，隋炀帝时期的御史台主官梁毗、大理寺卿源师。源师认为皇帝确实可以不经过司法体系来达到构陷杀人的目的，但是一旦诉者官司，就必须严格遵照律典来执行，维护法典权威的同时，更是维护了皇家的脸面和权威。徐有功等人正是继承了铁面的传统，以肉身去抵挡政治权威的斧钺，换取司法公正之目标。514—755年，类似记载有近300起，留下姓名的铁面执法者有32位，与政治强权抗争，让无数杀戮和悲剧得以避免。这支被称为"铁面急先锋"的司法队伍，兼具娴熟的专业能力和虔诚的佛教信仰，通过点滴努力在帝制中国创造了不畏强权的司法功业。① 不过，这些铁面执法者应当得益于自514年北魏大理寺卿崔纂等人发动的审判改革，自此大理寺不再专享司法审判的终审权，审判程序从单一审判制变成多审复议制，乃隋唐三法司联合审判的滥觞。铁面执法者正是藉此制度，利用较长的审理时间和较为复杂的司法权制衡机制，寻找最佳的时间点展开对皇权的抗争。当然，受冤者是否有机会遇到一个不畏强权、秉公执法的铁面法官，仍然是这一制度无法保证的。

30. 唐代是如何诠释依法执政的？

行状起源于汉代，是一种简单描述人物年龄、仪表、品行的材料，用来察举选官，至南朝演变为官员死后记录其一生行事供朝廷定其谥号的公文。② 唐代行状篇幅更长，行文有一定范式，用以请谥、撰写墓志和史传，多在状主卒后一年之内撰写，现存唐代行状约42篇。纪实是唐代官方对行状的基本要求，然行状多为门生故吏所撰，难免带有个人

---

① 卢建荣：《铁面急先锋：中国古代法官的血泪抗争》，北京：中国政法大学出版社2012年版。

② 唐雯：《盖棺论未定：唐代官员身后的形象制作》，载《复旦学报》（社会科学版）2012年第1期。

情感，隐讳与虚美的现象皆存。① 《柳宗元全集》共收录三篇行状，柳宗元格外重视，其中之一便是他为其从叔柳浑所作《宜城县开国伯柳公行状》（以下简称"柳公行状"），该行状文末写道："宗元既当族属，且又通家，传信克备其遗芳，考行敢征于故事。"正如陈寅恪先生所言："通论吾国史料，大抵私家纂述易流于诬妄，而官修之书，其病又在多所讳饰，考史事之本末者，苟能于官书及私著等量齐观，详辨而慎取之，则庶几得其真相，而无诬讳之失矣。"② 现以柳宗元所作的三篇行状为例，考察中唐之际以改革派柳宗元为代表的士大夫是如何诠释依法执政的法制理想的。

地方为官应做的依法执政之行动

柳公行状作于贞元十五年（799）正月，柳宗元时任集贤殿书院正字。状主柳浑（714—789），原名柳载。肃宗至德年间（756—758），江西采访使皇甫侁闻柳浑之名，辟为判官并代理永丰县令。据柳公行状载："以信州都邑，人罹凶害，靡弊残耗，假守永丰令。公于是用重典以威奸暴，溥太和以惠鳏嫠，殄除物害，消去人隐，吏无招权乾没之患，政无犯令茸荛之蠹，宰制听断，渐于讼息。耕夫复于封疆，商旅交于关市，既庶且富，廉耻兴焉。"自隋至唐经济重心南移，湖南、江西的山区、边区、湖区快速发展，人口迅速增加，信州也在此列。然而快速的发展导致奸诈横行，狱讼繁多，贫富悬殊。柳浑首先选择了治乱用重典的方略，打击恶霸，禁暴惩奸；其次，矜老恤幼，救济鳏寡孤独等弱者，尽可能消除社会不公；再次，清除天灾和人祸，使治下风调雨顺，风清气正——主要从官吏以权谋私、公然违反国家法令等方面入手；最后，处理政务和听讼断案公正无私，以无讼和谐为目标，最终实现农商繁荣，文化昌明。在柳宗元看来，若用当下的观念来解释，柳浑施政颇有成效的核心在于依法执政，以有法必依和执法必严为中心，迅

---

① 李南晖：《作为国史材料的唐人偏记小说—以行状为中心》，《中山大学学报》（社会科学版）2009 年第 4 期。
② 陈寅恪：《金明馆丛稿二编》，北京：生活·读书·新知三联书店 2009 年版，第 81 页。

速确立国家律令之权威，为地方经济发展保驾护航。当时江西农业经济的发展水平高于湖南，亦有柳浑等良吏的一份功绩。①

代宗大历二年（767），江西观察使魏少游任命柳浑为判官。开元寺僧人夜饮，醉后导致寺庑起火，为了逃脱罪责，僧人归咎于守门的聋仆，并贿赂魏少游派去调查的军候。当时人人皆知奴冤但莫肯言。唯有柳浑与同僚为守门人鸣冤，自此名声在外。

柳宗元在地方任职期间欲效仿柳浑治理地方之法。

中央为官应有的依法执政之态度

建中四年（783）泾原兵变，唐德宗被迫出逃，柳浑隐匿终南山。据柳公行状载："泾卒之乱，公以变起卒遽，尽室奔匿于终南山。贼徒访公所在，追以相印。"叛将朱泚以同平章事（宰相）相诱，柳浑拒之不受。兴元元年（784）长安被唐军收复后，柳浑随德宗回朝，据《旧唐书·柳浑传》载："浑尚名载，乃上言：'顷为狂贼点秽，臣实耻称旧名，矧字或带戈，时当偃武，请改名浑。'"他认为自己名字上了叛将朱泚的诏书，"载"字有"戈"旁，国家正需要偃武，遂请改名为"浑"。若不从其一贯的品行来看，此举有摆脱干系、阿谀奉承之嫌，但另一方面也体现了柳浑的忠君之道和为官之能。贞元元年（785）七月，朝廷论功，柳浑拜兵部侍郎，封宜城县伯。县为封地，伯为爵名。宜城为襄州一县，为南楚故城。柳浑祖籍河东，徙居襄阳，皇帝在其世居之地择一良地作为封地，可谓用心良苦。

有一次，德宗皇帝命玉工制作玉带，玉工因误伤一锷（犹今之带扣）而用他玉补上蒙混过关。皇帝认为玉工犯有欺君之罪，欲将其处死。柳浑据法力争，认为当以误伤乘舆器服罪杖之，玉工得免一死。这一做法与西汉张释之处理"犯跸"一案基本类似。史载，"上行出中渭桥，有一人从桥下走出，乘舆马惊。……廷尉奏当，一人犯跸，当罚金"②。文帝以为判决过轻，身为廷尉的张释之坚持己见，依律断罪。

---

① 郑学檬：《论唐五代长江中游经济发展的动向》，载《厦门大学学报》1987年第1期。

② 《史记·张释之冯唐列传》。

这一案例在柳浑行状有载，柳宗元认为"处事详谛，无依违故纵之败；奉法端审，无隐忌峭刻之文"。通俗而言，柳浑实乃"以事实为依据，以法律为准绳"的信奉者和践行者。

贞元三年（787），柳浑正式拜相，仍执掌门下省。德宗为亲选的京畿县令沾沾自喜，群臣皆上贺表。柳浑对此事的态度在柳公行状有载："陛下当择臣辈以辅圣德，臣当选京兆以承大化，京兆当求令长以亲细事，夫然后宜。舍此而致理，可谓爱人矣，然非王政之大伦也。"柳浑认为皇帝越俎代庖，虽然代替京兆尹选择县令使地方大治，可谓爱人，但不是王政的大伦。唐德宗本就苛细，如此操作符合其性格，柳浑竟独言人不敢言，不惧不佞。第二篇行状《唐故秘书少监陈公行状》也有一段类似的细节，左补阙陈京在德宗变脸、众臣皆不敢言的情况下依然能谏止皇帝恢复卢杞宰相之位，这需要置生死于度外的勇气。柳浑执掌门下省期间还有类似之事发生，当时下属认为应当审定更改吏部和兵部拟任命的六品以下官员，柳浑则认为既然各部职责已定，就应当相信各部官员的决定，用人不疑，不能滥用权力。这种谨守职分、依法执政的刚正直接便是柳宗元所向往的政法风尚。

柳宗元代表的依法执政之理想

柳浑与柳宗元从未有过接触，而且并非近亲。柳宗元为其作状，当有感同身受的共鸣。柳宗元对依法执政的认可，在其所作的《断刑论》和《驳复仇议》中均有回应。这两篇传世之作表达了他欲突破唐律早已确立的"德礼为政教之本，刑罚为政教之用"原则：断刑应当不拘泥于秋冬行刑，审判复仇案件绝不能以礼害法，远远超越了中唐社会的世俗想法。[①] 在柳宗元看来，只有捍卫律法尊严才能实现社会革新，所以他撰写行状多侧重依法执政的刚直事例，在为父亲柳镇撰写的《先侍御史府君神道表》同样记录了父亲依法治狱而得罪权相窦参之事。

《柳宗元全集》仅有的三篇行状之所以能反映柳宗元的法制理想，是因为柳宗元在传记散文方面成就极高，对行状惜墨如金，只有少数真

---

① 何蕾：《唐代文人与法律》，复旦大学 2008 年博士学位论文，第 77 页。

正忧国忧民、高风亮节的官员才值得他用心下笔。① 第三篇《段太尉逸事状》特别值得关注,因为柳宗元与段太尉并无任何关联,实出于个人仰慕才提笔作状。② 段太尉真名段秀实,中唐名将,死于建中四年(783),兴元元年(784)诏谥忠烈。行状写于元和九年(814),显然不是为了请谥之用。行状所载:"太尉为人姁姁,常低首拱手行步,言气卑弱,未尝以色待物;人视之,儒者也。"大将有儒者之风,便有治国理政之能,此种文武兼备的良才值得让柳宗元亲自调研,他详细考证了段秀实主动请缨,惩治郭子仪之子放纵士兵在驻地横行不法之恶行。段太尉在依律治罪的同时注重善后说理,兼顾了裁判的法律效果和社会效果,确保依法执政的顺畅和长久。这才是柳宗元设想的法制运行理想模式。

史载"浑性放旷不甚检束"③,换言之,柳浑达到了从心所欲不逾矩的境界,此种"矩"是天理国法而非官场规矩。依法执政难在以身作则,始终如一。柳浑终身节俭不事产业,即便在封地也未置任何家业,晚年居住在梁县,远离封地。柳公行状有载:"公累更重任,禄秩之厚,布于宗姻,无一廛之土,以处其子孙,无一亩之宫,以聚其族属。"须知柳公的封地宜城所属的襄阳当时已是南北经贸的聚合点,凭借优越的交通便利成就了盛世繁荣。王维《汉江临泛》有云:"楚塞三湘接,荆门九派通。……襄阳好风日,留醉与山翁。"到了中唐之际,鄂湘赣已是南粮北调的基地之一,在德宗贞元之时,长安饥荒,遂从江西、湖南运稻米十五万石经襄阳至长安。④ 江西和襄阳对帝国之重要可见一斑,然柳浑皆未利用任职之便在这两处经营产业,这种旷达和自律正是柳宗元向往的依法执政之必备素养。

---

① 张曙霞:《柳宗元与永贞革新》,首都师范大学2006年博士学位论文,第157页。
② 李南晖:《作为国史材料的唐人偏记小说——以行状为中心》,载《中山大学学报》(社会科学版)2009年第4期。
③ 《旧唐书·柳浑传》。
④ 郑学檬:《论唐五代长江中游经济发展的动向》,载《厦门大学学报》1987年第1期。

31. 宋人是怎么看待"任法"还是"任人"的？

《孟子·离娄上》载："徒善不足以为政，徒法不能以自行。"传统文化一贯重视"人"在国家治理中的重要作用，《礼记·中庸》所担忧的"其人存，则其政举；其人亡，则其政息"的轮回一直延续，传统中国社会始终没有将国家大治完全寄托于法。

皇帝"任法"及其招致的士人批评

历史进入北宋时刻，科举制进一步完善，取士不问出身的入仕制度催生出一个独立于贵族官僚的庶族士大夫阶层。为防范武人专权，宋代皇帝采用右文抑武之策，不断提高文官的权势，"与士大夫共治天下"成为两宋的基本国策；再加上不立田制，庶族大地主的实力得以迅速扩张，为庶族出身的士大夫在朝堂获取更多的权力提供了支持。不过，为了防止重蹈唐末覆辙，宋代突出强化君权，于是在"与士大夫共治天下"的分权上十分谨慎，且遵循"事为之防，曲为之制"的防弊之政，强调通过君王立法来制约臣下，保障中央集权，于是造就了"宋朝的皇帝懂法律和尊重法律的，比中国任何其他的朝代都多"①。宋代皇帝重视立法的作用，使得"宋代法典之多，超越各代，前此的法典不过是每易一君主即编修一次而已，但宋代则每改一年号必有一次至数次的编修，所以宋初到亡国时所历年月无不从事于编纂法典的事业"②。顾炎武《日知录·法制》也称宋代"内外上下一事之小，一罪之微，皆先有法以待之"。

宋神宗主张"法出于道，人能体道，则立法足以尽事"，道出了宋代君王重视立制的缘由。"法出于道"不过是"法出于君"的另外一种说法，在法统、道统和政统高度合一的前提下，"立法足以尽事"就自然成为防止任何侵害皇权行为的基本举措。这与太宗告诫臣下"法律

---

① 徐道邻：《中国法制史论集·宋律中的审判制度》，台北：志文出版社1976年版，第80－90页。
② 杨鸿烈：《中国法律发达史》，上海：上海书店1990年版，第554页。

之书，甚资政理，人臣若不知法，举动是过，苟能读之，益人知识"①的观念保持了一致，也是两宋帝王一以贯之的"祖宗之法"。正是因为两宋皇帝过分追求"任法"，才导致了对"任人"有所忽视，故与宋代坚持"与士大夫共治天下"的观念始终会有冲突。

在程朱理学家看来，"理高于势，道统高于政统"，法律并非当然合乎于道。永嘉学派集大成者叶适（1150—1223）则认为，即便法度体现了宋神宗所谓的"道"，但是过犹不及，"法度以密为累而治道不举"②。受这些思想影响，宋代士大夫十分注重人的主观能动性，正如王安石（1021—1086）在《周礼义序》中所说："制而用之存乎法，推而行之存乎人。其人足以任官，其官足以行法。"永康学派代表人物陈亮（1143—1194）深刻地反思了任人与任法的历史实践，他指出"汉，任人也；唐，人法并行也；本朝，任法者也"，在此基础上又进一步提出："法当以人而行，不当使法之自行，今任法之弊，弊在于使法之自行耳。"③ 这体现了儒家士大夫一贯坚持的"有治人无治法"的基本立场。宋代皇帝从防范人性恶出发，通过构造繁杂之法来树立君威和政统，殊不知繁杂之法容易相互抵牾，统一适用难度极大，易导致官僚体制胡乱作为；并且因为凡事依赖法度，导致官僚体制难以主动作为。即便维持了如此庞大的官僚群体，也无法提高行政效能，终致"弱宋"。这便是陈亮批评宋代帝王"持法深者无善治"的根本原因。在此基础上，他主张"任法"与"任人"均不可偏废，应当互为补充，"以法为定，以人行之，而尽去其使法自行之意"④。如此，既能在事先制定王法的前提下确保君上大权，又能在实施王法的过程中发挥睿智之士大夫的主观能动性，尊重"与士大夫共治天下"的"祖制"。针对当时早已弊端重重的繁苛之法，南宋并未解决自北宋以来重法轻人的治理之弊，陈亮便提出"简法重令以澄其源，崇礼立制以齐其习"⑤的建议，期待

---

① 《宋朝事实·兵刑》。
② 《叶适集·实谋》。
③ 《陈亮集·人法》。
④ 《陈亮集·人法》。
⑤ 《陈亮集·中兴论》。

发挥"中兴"大宋的效果。

叶适则认为有宋一代,帝王为了防范君权旁落而防弊太甚,从而对激发社会活力缺乏积极的制度考量。他曾一针见血地指出:"立一法,本以求利于法也,而卒以害是法。上则明知其不可行,而姑委之于下。下则明知其不可行,而姑复之于上。虚文相挺,浮论相倚。故君子不可用,而用小人,官不可任而任吏,人情事理不可信而信法,亦独何以异于周秦之弊哉?"①

士人"任人"及其来自皇帝的防备

自岳飞被杀以来,南宋朝廷变法改革动力尽失,北伐无望。然皇帝不能直接表明偏安一隅的立场,依然要在思想和行动上体现北伐的决心。唯有通过不断地制定法度,才能表明朝廷积极有为的姿态。不过,这一做法完全是掩耳盗铃,明知不可为而为之,法度已成为维持君臣和朝廷脸面的饰物,官场上下心照不宣,陈陈相因罢了。有志之士则发出了重整道德伦常的呼声,主张"任人"而不"任法",高举北宋张载(1020—1077)提出的"为天地立心,为生民立命,为往圣继绝学,为万世开太平"的儒家士大夫的政治抱负大旗。

正是基于"任人"的立场,朱熹(1130—1200)反对立法过于繁密。与陈亮类似,他认为"古人立法只是大纲,下之人得自为。后世法皆详密,下之人只是守法。法之所在,上之人亦进退,下之人不得。今日之法,君子欲为其事以拘于法而不得骋,小人却徇其私敢越于法而不之顾"②。官场上下互相欺瞒,已经形成"劣币驱逐良币"的政治效应,任小人而非君子,任法而非人伦纲纪,如此乌烟瘴气之风急需一阵清风来涤荡。于是,南宋朱子理学强调"大抵立法必有弊,未有无弊之法,其要只在得人"。朱熹建议,应当选拔一些"刚明公正"、德才兼备的贤能之士担任重要领导职务,聚集在皇帝的周围,协助其治理国事,使奸邪小人难以插手国政,从而使朝政清明、纲纪严肃,以改变

---

① 《叶适集·法度总论》。
② 《朱子语类·论治道》。

官场不良风气，实现政通人和、国富民强，正所谓"天下之事必得刚明公正之人而后可任"①。

两宋思想家大抵主张"任人"，以此来指摘帝王"任法"，是与皇帝分权之举，更是积极贯彻"与士大夫共治天下"的国策。皇帝通过积极立法以防范士大夫的逾矩和滥权，则是维持皇权的必要手段。不过，宋代皇帝忘记了"疑人不用，用人不疑"的告诫，反倒在向士大夫放权的过程中时刻提防他们的"贰心"，一再用法度约束，并且将王法的作用强调到了极致，实在是矫枉过正，"一朝被蛇咬，十年怕井绳"，有违儒家"中庸"之道。这一切皆是宋代帝王过于看重集权的私心所致，正如叶适所言"（权力）无所寄任，天下泛泛焉而已。百年之忧，一朝之患，皆上所独当，而群臣不与也。夫万里之远，皆上所制命，则上诚利矣。百年之忧，一朝之患，皆上所独当，而其害如之何？"②皇帝表面上"与士大夫共治天下"，背地里却"私其臣之无一事不禀承我者为国利，而忘其仇之无一事不禁切我者为国害"③。

一个十分看重权谋和法度的法家君王，与一群追求修齐治平的儒家士大夫，势必会在"任法"与"任人"上各有侧重。君王偏向"任法"，而士大夫侧重"任人"。只不过因北宋国力未算孱弱，法度依然可行，故而"任人"思想并不占主流，苏门四学士之一的张耒（1054—1114）在其《悯刑论》中早就指出了"任人"与"任法"协同共治的重要性，可惜未引起重视："至于后世，其所以治天下之具，不能如先王之盛时，淳厚之德衰而吏有率私以立法，恃其无法而放肆者，故后世始有刑法之书，以治天下。然天下之弊虽不可以不救，而天下之情不可枉也，是故法简网疏，而人与法两立而不偏废。"待至南宋，朝廷羸弱，收复失地无望，士大夫才对"任法"全面反思，张载、张耒等人的思想得到关注，唯以"任人"之道德伦常来凝聚人心，方能延续华夏命脉。以史为鉴，新时代治国理政之要领必然是在"任法"和"任人"的互相结合中实现和谐，这就是"坚持依法治国和以德治

---

① 《朱文公文集》卷十一。
② 《叶适集·实谋》。
③ 《叶适集·应诏条奏六事》。

国相结合"中国特色社会主义法治道路深厚的历史传统根基所在。

32. 是什么导致北宋发明了"鞫谳分司"？

鞫谳分司形成于北宋，即由鞫司负责案件审讯、核实证据、查明事实，谳司根据鞫司所出的案件事实检出相关法条，后交由长官判决的审判流程，因此又称"鞫谳判分司"，其被誉为宋代司法最具特色的制度发明，今人普遍将其视为古代中国司法制衡的创举，体现了事实审与法律审分离，且司法官员互相制约的司法理性和制度文明精神，成为中国法律史上最为后人所津津乐道的司法经验之一。

官分文武：以文制武与设官分职的宋代之变

"古者重武"，① 虽然西汉初年即出现"文官"之称，东汉正式确立了文官与武官之分，魏晋南北朝时文武官之分进一步明确；但是，武官始终居于文官之上。到了唐代，初唐和盛唐都崇尚武功，不过，唐代人通过科举制度把一批舞文弄墨的文人捧到了至高无上的地位。这些人执笔为皇帝立言，研墨为帝国书写，"旌旗十万斩阎罗"的将军的凯旋，似乎并不比一个登上长安大雁塔的进士更荣耀。"春风得意马蹄疾，一日看尽长安花"的及第入仕看起来浮夸，却彰显了唐代人穿透千年的洞察力，此后历代几乎都没有跳出"文官压制武将"的政治权力格局。不过，自晚唐以来，由于社会动荡，武官开始掌握朝局。唐玄宗时设立地方军政长官节度使，在安史之乱后节度军镇干预州县事务，致州县官成为闲职。五代的节度军镇成为军政合一的地方一级政府，实际操纵着包括司法在内的军机民政、外交书檄、狱讼财货等地方政治。军镇具有独立的幕府，幕府常被派往巡视诸州县，甚至直接兼任州县之职，常常干预州县事务，致使地方长官成闲职。在司法上也不例外，唐代后期出现的北军狱、神策狱等军事司法机构开始插手地方司法事务。五代的军巡院和亲军侍卫司也涉足重大的军事和政治案件，滥施刑罚，制造了司

---

① 《汉书·百官表》。

法上的诸多黑暗。

在皇帝看来，武官有勇，但容易变节，一旦有变，危害极大；文臣惜名，更重守节，一旦变节，无非是贪财骗色，对政权几乎无碍。于是，任用文官反倒比武官更安全。因此，为防范藩镇割据和武人拥兵自重而重演黄袍加身，北宋回到了唐初，推行"崇文抑武"的方略，"文尊武卑"的社会价值观渐成。宋太祖赵匡胤起初便以"杯酒释兵权"的方式收回了高级将领的兵权，以厚禄和虚衔供养，并利用政治联姻安抚和笼络将领，实现了皇帝对军队的控制。此后持续进行军队改革，打压武官，将军权收归于皇帝，且利用文官牵制武官，例如在掌管最高军事决策和机要的枢密院安插亲信文臣。同时，他尊重儒教，优礼儒士，沿袭隋唐旧制，将科举取士定为基本国策，科举之门向社会各阶层开放，世人逐渐失去投笔从戎的信念和决心。与之相应的是，科举给庶民向上流动带来的机会远高于唐代，这赋予了科举普遍的感召力和吸引力。大批寒门学子通过科举入仕，文官成为政治的核心，形成了"皇帝与士大夫共治天下"的局面。文官们进入司法领域，其对儒家经义道德和国家律法原则融通的把握，使他们在感性之上多了一丝悲天悯人，在理性之上少了一种武断和任性，可谓"文学法理，咸精其能"①，他们相较于武官更能够利用国法普度众生，这对于宋代平民社会的形成意义重大。可以说，司法的技艺水平和道德水准之提高很大程度上是文官群体高品位的法律素养促成的。司法职业群体的更加理性和成熟，为鞫谳分司的产生奠定了基础。

"政事之原，莫大于官制。"② 北宋太祖和太宗两朝建立了官、职、差遣并存的官制。"官"是俸禄、品级的标志，相当于行政级别，仅用于确定待遇，在大多数情况下官名和实际差遣是无关的。"职"是指馆职（昭文馆、史馆、集贤院、秘阁等的职位），加上些虚衔如大学士、学士等，来表示高级文官的清贵地位。"而别为差遣以治内外之事"，差遣，即临时委任的带权职务。在官制的实际运作过程中，在旧机构旁

---

① 《宋史·曾巩传》。
② 《宋会要·职官五六》。

另设新机构，但并不撤销旧机构。例如，设立审刑院行使刑部的职能，新机构与旧机构并行存在，互相掣肘，令旧机构的大批官员没有实权却又干领俸禄，形成了名不符实的官制特点——官与差遣分离，有职无权或有权无职，分割相权和省部寺监之权，使权力实际上掌控在皇帝手中。神宗元丰改制结束了宋初"官"与"差遣"分离的局面，形成了"职事官"与"寄禄官"明确分离的格局。"职事官"负责具体的执掌，与官职无关；"寄禄官"有名衔而无职事，指官职的等级，寄禄有阶，阶品只是作为升迁定级、领取俸禄的标准。这些官制改革皆为鞫谳分司提供了制度设计参考。

北宋地方司法改革：从合司到分司的过程

行政兼理司法，唐代地方并没有专门的司法机构，具体的司法事务在各级军政长官的统领下由司法僚佐执掌。府州一级的司法僚佐主要包括府一级的法曹参军、州一级的司法参军、都督府的法曹参军事和司法参军事、诸王府的法曹（司法）参军、都护府的法曹参军事，其品级因任所不同，从"正七品上"到"从八品下"不等，员额一般根据州府的行政地位以及户口多寡来设置。《唐六典》卷三十载："法曹、司法参军掌律、令、格、式，鞫狱定刑，督捕盗贼，纠逖奸非之事，以究其情伪，而制其文法。"法曹或司法参军在唐代是军政体制下地方文官体系的诸曹官，履行的是复合的司法职能，鞫谳合司。到了唐末五代之际，藩镇强大，地方节度使开始侵夺原本由法曹、司法参军行使的司法权。藩镇自辟属官，形成了州级双系统属官制：一是原有中央任命的录事、司法、司户诸参军，称为州曹官；二是后来出现的由藩镇任命的判官、推官，称为幕职官。随着割据政治的发展，幕职官成为"藩侯跋扈，率多枉法杀人"的执行者，因而重于州曹官。在此过程中，司法参军等司法僚佐亦会受武人要挟或影响，逐渐成为武官化的文官，实际同武官无异。藩镇割据对地方司法的影响还不仅如此，五代诸州除了由中央设置的州院外，还有藩镇设置的马步院，又称马步狱，类似于军法机关。其主官马步都虞侯及判官由下级武官牙校充任，执掌刑狱，显然是属于军府执掌司法的武官系列。而马步院官员一般直接由藩镇私自任命，中央设置的州院成为摆设，马步院实际上主宰了州级司法。武官染指了文官司法权，其后果便是"州镇专杀，而司狱事者轻视人命"，判案"多失其中"，① 地方司法由于莽夫般的武官干扰已经是徒见弊政，地方矛盾进一步激化。

显德七年（960），后周诸将发动陈桥兵变，拥立赵匡胤为帝，建立宋朝，自此到开宝六年（973）宋太祖囿于地方未靖，并没有立刻取消马步院，改革司法。如前所述，他的精力显然是放在帝国更重要的官制改革上。直到开宝六年，他才下诏州府并置司寇参军，设司寇院作为过渡，以新及第《九经》《五经》及选人资序相当者充任。由此可见，司寇参军通过科举考试选拔任用，文官才开始进入地方司法系统。从军队改革到官制改革，稳固皇权之后，宋太祖才能腾出手改革同样弊端丛生且关系国民生计的司法体制。司法职能分司的改革也是整个北宋初年官制改革的一环，鞫谳分司即是效法于宋初官职差遣分离之法。对案件事实的确认权和法条检索权原本是审判权的题中应有之义，自然包含在定谳权之内，但是在北宋被单独抽离出来成为由不同人执掌的司法权。判官并不掌握事实确认和法条检索权，仅仅只有判决权，可谓名不副实。这是对司法权实行官与差遣分离的结果。不过，在鞫谳分司中任职的司法参军、司理参军等诸曹官职能的确定当是"职事官"与"寄禄官"分离的产物。检法权和确证权是分职的结果，是"职事官"而非"寄禄官"，并不是虚置的，都是堂官判决的关键性依据。这种抽离职能相互制约的复杂形式之所以在后世并未延续，皆是因为此后各代并没延续宋代这种名不副实的官制罢了。

"乾道以来，间以司户兼司法，知录亦或兼职。"② 鞫司和谳司的职官可能并非固定一人。州府多数是以司理参军为鞫司，以司法参军为谳司，也有可能以司户参军、录事参军来兼任鞫司的职能，只是不能由同一个职官既负责鞫司又负责谳司。这样设官分职的目的被南宋周琳一语道破："狱司推鞫，法司检断，各有司存，所以防奸也。"③ 这无不体现

---

① 【宋】王栐：《燕翼诒谋录》卷一。
② 《宋史·职官志四》。
③ 《历代名臣奏议》卷二一七。

了宋代一直秉持的"事为之防，曲为之制"祖宗之法，该法在太宗赵匡义的即位诏书中得到确认："先皇帝创业垂二十年，事为之防，曲为之制，纪律已定，物已有常，谨当遵承，不敢逾越。"① 在此基本国策的指导下，北宋开启了重构政治体制之门，在制度设计上极尽防范之能。鞫谳分司于是应运而生，从此确定了审理和检法议刑相分离的原则。不过，直到宋太祖去世，唐末五代形成的武人干预甚至主导地方司法的局面并未得到彻底清理。在宋太宗即位后，改年号为太平兴国，足见国家安宁，各项事务已经步入正轨，此时司法改革才被正式启动。据载，"太平兴国时，始用士人为司理判官"，即在太平兴国四年（979）宋太宗下诏改司寇参军为司理参军，以司理院取代司寇院，下辖监狱，配置推院、杖直、狱子等吏人，因此称为"鞫司"，专门执掌狱讼勘鞫，"选历任清白、能折狱辩讼者为之……又置判官一员，委诸州于牙校中择有干局、晓法律、高赀者为之"②。牙校即五代马步院的判官，其司法权已被司理参军分割，随着马步院的裁撤而被新的机构所吸收。原来负责鞫狱断刑的司法参军变更为专司检法断刑。司理参军系文职官员，乃宋代唯一新设的州级属官，这是让文官进入武官掌控的地方司法领地，对武官独断专权有积极的预防作用。至此，地方一般以司理参军为首成为"鞫司"，以司法参军为首成为"谳司"，是鞫谳分司的开始。鞫谳分司在地方上重新分配了州府的司法职能分工，司理参军和司法参军分别执掌鞫狱和检法，形成审理权和检法权相分离的司法体制，只是文武相制理念驱动下的一种政治变革，乃宋代刷新地方治理的大胆尝试。民国时期的法学家徐道邻先生在《鞫谳分司考》中对宋代的这一司法创举作出过这样的评价："司理参军和司法参军的职务，不但不重复冲突，而且彼此相制相成，真是一个高妙的手法。"③ 宋代律法为鞫谳分司规定了诸多配套制度，例如"凡录问，检法与鞫狱官员相见者，各杖八十""诸州公事应检法者，录事、司法参军连书"，并赋予谳司

---

① 《续资治通鉴长编》卷一七，开宝九年十一月乙卯条。
② 【宋】马端临：《文献通考》刑制（五）。
③ 徐道邻：《徐道邻法政文集》（下卷），北京：清华大学出版社2017年版，第226–238页。

驳正有疑问或有冤情的权力，等等。不过，司理参军与司法参军（法曹参军）都是幕职州官，一般是八品，为底层官员，并不能期望他们对州级长官产生"以卑督尊"的制约。宋代甚至规定知州（县）必须亲自坐堂问案，知州与幕职官共同构成了"判司"，鞫谳分司也就成了"鞫谳判分司"。

在太祖及其文官集团看来，沾染着唐末五代习气的州级司法官员——司法参军早已被武官所同化，欲想彻底改变地方司法黑暗的局面，必须破旧立新，然而只能逐步进行，不可强硬。这是在"杯酒释兵权"时就已经形成的北宋政治改革惯例。北宋在州级继续实行唐末五代的双系统属官制，在收回了幕职官任命权的前提下，承认了幕职官作为知州、通判佐助的政治地位，使之成为治理地方政务的州级正式官员。① 然而，在司理参军设立后，幕职官虽仍重于州曹官，但其不再执掌生杀大权，主要负责检法和拟判。司法参军所享有的鞫狱权、督盗贼权被分离出来被其他新设职官取代，鞫狱权由司理参军（文官）执掌，督盗贼权由巡检等（武官）执掌，州曹官负责的司法职能已大大加重。可以说宋初统治者是在承认历史遗留事实的前提下进行了以文制武的地方司法改革。改革之后的审判模式变为：司理参军负责审讯→司法参军负责检法→判官或推官负责拟判→知州定判。就此看来，北宋州级司法改革的成就便是通过增设司理参军逐步改造唐末和五代形成的双系统属官制——以录事、司户和司法诸参军组成的州级曹掾官为第一系统，以判官、推官为主的原军使幕职属官为第二系统，实现了司理参军审讯权与司法参军检法权分离，进而完成了诸曹官"鞫""谳"权与幕职官拟"判"权分离，在双系统属官制内部形成以文制武的格局。

形灭而神在：鞫谳分司的推行与后续制度接替

值得注意的是，恰好同样是在979年，太宗在路一级设置提点刑狱司，其长官为提点刑狱公事简称"提刑官"，主要是督察、审核所辖州

---

① 贾文龙：《司命千里——宋朝司理参军制度》，载《平顶山学院学报》2015年第3期。

县审理、上报的案件，并负责审问州县官府的囚犯，对于地方官判案拖延时日、不能如期捕获盗犯的渎职行为进行弹劾，还肩负维持社会治安的职能，所以其副手多为武臣，是宋代特有的一种官职。可以说，宋太祖开启的司法改革在伴随着行政区划和官制改革的基础上进行，并且通过路一级的提刑官对可能直接导致判案拖延的鞫谳分司运行效率进行重点督查。而在基层司法上，知县仅能判决杖刑以下的犯罪，其有权定谳的乃轻刑案件，案件事实较为简单，法条适用比较清楚，故而没有将鞫谳职能分司的必要。正如清代王士禛在《池北偶谈》卷三"宋官制"中所说："宋初至元丰以前，官制最为繁猥。"南宋高宗欲将鞫谳分司推广至县级，拟在县级设置"刑案推吏"一人或者二人，专职负责刑案的推勘工作，不得兼职也不能由其他官员负责推勘，但最终在县级只形成行政性分工的司法属吏体制，并未能施行鞫谳分司，恐怕出于此因。

另一个问题是，鞫谳分司为何最先是在州级形成？原因在于唐末藩镇割据的据点主要集中在州级地方，为防止重蹈覆辙，北宋便将官制改革的重点放在了州级，认为县级不足以构成威胁，故而成为县级未能推行鞫谳分司的动因。① 由州推及更高层的司法机构，鞫谳分司向上产生了连带效应，北宋时期的鞫谳分司遍及御史台、户部和大理寺，形成推鞫、检法、驳正、拟判等一系列严密的组织运行程序。例如大理寺分左断刑和右治狱两个部门，右治狱掌管在京狱案，设左、右推负责鞫狱，设检法"掌检断左、右推狱案并供检应用条法"。南宋初期，因政局混乱，朝廷财力不足，并未很好地延续鞫谳分司，待政局稳定后基本与北宋类似，谳司只是间或享有拟判权。

尽管鞫谳二司相互制衡，共同制约司法长官的自由裁量权，降低了恣意司法的可能，体现了慎刑恤狱的理念，然而，其产生的动因并非单一的，而是多重的。宋代通过科举取士笼络士人，科举规模明显扩大；加上为了争取世家大族的支持，封荫的人数远超前代，客观上共同造成

---

① 冯金忠：《唐后期地方武官制度与唐宋历史变革》，载《河北师范大学学报（哲学社会科学版）》2008 年第 1 期。

了需要皇帝安置的官员数量的增长。随着市民社会和商品经济的发展，州府层面的讼案自然相应增多，鞫谳分司在一定程度上就体现了宋代为了避免出现"案多人少"的州级司法困境而特地做出的制度预防。出于强化皇权专制和权力制约的需要，更是出于安置官员和增加案件处理效率的需要，还有由于司法素养提高以及宋代法律繁多而出现的司法专业化的需要，都有必要在州级以上进行鞫谳分司。这些影响鞫谳分司形成的教育经济背景在少数民族建立的辽金元并不存在，随着司法参军逐渐淡出历史舞台，宋代的鞫谳分司在元代之后遂消失，元代只是继承了宋代路一级的提刑官制，将其改为提刑按察司，明清沿用不改。明代朱元璋基于复古而又简约的治理原则，摒弃了宋代"事为之防，曲为之制"的繁杂立法精神，大幅削减官员，地方层面更无实行双系统属官制的必要，以规避成本偏高、效率偏低等风险，清代加以继承。这些都造成了宋代的鞫谳分司不可能在明清复活。

当然，鞫谳分司归根到底只是设官分职，以文制武。"官分文武，惟王之二术也"，① "鞫司" "谳司"分职而设只是分化司法事权，乃巩固皇权的任官之术，是在宋代过于重视文武相制的政治驱动下进行的独特制度设计。虽其制度在宋代之后不复存在，然精神则相承不坠。两宋之后的统治者在继承文武相制的统御之术后构建了新的制度来加强专制统治，明清出现的会审制度即是对制衡思想的创造性发明，还有1907年清末官制改革的分权定限，以及1912年《中华民国临时约法》的五权分立，均和鞫谳分司之精神类似。因此，即便在宋代之后不再有鞫谳分司，其他发挥同样功能且更适合当时社会需要的替代性制度则应运而生，填补了鞫谳分司消失的空缺，并不影响君权对司法权的掌控。因为这些制度的目的均是制约"执王法"的权力，以确保君权高度统一且不可制衡，从而形成传统中国处在君权下的臣权之"分权制衡"原则。

---

① 《尉缭子·原官第十》。

33.《洗冤集录》为什么恰好在南宋宋慈手中诞生？

宋慈《洗冤集录》的研究回顾与内容要点

在法医学界看来，《洗冤集录》是前近代产生的一套近乎完美的法医学检验作品；而在法学界看来，《洗冤集录》集合了前近代一整套先进而科学的司法检验制度。已有研究分别从《洗冤集录》的基本内容、检验方法、法医学成就、司法检验制度和法律文化价值等方面对其细致挖掘。不过，所作研究均未彻底而完整地回答《洗冤集录》为何诞生于南宋的问题。

众所周知，《洗冤集录》受南宋理学"格物致知"的风气熏陶所成，宋慈是深受理学熏陶的"优等生"。诚如宋慈在《洗冤集录》开篇所言："狱事莫重于大辟，大辟莫重于初情，初情莫重于检验。"重视检验证据便是在司法上贯彻"格物致知"。虽然《洗冤集录》完成于南宋淳祐七年（1247），然而"集录"之名正反映了一个长期躬耕于司法实践的"工匠"宋慈以"技术理性"思维总结自五代以来的司法经验之成就。这意味着在1247年之前，重视物证已经成为宋代司法之常识。相比于此前编纂的《内恕录》《折狱龟鉴》《棠阴比事》，《洗冤集录》奠定了中国传统司法以"洗冤"（洗刷此前因过于重视口供而造成的诸多冤假错案）而光大正义的旨趣，实用而方便。而《洗冤集录》能成为世界上首部法医学著作，与宋代流行的类书编纂技术紧密相关。

耳濡目染后效仿：宋代法典编纂的类书影响

类书起源于曹魏时期，自唐以来，类书编修渐增，至宋代大盛，其规模之宏大、内容之庞博、功能之广泛、体裁之多样，都令后世无法企及。可以说，宋代类书在类目体系、取材、体裁、功能等诸多方面均有创新，成为后世类书编纂格局的滥觞。其原因在于，宋代实行"重文抑武"之策，将"文治"定为国策，朝廷广泛搜罗史书，并组织大批儒臣编修百科全书式的类书，以供高效查阅辅助决策。宋代四部著名类书《太平御览》《太平广记》《文苑英华》和《册府元龟》由此诞生。加之士大夫地位抬升，朝廷宣称"御史大夫共治天下"，科举昌盛，应举人数剧增，诸如《职官分纪》《历代制度详说》《事文类聚》等应试类类书的编纂成为一项有利可图的事业。加上雕版印刷术的精进与普及，为类书的出版发行提供了必要的技术条件。这些都是古代中国类书编纂在宋代走向成熟的关键因素。

北宋为了解决晚唐以来日渐繁杂的律法适用难题，已经将"分门别类"的类书编纂技术应用到了律典上。北宋建隆四年（963）颁行的《宋建隆重详定刑统》，乃仿照唐末的《大中刑律统类》、后唐的《同光刑律统类》和后周的《显德刑律统类》而制定。刑统在唐律各篇下分213门，便于统类，以律为本，附上敕令格式等，统类汇编，成为一种新型的法典汇编形式。唐代律令体制崩溃之后，取而代之的是宋代敕例体制，敕成为宋代的基本法源。为了应对繁杂多元的法律形式，宋代在刑统"分门"的基础上开始对敕例进行"别类"。南宋开始效仿唐末五代，将敕、令、格、式分门别类汇编，便于官吏检引。如孝宗淳熙六年（1179）颁布的《淳熙条法事类》，宁宗嘉泰三年（1203）颁行的《庆元条法事类》。因为并没有刑罚规定，所以称为"条法"；又因按照行政事项分门别类，故而名曰"事类"而非"统类"。淳熙和庆元的条法事类均早于《洗冤集录》，可以说宋慈编撰《洗冤集录》乃是民间对国家法典编纂技术的仿效。在《洗冤集录》编纂后的淳祐十一年（1251），国家还正式推出了《淳祐条法事类》。

"条法事类"是在所有敕令格式汇编的基础上改编而成的，这种敕令格式汇编产生得更早，可追溯到北宋时期的《元丰修正敕令格式》，嗣后北宋还有哲宗的《元祐详定敕令格式》。南宋对此编纂方法更加偏爱，《绍兴敕令格式》《乾道敕令格式》《淳熙敕令格式》《庆元敕令格式》《淳祐敕令格式》相继问世。《淳熙条法事类》就是在《淳熙敕令格式》的基础上编成的第一部"条法事类"。① 如此可以推测，南宋法

---

① 刘笃才：《宋〈吏部条法〉考略》，载《法学研究》2001年第1期。

令书籍对类书编撰技术的依赖和运用程度更广。常年涉足刑法诉讼的宋慈多少受到这一法典编纂形式的影响，嘉熙四年（1240）宋慈方才提点刑狱，掌管司法，在广东和江西任职；五年后的淳祐五年（1245）转任常州知州；真正主政一方，宋慈开始着手收集洗冤集录资料；此后继续提点广西和湖南刑狱，三年后书成。纵观宋慈的履历，他身经县、州（军）、路三级地方历练，并多次署理地方刑狱。作为主政地方司法的官员，宋慈必然要以翻检查阅文书法条为要；提点刑狱后，他又必然是以清理积案和洗涮冤情为务。尤其是他多次担任路级司法长官，处在整个司法系统的中间环节，很难接触到第一手刑案现场勘验资料，深感积案与冤案这两大司法弊政多缘于基层司法官员不够重视或对司法检验缺乏经验。因而，他站在司法程序的中间层面率先发力，立志引导地方基层司法科学而良性地运转。可以说，只有路一级司法长官如宋慈，才能接触和收集各式各样的刑案检验素材，且有足够的时间精力以及责任心去总结提炼对整个司法系统运转至为重要的实操手册。

理性、广博与专业：宋慈《洗冤集录》成功的原因

宋慈之前的关于刑侦检验的书籍多以案例故事为主，有猎奇求名之嫌。《洗冤集录》的目的是直接适用，想达到立竿见影的效果。正如宋慈在序言中所道："每念狱情之失，多起于发端之差；定验之误，皆原于历试之浅。遂博采近世所传诸书，自《内恕录》以下凡数家，会而粹之，厘而正之，增以己见，总为一编，名曰《洗冤集录》，刊于湖南宪治。"他在咀嚼前人司法检验文献的基础上，增以个人实践经验，通过切分和重组，形成了一个有着清晰类目体系的关于刑事司法检验的主文献。此种编纂形式与类书编纂的初衷相符，都是为了解决文献内容的繁杂与文献利用之间的矛盾。中国古代类书的基本要义在于，将各种事物按照一定的分类或编排原则组织成一有机的系统，以供使用。类书以原有文献为基础，先切分文献，再按照主题类目进行重组，都带有编者的个人化特色。类书以"类目"汇辑以往时代不同文献中的同一主题资料，实质上是以时代文化统摄规范前代文化，从而使古今文献整合在

一起。①

为何只有宋慈能够改变前人编纂司法案例经验书籍的格式，成就独一份的司法检验宝典呢？在南宋"格物穷理"理学思想指导下，士人更加注重知识的总结与应用，因此，宋代类书改变了前代类书以缀缉博览、志怪逸闻来提供检索消遣的目的导向，成为士人科举、为官、读书、修身的穷理学问之具，更突出类书的常识化和理性化。② 同样是进士出身的宋慈在编纂《洗冤集录》时努力让广博、繁杂的各类检验知识呈现出更加常识化、理性化、系统化的全新图景，这是《洗冤集录》能超越前人的重要原因。

全新的检验知识图谱乃宋慈博闻强识、博采众长之结果。只有博闻强识地广泛收集素材才能成就难以超越的经典检验指南。宋代以前的类书对文献资料的选取多偏重于经书与正史，因而所涉范围和主题比较狭窄，通常作为士人写作查找词语、典故之用，比如《锦带书》《初学记》《编珠》等，读者受众数量难以可观。到了宋代，类书的取材范围扩大，对子书和集部、民间杂著、野史俗书、传奇小说皆有包罗。③ 宋代类书的取材特点决定了其内容所具有的综合性，可以在更大的范围内扩充关于某个主题的系统总结，增强了类书市场的社会接受程度。《洗冤集录》正是顺应了宋代类书取材范围变化的趋势，集合了《内恕录》《折狱龟鉴》《棠阴比事》等刑侦检验经验，辅之以宋代律法，塑造了一套关于刑侦检验的综合性知识体系。如果不是受类书编纂的影响，宋慈也难以在短时间内便超越前人，铸就经典。因为类书的一个重要特点便是"以类相从"，需要运用分类的逻辑思维综合汇集相同或相似，集中文献，最终形成一个专门的知识体系。

如何让具有不同编纂目的和内容的前人书籍成为专门服务于司法检验的《洗冤集录》之内容呢？这种专门的知识体系编纂亦受当时类书编纂风气的影响。当时的宋代出现了许多专门性很强的类书。《册府元龟》是一部官修政治的类书，《事物纪原》是一部考证事物源流的类

---

① 王利伟：《宋代类书的类目体系》，载《图书情报工作》2007年第6期。
② 温志拔：《宋代类书中的博物学世界》，载《社会科学研究》2017年第1期。
③ 参见王利伟：《宋代类书研究》，四川大学2005年博士学位论文。

书,《全芳备祖》是一部植物学的类书,《帝王经世图谱》是一部汇集先圣经法、纂集典籍图谱的类书。此外,根据不同的应试科目来编纂应试性类书,既有专门应对时务策试的类书,如陈傅良的《八面锋》,也有专门应对博学鸿词科的类书,如王应麟的《玉海》。《洗冤集录》作为一部司法检验类书,正是顺应了这一专门化的类书编纂趋势,才能超越前人的断案宝典编纂套路。《洗冤集录》现存的最早版本为元刻本,全书分为五卷五十三目,约七万字。卷一包括《条令》《检覆总说》《疑难杂说》等;卷二为检尸的顺序、方法;卷三至卷五介绍各种死因的鉴别和不同尸伤的检验。排列分卷虽谈不上严谨,各目内容亦有穿插交错,但从职业法条到疑难问题,从检验顺序、方法到鉴别死因仍然是环环相扣,符合实地操作需要。按照各卷内容,《洗冤集录》可分为三大板块:①检验官的法定职责、工作态度及注意事项;②各种尸伤的区分与检验;③各种保辜或急救处理措施。卷一主要是关于检验工作的前期准备事项,从检验主体上要求官员品行和基本行为,卷二至卷五则是具体的技术操作,宋慈归纳了各种尸伤的区分与检验方法以及保辜或急救处理措施,整理了一套合理的检尸验伤顺序,描述了尸斑现象和尸体腐败现象,从解剖、生理、病理等多方面阐述了伤死、毒死、病死、溺死、勒死等种种死因的特征、鉴别与检验方法。此外,书中还介绍了一些诸如解毒、救缢死等的急救措施,类似于生活常识的科普,其中有一部分急救措施与现代医学急救方法和原理相契合。站在前人的经验基础上,宋慈删去无关紧要的案件情节,提炼出具有极高专业性和技术性的检验步骤、操作方法等,提高了专业化司法检验的科技水准。

面向多元化需求:作为类书推广流行的优势

《洗冤集录》体现出来的专业化司法检验知识架构可能不是宋慈有意为之,因为从本质上来讲,类书就是一种工具书,其实用性当优于理论性。从较低层次的需求而言,类书可拿来即用,有立竿见影之功,应试型类书便是代表。该类书从词句、典故、文体等多方面提供详尽的应试指导与模拟演练,成为士子应试的必备参考。当然,从较高层次的需求来看,类书有助于拓宽知识面,有砥砺学习之效。《洗冤集录》可谓既能满足科举应试之需，亦可满足官场学习之用。该书辑录了有关检验官职责的法律条文，类似于法律职业道德要求，该内容属于明法考试和官场培训范畴。同时，该书详细阐述了各种尸伤的区分与检验，并细心描述了各种保辜或急救处理措施，可谓集刑案勘验侦察操作、日常生活实用指南和科普死伤医学常识于一体。一经问世，该书即被奉为刑案检验守则，验官、仵作人手一册，这是此前刑案书籍不曾有过的待遇和殊荣。单凭其在官场的流行热度，即可推断其在民间书籍市场的抢手程度。

《洗冤集录》想必先是在官场热销，被初入官场的基层司法官员及宋慈的直接下属所购买。南宋共计十六路，宋慈一生的任职之地涉及广南东路、福建路、江南西路、两浙西路、广南西路、荆湖南路等，其门生故吏可谓遍布整个南方。在《洗冤集录》成书后的淳祐八年（1248），宋慈升任宝谟阁直学士，奉命巡回四路，掌管刑狱，权力极大。加上宋慈受业于理学大儒、权相真德秀（1178—1235），这些人事关系对其推广《洗冤集录》定有助力。正是处在中高级司法官员的位置上，宋慈才能上通下达，既能让治下的地方官员心悦诚服地执行这一套检验标准，又能让中央高级官员心甘情愿地接受这一套定谳证据，顺利地在当时的湖南甚至南中国推行这些检验经验。不过，在该书问世两年后，宋慈便因病去世了。可想而知，《洗冤集录》此后能够广为流传，其主因是当时立足实用主义的士人对类书的情结依赖；同时作为诞生于司法体制内的第一部司法检验类书，其确实能满足地方司法官员的自身利益需求，以防止"狱情之失"和"定验之误"。在"事为之制，曲为之防"指导下，宋代皇帝的集权进一步造成了律法的繁杂；与此同时，朝廷也加大了对司法官员责任的考核力度，以科举应试教育出身的士大夫一旦进入官场，首先要学会自保，以免被司法责任追究，枉费了十年寒窗苦读。加上书籍出版市场的繁荣也为那些出版者提供了可观的经济回报预期，于是，作为官场必备的司法检验技术指寻用书《洗冤集录》在科技昌明的时代，融合当时最有影响力的理学思想，借用十分成熟的类书编纂技术问世了，一经推出，便在书籍市场上一炮走红。

综上可知，当前学界忽略了重要的一点，即宋慈的《洗冤集录》不是横空出世，其深受类书编纂潮流的影响。作为中国历史上第一部司法检验参考指南，《洗冤集录》体现了类书所具有的集藏性、派生性和工具性特点，或者更确切地说，《洗冤集录》是一部专门性的司法检验类书。而正是当时社会的日常工作与生活中对类书的依赖，才使得兼具实用性和理论性的司法检验操作规程此后成为法医学的经典。

34. 南宋为何要通过赐封民间神祇管制民间信仰？

南宋民间神祇的官僚化及其赐封制度

南宋中后期奸相频出，朝政腐败严重，外受异族侵扰，内陷赋税支绌困境。与此同时，商品经济却大规模发展，城镇兴盛，不确定因素空前增多，地方民众开始通过寻求心灵慰藉排忧解惑，求人不如求神，民间神祇信仰空前繁荣。

与此前民间崇祀均为帝王将相不同，南宋的民间信仰开始出现平民化和官僚化的神祇。神祇拥有和人类一样的欲望和思想，人神之间的相处等同于人与人之间的关系。"己所不欲勿施于人"，神祇看重的首先是精雕细琢的塑像，其次是金碧辉煌的庙宇，最后才是配享的供奉。人类追求神祇的显灵与庇护，神祇追求人类的承认和供奉。只有遵循这种互惠机制，俗人才能得到神灵的庇佑。因此，神祇的平民化意味着南宋人惟"灵"是信，这是南宋实用主义的理学影响所致。对南宋的民间信众而言，重要的不再是神祇的出身，而是即时的实用效果。于是，民众普遍将那些公认为显灵的人尊崇为神灵，期盼福祉降临。

当平民化的神祇难以解决庶民大众的诉求时，神祇便开始官僚化。世人若是认为像身、庙宇、供奉皆不能满足神祇的需要时，他们就将最珍视的官位献上。于是，地方开始向朝廷为神祇上请封号，这就形成了南宋日渐普遍的神祇赐封制度。朝廷赐封民间神祇原本并非宋代首创，北宋初年较为少见，后期达到高潮，南宋则一直延续。朝廷赐封可以通过不断地承认地方神祇之灵性来控制民间神祇，达到管控民间信仰、以靖地方之目的。朝廷按照神祇灵验的可靠性依次将各地神祇从封侯到封公，直至封王。已经有封号的神祇，朝廷则增加封号的字数，从两字、四字、六字，最后到八字来晋升神祇官爵。地方神祇越灵验，所封官爵就越高。神祇的官僚化，让习惯依赖父母官的地方百姓有了祈福的新寄托，世俗世界的官员更会借助信仰世界的官僚神祇来安抚百姓，治理地方。

地方请封神祇的阶层力量与社会整合

地方士绅上表请封神祇有自身利益的考量。自五代以来，取士不问家事，婚姻不问门阀，平民通过科举或经商等途径迅速崛起，士绅取代了门阀贵族成为新的地方势力集团。如果经由他们申请最终得到了朝廷赐封，无疑会提升地方精英的社会声望，进而巩固自身的社会地位。大多请封的神祇就是地方士绅的先祖，被赐封自然是士绅光宗耀祖之事。

多数地方官员会支持士绅请求神祇赐封。因为通过赐封那些得到地方精英崇奉的神祇，地方官能够把握住地方社会的脉搏。县令、县尉和主簿们在征粮征税、处理讼事、安定地方秩序时无不依靠地方士绅。他们能为士绅提供的回报之一就是承认其推荐的神祇。

总体说来，地方神祇的崇拜者——父老、乡吏、进士以及官员等主要的社会阶层都有动力为当地神祇争得赐封，这也是地方的荣耀。请封成功后，社会各阶层人士便能在祭祀活动中融合一体，增强了地方的凝聚力。① 在当时内忧外患的南宋地方，神祇赐封制度带来的社会整合效应于维持地方治理尤为重要。只有形成了广泛的凝聚力，才能抵御外敌，防范灾荒，确保社会不会顷刻倒塌。

朝廷赐封神祇的精神与物质双重收益

赐封制度包括按照神祇的贡献来赐封官爵位，以及将神祇之祠庙列入官方祀典两项重要内容。对那些曾经显灵帮助百姓抗灾防害、转运得

---

① 【美】韩森：《变迁之神——南宋时期的民间信仰》，包伟民译，杭州：浙江人民出版社1999年版。

福的神祇，朝廷会特派官员核对神迹是否真实以及按照神迹贡献的大小判定是否赐封，其基本标准是："以死勤事则祀之，以劳定国则祀之，能御大灾则祀之"①，严格遵守儒家祭祀的礼义。那些没有资格获得崇祀的神祇便被排除在外，以维护儒家礼义规范。

同时，一座祠庙被列入官方祀典是其合法性的标志，任何未经官府批准的祀庙都应被销毁。只有将其信奉的神祇之祠庙列入祀典，才能保证香火永续，持续显灵。民间祠庙一旦被列入祀典，地方官员须每年春秋两次前去该祠庙祭祀，并严格按礼书执行祭礼，以防止不合礼法的祭祀活动存在，这是官方管制民间信仰的主要方式。因此，官方必须慎重选择列入祀典的祠庙，否则可能无端增加官府的工作量。通过对神祇和祠庙的鉴别和认可，朝廷在礼仪和礼义两个方面同时贯彻儒家之礼法要求，保证南宋理学之根基不会在国难当头遭到动摇，此乃精神收益。

从实用主义来看，赐封民间神祇能够带来财政上的意外收获。南宋规定可以免除僧侣赋税和徭役，于是，在民间信仰大肆兴起之际，成为一名僧人或者其他宗教职业者一时间炙手可热。"义利并重"的理学启蒙让科举致仕不再是南宋人求职的首选，正如南宋编纂且广为流传的《袁氏世范》及时且真诚地告诫道："如不能为儒，则巫医、僧道、农圃、商贾、伎术，凡可以养生而不至于辱先者，皆可为也。"面对庞大的军费与官僚俸禄支出，朝廷不得不尽可能地扩张财源，不可能放任民众成为一个赋役豁免者。因此，官府对承认道士与僧侣合法身份的度牒开价甚高，度牒收入不仅成为当时国库收入的一项重要补充，此乃物质收益；② 而且可以借此控制宗教规模，进一步保障中央对地方信仰的管控。

总之，于地方和中央而言，南宋民间神祇赐封制度实际产生了两大治理功效：一是朝廷更加关注地方社会，便于管控地方，确保基层地方稳定；二是朝廷借宗教资格弥补财政不足，保证中央不倒，并践行儒家礼法，保护华夏文明不致中断。

---

① 《国语·鲁语上》。
② 【美】韩森：《变迁之神——南宋时期的民间信仰》，包伟民译，上海：中西书局2016年版。

35. 怎么才能看懂辽金元的立法过程？

当辽金元早期的部落法制遭遇唐宋封建法制文明时，作为战胜者的辽金元统治者十分轻视汉法，但为了统治汉人广袤富庶之地，辽金元法制均有汉化的必要。为了确保统治稳固，三代均采用"因俗而治"的汉化策略。

辽金法制的汉化

辽代疆域辽阔，号称幅员万里，包括突厥诸族、女真人及汉人等，为了治理人口构成复杂的国家，辽太宗时期实行南北分治，创立南北面官制度。而后，辽世宗将南面官和北面官合并，成立南北枢密院，废南北大王。后来南北枢密院合并，辽代才从部落联盟进入中央集权，汉化进入实质性阶段。辽代曾反复多次使用"辽"与"契丹"的国号，也印证了辽代汉化的艰难历程。

契丹族为游牧民族，转徙不定、车马为家，因此，辽代皇帝为了实现统治大权，在游猎地区设行帐，称"四时巡守"——"四时各有行在之所，谓之捺钵"，又称"四时捺钵"，也即皇帝巡守（巡狩）制度。在捺钵的基础上，契丹在建国之后，先后建立了上京、东京、南京、中京、西京五个京城，即五京体制。据《辽史·百官志》载："辽有五京。上京为皇都，凡朝官、京官皆有之。余四京随宜设官，为制不一。大抵西京多边防官，南京、中京多财赋官。"辽朝实行诸京并立的制度，为的是体现"因俗而治"的原则，因此，辽朝在设官分职时，其随意性、临时性特征非常明显，往往是因时、因地、因需而"随宜设官"。东京地区用渤海制，南京、西京地区用汉制，上京、中京地区则是汉制、契丹制兼而有之。这就是辽代的五京体制，或出于分区管理的需要，或仿效早在中原之地行用多时的多京制。不过，融合游牧民族和农耕文明，辽代兼具"城国"与"行国"的性质，但始终以"行国"为主，没有固定的中央所在地，五京的任何一个京城都不是真正意义上的国都，很可能只是作为该地区的军事或财政中心，实现分而治之，这是契丹汉化的必然选择。

辽兴宗重熙五年（1036）诏令修纂辽太祖以来历代法令，参照"古制"即唐律，编定条制五百四十七条，称《新定条制》，史称《重熙条制》作为基本法。日本学者泷川政次郎和岛田正郎指出，《重熙条制》中竟有八十八条抄自《唐律》。道宗于咸雍六年（1070）修订条制，认为"契丹、汉人风俗不同，国法不可异施"，凡合于汉人"律令"者载入，不合者另行存列。耶律苏等人据《重熙条制》五百四十七条，删去两条，共存五百四十五条；增加唐律一百七十三条，又新创七十一条，共七百八十九条，称《咸雍条制》。以后续补两次，又增加一百零三条，"皆分类例"，附加了案例。由此可见，重熙五年的条制是参考唐律删繁就简，即删去了辽人无法看懂而又不太实用的条款，并增加了皇令，是将契丹法和汉法共同纳入一部法典的努力。然而，辽道宗统治时期，又将唐律之前已被删除的法条增入，求同存异，在接纳汉法的基础上前进了一大步；且采用宋例，以适应不断变化的社会。此后，金元法制在汉化之初首先接纳和效仿的也是唐律，而后逐渐发现唐律不如宋法可靠实用，继而转向宋法。

不过，宋法繁苛，到了大安五年（1089），在道宗重修条制十九年后，因新编条制过于繁杂，于是"多作条目，以罔民于罪"，遂重新启用《重熙条制》。这表明辽代无法解决汉法繁苛的难题，只能简单删除，不加适用。不过，这两部重要立法均贯彻了"国法不可异施"的思想，使辽法二元现象至少在形式上不复存在，是辽金元法制汉化的基础。即便如此，正如民国法学家杨鸿烈所言，与纯正的汉法相比，辽代法制的汉化尽显粗鄙之态。他认为，辽代创造了契丹和汉人相融合的法律"奇观"，其刑名残忍严酷，较之前此的北朝诸国五代等西北民族有过之无不及；司法上施行原始游牧民族最简单速效的裁判和执行几千年已经进步得繁复而迂缓的一切汉人的汉官威仪，大有文野的差别。

金代在建朝三十年后的1145年颁布了基本法典《皇统制》，"兼采隋唐之制，参辽宋之法，类以成书"，实际上效仿的是《宋刑统》的"统类"编纂模式。以"制"的形式发布，强化了法典的权威性，确保了法律的强制效力，试图通过皇权强制推行汉法。然而，事与愿违，强行照搬唐宋的结果是,到了约六十年后的泰和二年(1202),金代不再完全按照唐宋统类或事类的编纂之法重修法典,而只是将所有的法律形式简单汇编在一起,制成《泰和律令敕条格式》,包括《泰和律义》《律令》《新定敕条》及《六部格式》,以便适用者根据需要直接查阅参照。由此可见,金代汉化并非坦途。

元代法制的汉化

元代汲取了金代的汉化经验,一开始并非依赖汉法。这是由元代开创的连通欧亚非大陆庞大的帝国版图所决定的。如此复杂的帝国疆域根本无法照搬汉法进行治理,于是,蒙古人坚持依赖可汗"札撒"的习惯做法。1203年成吉思汗初制"札撒",类似于可汗命令,1206年将"札撒"进一步规范化,制颁"条画五章"。"札撒"的规范化形式就是"条画",此后将"札撒"和"条画"进一步格式化为"条格",成为基本的法律形式。即便如此,蒙古人于1219年重定"训言、札撒和古来的体例",巩固了以"札撒"为核心的法制体系,并且在八年之后将"札撒"全面整理,继续沿用"札撒"之名而非"条画",最终到1225年颁布"札撒"的大汇编,名曰《大札撒》。

因金代汉化较为彻底,故有"金以儒亡"的评价。在1271年元代建立后,便一直沿用金代的《泰和律义》。直到二十年后,忽必烈才颁布《至元新格》作为蒙元帝国的第一部基本法典,"大致取一时所行事例,编为条格而已,不比附旧律也",仍是皇帝"札撒"之"格式化"成果。在历经两代帝王后,元仁宗颁布了《风宪宏纲》,采用的依然是唐宋类书编纂形式,"又以格例条画有关风纪者类集成书,号曰《风宪宏纲》",是有关朝廷纲纪和吏治的法规。由此可见,以华夏官僚制为核心的元代行政官员开始受到严格的法律约束,采用汉人的官制规范是元代进一步汉化的证据。因此,元代从习惯法时期到汉化法典化的过程是循序渐进的,并非如金代一般强力推行。到英宗至治三年(1323)始颁布《大元通制》共两千五百三十九条,包含诏制、条格、断例和别类四部分,是一部法规集成或准法典。"通制"与"统制"一致,但"通制"表达更为缓和,没有"统制"般强硬。"通"意味着全国通行。

总之，辽金元时期基本法典称"制"而不称"律"，始于辽代的《重熙条制》，金代和元代沿用，只不过金代称"统制"，元代称"通制"。"条制"反映了辽法在最初汉化时只是挑选适用唐律，即是"一条一条"挑选编排而成。"制"体现的是皇权的威严，以政治强权推动辽法从二元走向一元。经由辽代的"条制"发展成金元的"统制"和"通制"，"统"与"通"则意味着法条之间的逻辑和体系进一步完善。

除此之外，英宗时期江西地方官府还编印了大型法规汇编《元典章》（全称《大元圣政国朝典章》）六十卷以备不时之需。《元典章》的出现，预示着汉法在辽金元基本法中没有得到完全恢复，尤其在蒙元帝国的广袤统治空间内，汉法并非如辽金朝一般与习惯法居于同等位置。因此，在适用汉法的江南之地，官府会自发编撰《元典章》，以满足社会对汉法的基本需求。《元典章》的编纂，亦有故国情结之原因。身为亡国之地的汉民，自然对宋法有着强烈的眷恋和依赖。既然国家基本法制供给不足，加上朝廷允许适用断例，这等于在无形中鼓励了汉人自发沿用早已习惯和适应的汉法，于是仿照《唐六典》而编纂《元典章》。

末代皇帝元顺帝于至正六年（1346）在《至元新格》的基础上颁布《至正条格》共两千九百零九条，包括诏制、条格、断例，删除了别类。条格乃皇帝所颁事例的格式化，具有特定指向，不具有普遍性，因此在司法裁判过程中需要以断例作为补充。故而，条格和断例成为元代的基本法律形式。而诏制和断例在经过格式化后则是作为广义的"条格"。删除别类，是为了以条格统一法律形式，从而使《至正条格》名副其实。总之，元代法制汉化过程并非一蹴而就，而是结合实际，步步推进，且有所保留，形成了自身的法律特色。

36. 为什么宦官对明代法政体制如此重要？

厂卫乃明代发明的新型皇权政治运作载体，既不能被视为正式的官僚体系，又不能只看成侍奉皇帝的私人内勤保卫部门，乃是同外朝官僚集团相抗的非正式权力集团，可谓"影子内阁"或第二政府。洪武十五年（1382）朱元璋改仪鸾司为锦衣卫直属于皇帝，开始令其插手侦查、刑狱等事务。当时也已启用宦官来监视大臣，宦官云奇就曾告发宰相胡惟庸谋逆一事；朱棣的靖难之变乃宦官"露朝廷虚实"提供军情之果。① 后来，以知兵习战的郑和为代表的宦官实心用事，提供了更加忠诚可靠的辅政服务，进一步巩固了自身的非正式权力。朱棣在继承锦衣卫的同时，也于永乐十八年（1420）设立了由自己亲信宦官统领的东厂以限制其权。明宪宗成化十三年（1477），又开西厂来限制锦衣卫和东厂，其间废除又复开再被废。明武宗正德初年（1506）设立内行厂，以监察锦衣卫、东厂和西厂。正德五年（1510）刘瑾以谋反罪被杀，西厂、内行厂一并撤销，东厂和锦衣卫则一直保留到明末。从设立臣服于皇帝的私人卫队，转变为皇帝的私人势力以行使非正式权力，可谓明代祖制，且正是因为所行乃非正式权力，才逐渐设置多个机构互相牵制，统称为"厂卫"。厂卫之主角厂公乃阉人别称，由宦官充任。宦官历代皆有之，但如此倚重者乃明代独有。有权必有腐，宦祸之害十分常见，且因宦官与帝王的特殊关系而防不胜防。明代帝王较前代更为大胆地使用了这把双刃剑，赋予宦官诸多非正式大权，且基本能够掌控。因非正式权力的开放和灵活，明代逐渐规训出宦官对帝王既亲近又忠诚的特殊情感，在允许宦官适度滥权之时，尚能维持帝国功业，且延续三百年之久。现详述其原因及后果。

明代宦官的得势及其权势集团的形成

帝王多成长于优越的王宫之中，由宦官照料侍奉，自幼与宦官相伴，排解孤寂，自然对其产生情感依赖。宦官更像是皇帝的亲友和玩伴，亲密无间。待日后皇帝登基，朝夕相伴的宦官因能准确揣度和拿捏帝王心思，巧妙迎合，自然能得到信任和重用。加上明代文官集团习惯抱团，与皇权抗衡，令皇帝感觉孤立无援；清高的士大夫不会正眼相看那些非男非女的太监，于是，皇帝和宦官"同病相怜"，帝王选择与朝夕相处的宦官商量对策，同仇敌忾，一致对抗外朝。为了提高宦官的识

---

① 《明史·宦官一》。

文断字功夫以辅佐国政，明宣宗（1425—1435年在位）时便"设内书堂，选小内侍，令大学士陈山教习之，遂为定制"①。皇帝"借力打力"，助长了宦官权势，此后的英宗、武宗和熹宗三代便相继出现了权宦王振、刘瑾和魏忠贤。

独木难成林，强大的宦官权势需要组织整合，他们基于同乡的地缘优势依靠"拉名下"拉帮结派壮大力量。对于那些原本身份低微、家世贫贱者而言，成为宦官可以换来衣食无忧甚至飞黄腾达的机会，即便要面临因自宫带来的死亡威胁，他们也愿铤而走险，且趋之若鹜。"宦官崇盛，愚民尽阉其子孙以图富贵，有一村至数百人者，虽禁之莫能止。"②洪武至正德年间，宦官主要来源于外藩、边地进献，宦官籍贯在南北直隶的人数与边境省份、外藩部族相差不大，难以迅速成势。到了嘉靖之后，因选宦方式改为定期选取民间自宫者，离京城较近的北直隶人占比近九成，可谓近水楼台。因宦官资源多被地缘垄断，有人便会积极投靠权阉，再冒其姓以进，这其中就有权宦刘瑾。刘瑾"本姓谈，幼自宫投中官刘姓者得进，因冒其姓"；太监钱宁，"家世不知所出，幼时其父鬻为太监钱能养子，冒钱姓"。③

新进的宦官会被大太监们挑选入门，名曰"拉名下"。"名下犹其子也，故大中官贵，其名下亦贵。"④大太监对名下抚育照料，教导督责，提拔举荐；名下则为其伺候居常，养老送终。二者在地缘关系上更进一步，形成虚拟的血缘关系，构成了宦官势力的基石。⑤在身份等级森严的关系网中，名下需要巴结依附更强大的官贵才能更进一步。魏忠贤就是明证，"少无赖，恚而自宫，隶太监孙暹，又求为皇长孙母王才人典膳，诣事魏朝。朝数称忠贤于安，安亦善遇之。长孙乳媪曰客氏，素私侍朝，所谓对食者也。及忠贤入，又通焉。光宗崩，长孙嗣立，是

---

① 《明史·宦官一》。
② 【明】沈德符：《万历野获编》补遗卷一《内监·禁自宫》。
③ 郑威：《试析明代宦官籍贯的分布与变化》，载《中国历史地理论丛》2004年第19卷。
④ 【明】陈僖：《燕山草堂集》卷四《东厂·附中官进身》。
⑤ 李军：《拉名下：明代宦官政治权力之传承与派系生成》，载《史学月刊》2015年第2期。

为熹宗。忠贤、客氏并有宠。忠贤不识字,例不当入司礼,以客氏故,得之"①。宦官一旦得势,势必巩固权力,多同属下、幕僚、私臣和外朝官员结成同盟,作为权力巩固和辐射的载体。

明代君王多懒政懈怠,宦官成为君臣沟通之关键。君需要利用宦官掌握官员动向,臣亦需要利用宦官窥视皇帝好恶。随着宦官权势膨胀,帝王对宦官已经从单纯的情感身体需要转向了决策行政之需,官员对宦官已经从互通皇宫内外消息到合作共赢之需。到了明代后期,"士大夫大有作为者,亦往往有宦官为之助而始有以自见",② 权势宦官"自内阁、六部至四方总督、巡抚,遍置死党"③。宦官经历了从一个生理有缺的"阴阳人"到一个大权在握的超凡人的命运转变,犹如经历冰火两重天,这种超常的权力强化了宦官的自恋和自信,竟出现了对其高呼"九千岁"的闹剧。虽然士大夫常有力主剿杀阉党之策,但也只是因为阉人结党,触犯了明律的"奸党罪",但并未主张要清剿阉人。如果连身为孤家寡人的君王唯一依恋和信赖的阉人都被清除了,那么皇帝就很可能彻底罢工,传统的士大夫断然不能接受这种"无君"的选择。

宦官获得非正式权力的内容及其滥用

朱元璋废除宰相固然有加强皇权之因,但其目的是在激活早已僵化颓废的官僚组织,以防懒政和腐败,尤其是朋党乱政。虽然前朝有藩王和外戚之乱,但皇帝能够借助的还是"自己人"或"亲人"来重建治国的自信。不过,自己人都有侵夺皇权风险,皇帝只能任用那些被视为非人但视同为亲人的宦官。实际上朱元璋的行政改革只是将皇帝推向前台,其顺利运作需要皇帝勤政坚持,但不能期待朱明子孙皆是如此。朱棣则开启了另外一种弥补帝王不够勤政坚毅但依然能够营造专制权威的新型行政机制。而倚重宦官的非正式权力运转机制在明代只是政治惯例,没有明文规定。正因为如此,宦官对皇权的侵夺才会是隐秘且扩展至全方位的。

---

① 《明史·宦官二》。
② 参见孟森:《明清史讲义》,北京:中华书局1981年版。
③ 《明史·宦官二》。

在行政权方面，废除丞相制度后内阁和司礼监分掌行政两端，即"票拟"与"批红"。"凡每日奏文书，自御案笔批数本外，皆秉笔内官（司礼监秉笔太监）遵照阁中票拟字样，用朱笔批行。"① 司礼监秉笔太监可驳回或否决内阁意见，还能按自己意见直接改正。圣旨也多由司礼监记录，因此可以加入太监的主观臆断，常有矫诏。宦官势力依靠这种几乎没有制约的行政决策权完全成了帝国的"第二政府"。权势还得仰赖财政，他们于是逐渐侵蚀了帝国的财政大权。洪武十年（1377），朱元璋"遣中官、国子生及部委官各一人核实（税款），立为定额"，正式赋予宦官财权。万历二十四年（1596），许多宦官充任矿监税使，他们往往以开矿为名强占土地，或巧立商税名目，横征暴敛，中饱私囊不计其数。② 宦官通过对盐铁、织造、矿产等控制和督办，在充实国库的同时为壮大势力提供了财力保障。

智力和精力都超群的皇帝可遇而不可求，为了达到躬亲执政和懒惰怠政同样的皇权效果，举国都要营造皇权无时无刻不在的超时空感。不受编制限制，蝗虫一样的宦官如同摄像头一般，无处不在地监视各方。为了达到监视效果，做到惩罚的即时性，皇权赋予了宦官更多的便宜之权，尤其是准司法权，以强化皇权在帝国权力各个节点的震慑力度。厂卫"自京师及天下，旁午侦事，虽王府不免""刑法有创之自明，不衷古制者，廷杖、东西厂、锦衣卫、镇抚司狱是已。是数者，杀人至惨，而不丽于法。……举朝野命，一听之武夫宦竖之手，良可叹也。"③ 宦官多出身卑贱，向来对文人士大夫嗤之以鼻，一旦掌握生杀予夺的大权，便会将其发挥到极致，残害忠良，无怪乎早在西周《吕刑》便提出了"惟良折狱""哲人惟刑"的司法审判原则。皇帝对此早有预料，其并未明确赋予宦官司法权，其目的自然是为了方便随时惩治宦官越界乱权，也是为了避免背上违背圣人之道的骂名。为了防止宦官太过胡闹，挟私报复，特规定厂卫在抓捕疑犯时应持有"驾帖"。驾帖体现皇帝旨意，由司礼监出具且加盖印信，而后必须由刑部给事中金批。厂卫

---

① 【清】夏燮：《明通鉴》卷十九《朱瞻基卷》。
② 《明史·食货五》。
③ 《明史·刑法三》。

在拿到驾帖之后，还要凭此加盖各门关防印信才能出城拿人。然而，这种依靠常规司法的专业人员约束厂卫的制度设计却因厂卫的得宠而名存实亡，伪造驾帖、无佥批而事后补办手续等现象时有发生。①

利用刑部制约厂卫司法并非仅此一例。锦衣卫下设南镇抚司和北镇抚司，北镇抚司专管诏狱，可以"察不轨、妖言、人命、强盗重事"。按照正常司法程序，案犯先由北镇抚司拷问，而后由刑部定罪，互相制约。"然厂卫未有不相结者，狱情轻重，厂能得于内"，加上厂卫在将人犯移送至刑部拟罪时可出具狱辞，刑部往往会因忌惮厂卫权势，"洞见其情，无敢擅更一字"②，且常速审速决。相互制约变成了相互配合，司法已经不成体统。同时，因司礼监可通过执掌六科题本监督刑部，"凡六科每日收到各衙门题奏本状，奉有圣旨者，各具奏引送司礼监交收。又置文簿，陆续编号，开具本状，俱送监交收"③。刑部对宦官参与的司法审判更会"一路绿灯"放行。东厂还有权对"中府诸处会审大狱、北镇抚司考讯重犯者"进行听记，类似于陪同审理，且"于当晚或次早奏进"④皇帝。是否如实奏进全赖宦官之喜恶，司法审判也全靠东厂之决断。到明英宗和明宪宗之时，东厂更是享有主持三法司大审录囚之权，司法权可谓已全部被其掌控。除了准司法权外，刑罚执行权也在宦官之手。明代发明的廷杖刑就由司礼监监督，锦衣卫执行，而后被权宦矫诏利用，名正言顺地用廷杖殴杀政敌。例如，正德元年（1506）工部尚书杨守随劾刘瑾"亲幸揽权，强行暴虐，乍传诏旨，放逐大臣，刑事诛谏"⑤。

史载，"后宣宗设内书堂，选小内侍，令大学士陈山教习之，遂为定制。用是多通文墨，晓古今，逞其智巧，逢君作奸"⑥。这表明宦官虽然颇通文法，能够履职，然因修身不够，只能成为酷吏而非良吏。他

---

① 赵晓耕、时晨：《平衡与牵制：明代厂卫与法司的关系》，载《甘肃社会科学》2018 年第 5 期。
② 《明史·刑法三》。
③ 《明会典》卷二百一十二。
④ 【明】刘若愚：《酌中志》卷十六。
⑤ 【明】谈迁：《国榷》卷六十四。
⑥ 《明史·宦官一》。

们除了忠于帝王之外，没有任何道德底线，一朝得权，必将放纵无度。不过，皇帝会重用酷吏般的宦官是必然的，毕竟在非常情况下，只有忠诚且心狠手辣之酷吏才能为君王清除障碍，反倒是受到儒家教化的士大夫往往瞻前顾后，难以痛下决心为君分忧。

宦官系非正式官僚集团的优势与劣果

相较于正式的官僚集团，任用宦官的成本极低，因其多半被家人抛弃卖入宫中，或因没有活路而进宫为奴，孤身一人，没有抚养妻女照顾父母之责，更无衣食之忧，"内使辈衣食于内，自有定额，彼得俸将焉用之？但月支廪米一石足矣"，[①] 而最低的从九品官员薪俸则五倍于此，[②] 此为其一；其二，宦官没有复杂的社会关系牵绊，依靠皇恩才混得一口饭吃，且人格极其低贱，唯有皇帝才会对其信任重用，其对皇恩更有拳拳报答之心。皇帝能轻易掌控宦官，为己所用。文官们则是"学而优则仕"，其服膺于孔孟之道，虽有"食君之禄，忠君之事"的教条，但可对无道昏君行汤武革命之能，也可借用儒家伦理制约君权，可以说专制君王对其十分厌恶，自然会倒向完全听命且对皇帝疼之爱之的宦官。

然而，皇帝即便再垂爱宦官，也不可公然重用阉人，这样有损君王"光明正大"之德，只能背后支持，暗中授权，让宦官成为"影子内阁"，这是宦官只能享有非正式权力的重要原因。史载厂卫"每奏事，即首珰亦退避，以俟奏毕，盖机密不使他人得闻也。历朝皆遵守之"[③]。这种非正式的宦官权力十分符合宦官非正常的身心。他们的阴阳怪气里透露出来的只听命于皇帝的忠诚，确实能够激发他们迅速秉承旨意，出其不意，并且毫无顾忌地为拱卫皇权清障。例如实际执掌司法的厂卫，便能够不拘泥于传统的诉讼程序，使用有损文官形象的酷刑，相互勾结，利用司法快速解决政治异议者。

以宦官为代表的新型权力群体创造了高效且忠诚的执政业绩，虽然

---

① 《明太祖实录》卷六十"洪武四年春正月己巳"条。
② 《明史·职官一》。
③ 《万历野获编·卷六》。

时有权力腐败和滥用,却是别无选择的办法。传统由文官主导的行政司法到明代之际积重难返,很难自我革命。尤其是明代以复兴汉唐制度为己任,继承了汉人政权统治华夏的使命,当然要全盘接受本已积弊重重的官僚体制。尽管朱元璋精简改革了旧的官僚组织,试图通过勤政睿智的一己之力将决策、执行和监督之权玩转,但依然无法避免"人存则政举,人亡则政息"①的官场定律。因此,后任君王只能寻找亲密且忠诚的自己人,以默认宦官的权倾朝野为代价再造一个"准官僚体系"。宦官集团自然十分清楚,只要亲密且忠诚,便可永葆权势,因为他们和皇帝之间"如影随形"——皇帝需要宦官的影子无处不在,影子也需要帝王之身狐假虎威。此种不言自明的执政潜规则,让明代避免了阉党叛逆的政治威胁。刘瑾、魏忠贤等宦官曾导致皇权旁落,但仅自称"九千岁",断不敢以"万岁"自居。毕竟身体有缺的阉人至少缺少天子在身体上完美无缺的正当性。

士大夫集团的强项傲骨易同帝王发生正面交锋,令皇帝反感且缺乏自我价值认同;而大多数宦官对皇帝的唯唯诺诺则会满足皇帝的心理需求。他们之间已经超越了主仆关系,彼此的需要和满足维系着宦官对帝王的极度忠诚,可谓大而不反、强而不叛。宦官这种被社会现实摧残而成的"怪物"缺少独立人格,被世人鄙弃,然而皇帝给了他们"尊严"和希望。他们只有依附皇权才能获得人格,唯有成为皇帝的影子监控和督促迂腐低效的文官集团积极履职,让皇帝高枕无忧才足以报答皇恩。凡事过犹不及,一旦宦官集团与官僚集团互相倾轧,便会造成帝国内耗,导致朝局混乱和无序。皇帝本想通过宦官激发文官活力,却带来了更加死气沉沉的官风士风;士大夫们时有抗争,却遭到了严酷镇压。大多数宦官持续地消耗着帝国文官的精力而使其无暇顾及国计民生,但宦官们又因素养缺乏、心理扭曲难以走向前台取代正式的权力集团治国安民。崇祯帝自缢于煤山时,身边仅有提督太监王承恩陪伴,君宦二人的凄惨结局可以说正是印证了明代"成也宦官,败也宦官"。

---

① 《礼记·中庸》。

37. 万历十五年在法律史上关键吗？

万历十三年（1585）《大明律》以"律例合编"形式颁行，这是古代律典体例的重大变革，被清律沿用。万历十五年（1587）《大明会典》颁行，清代亦加以继承，为"五朝会典"。作为明代基本法的律、例和会典，均在万历十五年左右定型，展现了明代法制的最终样貌。然而，这样的重大事件与《万历十五年》（黄仁宇著）所谈及的几个关键人物密切相关，但均被该书忽视。于法律史而言，万历十五年在明史上并非"无关紧要的一年"（《万历十五年》英文名即为"1587, A Year of No Significance: The Ming Dynasty in Decline"）。

万历《问刑条例》：对祖制的坚守与放弃

自宋代以来，开国之君格外强调"祖宗之法"，即后主要将先王的律典视为不可更改的权威，这便是对"祖制"的尊重和效法。在唐宋变革期之前，后王可以轻易变更先王之法，因为其更看重"敬天"而非"法祖"。到了宋代，"法祖"才变得日益重要，试图恢复汉宋荣耀的朱元璋则将"法祖"看得更重。据《明太祖实录》载：洪武二年（1369）四月，"诏中书编《祖训录》，定封建诸王国邑及官属之制"。洪武六年（1373）五月书成。此后二十余年，朱元璋曾多次修订《祖训录》，《祖训录》被明代嗣君奉为"祖宗成法"。洪武三十年（1397）经朱元璋亲手删定的《大明律》即严令群臣子孙不得更改，否则即以"变乱祖制"罪之。不过，在朱元璋看来，"法令者，防民之具，辅治之术尔，有经有权。律者常经也，条例者一时之权宜也。朕御天下将三十年，命有司律久矣，何用更定？"这就意味着后世君王可以用汇编条例的方式来因时变法，为《问刑条例》的制定提供了依据。

《问刑条例》乃《大诰》之升级版，将典型案例整理变成更具稳定性的例，这是效法宋元之经验。弘治五年（1482），刑部尚书彭韶等谏言删定《问刑条例》。至弘治十三年（1500），刑官复上言："洪武末，定《大明律》，后又申明《大诰》，有罪减等，累朝遵用。其法外遗奸，列圣因时推广之而有例，例以辅律，非以破律也。乃中外巧法吏或借便己私，律浸格不用。"除了再次强调朱元璋所定基调外，又重述了修例的重要性，即杜绝用例不用律。后由刑部尚书白昂主持删定的《问刑条例》施行长达五十年之久。嘉靖二十八年（1549）刑部尚书喻茂坚再次请求修例，嘉靖二十九年（1550）《问刑条例》完成重修。嘉靖三十四年（1555）刑部尚书何鳌等又"奏上律例九事"。到了万历二年（1574）重修《问刑条例》再次提上日程，此时在刑部尚书舒化看来，重修的理由已经可以摆脱"祖制"了，他直言道："《大明律》一书，高皇帝揭之两庑，手加更定。今未经详断者或命从重拟议，已经定议者又诏加等处斩，是谓律不足用也。"恰逢当时续修《大明会典》，礼部要求各部将历年来使用的条例整理后送馆备用，舒化执掌的刑部便借机编辑嘉靖三十四年以后与刑名相关者的事例于万历十三年上奏，且完成"律为正文，例为附注"的《大明律附例》得到颁行，迄明末未改。由此，明代自洪武三十年朱元璋择《大诰》要略附于律后，形成"律诰合编"的法典编撰体例便发展为"律例合编"，清代沿用。

万历《大明会典》：编纂过程与士人评判

编纂《大明会典》的动议出现于英宗时期，编纂理由同《问刑条例》，都是为了辅助执行太祖所定之祖制，借考据祖制之名行修法之实，并未公然反对祖制。天顺二年（1458），吏部尚书兼翰林院学士李贤等言："洪惟祖宗创业垂统，立经定制，为万世法，则久而后备。臣等伏读《诸司职掌》，系洪武年间所修，彼时制度尚未有定，以后渐加增损，与前或异，若不重新编纂订正，难于考据遵行。"可惜未及编成，英宗便去世了。直到四十年之后的弘治十年（1497）孝宗才敕谕臣下谨守祖制，重启编纂："兹欲仰遵圣制，遍稽国史，以本朝官职制度为纲，事物名数仪文等级为目，一以祖宗旧制为主，而凡损益同异，据事系年，汇列于后，萃而为书，以成一代之典。"同样以祖制为本，命名为《大明会典》，以此提高官场行政效能，着手"恢弘的统治"，以图"弘治中兴"。经过五年编纂，《大明会典》终成，但又因皇帝去世而未及颁行。而后武宗命儒臣重修《大明会典》，经正德四年

（1509）李东阳重校、正德六年（1511）由司礼监刻印颁行，共一百八十卷，此乃《大明会典》的正德版本。嘉靖对之又进行了两次续修，补充了弘治十六年（1503）至嘉靖二十八年（1549）近五十年的事例，但"世宗留之禁中，不制序，不发刊"。而正是在嘉靖二十八年，不甘居于翰林院庶吉士的张居正上了一道奏疏《论时政疏》，指陈国家亟待改革的五大弊政：①"臣伏睹祖训，观国朝之所待宗室者，礼亲甚隆"；②"庶官疾旷"，官员尸位素餐混吃，懒政懈怠；③"吏治因循"，官员循规蹈矩，敷衍了事；④"边备未修"，边疆不宁；⑤"财用大亏"，中央财政入不敷出。万历即位后因年幼由太后代为听政，太后则将一切军政大事交由张居正署理，他才推行新政，将以上五大问题逐一攻破，造就了"万历中兴"的盛景。

为了防止新政改革"人亡政息"，万历四年（1576）张居正便奏请重修《大明会典》并亲任总裁："近年以来，好事者喜于纷更，建议者鲜谙国体，条例纷纭，自相抵牾，耳目淆惑，莫知适从，我祖宗之良法美意几于沦失矣。今幸圣明御极，百度维新，委宜及今编辑成书，以定一代之章程，垂万世之典则。"其意显然并非是继弘治正德初纂、嘉靖续纂而进行万历再纂，而是想改变祖制，重定明代典制，可惜他于万历十年（1582）去世（《万历十五年》第三章"世间已无张居正"）。在张居正去世后，新政的反对者们开始反攻清算，万历皇帝正想摆脱张居正设计的"考成法""一条鞭法"等约束官僚的技术法规，于是在万历十一年（1583）叫停了新政举措，万历十二年（1584）抄没张居正的家产，而由张居正重修的《大明会典》也被重新审核。万历十三年（1585）十月，皇帝"命右谕德赵志皋，洗马赵用贤，编修杨起元、王廷撰俱充《大明会典》纂修官"，由当时首辅申时行领衔审查，经过两年严格审读后在万历十五年正月进呈皇帝。《万历十五年》第二篇专章介绍了"首辅申时行"。申时行是得到了张居正的抬爱才被举荐入阁，于万历十一年出任首辅，黄仁宇认为申是大明帝国运转的润滑剂。申时行充当"和事佬"，终止了帝国在万历十二年关于张居正的一切争论，以避免更多的人事动荡，却带来了言官与阁臣的持续斗争，让其无暇于技术改革，只能以道德说教来平衡各方。想必皇帝让申时行负责《大明会典》的收尾工作，正是利用了他与张居正的特殊关系及其较为圆滑的处世风格。同时，皇帝任命礼部尚书沈鲤为重修会典的副总裁，也意味着皇帝欲终止张居正改革祖制的行动。因为万历十四年沈鲤曾上《典礼疏》，以锐复祖制为号召，承继古人的礼乐精神。

至万历《大明会典》后，明代法典再无修订。清代《四库全书总目提要》以"未见其本，莫知存佚"为由而未收万历《大明会典》，应是讳而不录，对万历皇帝及以申时行为首的晚明官僚似有否定之意。申时行于万历十九年（1591）八月辞官回乡，共执掌权力中枢九年，可谓左右逢源，毫无作为。正如黄仁宇所言，原本万历十二年皇帝颇有大干一番的志向，然而到了万历十五年皇帝就发现即便没有了张居正的掣肘，还有文官集团的道德戒律束缚。万历开始用消极的方式"无为而治"，成了《万历十五年》第四篇命名的"活着的祖宗"。作为首辅的申时行却一味迁就皇帝，用外交的方法处理内政，得过且过，完全是一副"君不君，臣不臣"的形象，当然被士人所唾弃。

身为万历十七年（1589）进士的著名藏书家焦竑在《国史经籍志》亦未收录万历《大明会典》。焦竑乃是《万历十五年》最后一章中心人物李贽的挚友，二人同受自由主义思想的影响，且是较早接受西学影响的思想家。在黄仁宇的笔下，李贽一直想冲破社会道德的束缚而寻找自由，但始终被道德礼义裹挟。想必焦竑亦是如此，其抵制万历《大明会典》，即是抵制传统祖制的束缚。如果说舒化之前的刑部尚书建议修订《问刑条例》的理由还停留在表面维护祖制的话，那么到了舒化及其之后，士人已经完全不顾及祖制的脸面了。这无不归因于已无张居正约束的万历皇帝任性僭越礼法祖制，以及以申时行为代表的大多数官僚对其放任和纵容。仅有的一个力匡维护祖制的海瑞，略显古怪和孤独——《万历十五年》第五章称其为"古怪的模范官僚"——回天乏力。从法律史的视角来看，主张修例的理由变化和后人对待万历会典的态度，可以揭示《万历十五年》中所写人物的紧密关联。

技术治理自觉：万历《大明会典》之意义

黄仁宇认为，万历十五年是明代衰败之始（*The Ming Dynasty in*

Decline），当时整个国家都围绕着一些繁文缛节的礼仪在重复着祖制，明朝已经没有了国家治理的关键技术，仅靠传统道德维系运转。从万历皇帝到中央首辅申时行，再到地方模范文官海瑞，甚至是武将戚继光，最后到地方乡绅李贽，全都在失序中备受煎熬。

《大明会典》能够在万历朝终成，若从祖制来看，可以被认为是万历皇帝的例行公事，乃祖宗的礼义要求其必须完成的工作。但是，考虑到律法本身就是集道德与技术为一体的产物，而且在黄仁宇看来，首辅申时行也是一位技术官员，他通过任命一些技术型官员来维持和改善万历朝政的运转。因此，重修《大明会典》可以规范技术官员治国理政的行为，借以弥补帝国治理的技术短板，提升帝国技术治理的水平。至少在申时行修订《大明会典》之时，万历皇帝尚有励精图治的动力，即便后来成了"活着的祖宗"，无心朝政，但在高级官员的助推下，皇帝还是下定决心颁行此典，否则完全可以将此事一再搁置甚至阉割。可见，万历颁行《大明会典》亦有反抗道德治理的意味，可以视为技术治理自觉的产物。因为万历皇帝和首辅申时行都深受帝国技术治理革新者张居正影响而不自知。总之，《万历十五年》遗忘了万历《大明会典》所代表的技术治国之意义。

38. 清官海瑞是怎么审理民事案件的？

明代廉吏海瑞曾总结了一套处理民事存疑案件的方法："窃谓凡讼之可疑者，与其屈兄，宁屈其弟；与其屈叔伯，宁屈其侄；与其屈贫民，宁屈富民；与其屈愚直，宁屈刁顽。事在争产业，与其屈小民，宁屈乡宦，以救弊也；事在争言貌，与其屈乡宦，宁屈小民，以存体也。"① 这一处理"讼之可疑"的民事案件原则被学者归纳为"海瑞定理"，认为该定理不仅符合正义也始终符合经济学的效率考量的司法原则。② 海瑞甘冒渎职枉法的风险决疑，不完全依律例断案，颇有"葫芦

---

① 《海瑞集》上册《兴革条例》，陈义钟编校，北京：中华书局1962年版。
② 苏力：《"海瑞定理"的经济学解读》，载《中国社会科学》2006年第6期。

僧判葫芦案"的"想当然",可谓黄仁宇笔下的"古怪的模范官吏"。他将判案同"存体"和"救弊"联系起来,以自以为是的决疑之法寻找不可辩驳的理由。我们不禁要反问,海瑞为何不驳回民事存疑案件的起诉?他所坚持和践行的民事决疑之法究竟是为了什么,其出现的动因又是为何?

为何一定要判:民事判决的社会功能

今人的观念是,凡民事诉讼有疑当驳回起诉,古人也未尝不是。为何海瑞单单会与众不同,还显得理直气壮呢?今人的理由在于,讼事有疑,判与不判没有两样。判了,可能出错,冤枉了一方;不判,照样可能冤枉一方。通常来说,两方斗了起来,毕竟有一方总有些在理。既然如此,为啥非要不判?海大人考虑的是,驳回起诉这一程序性惩罚措施并未充分考虑民事判决的社会功能。身为"父母官",治下的百姓皆为其子女。父母教育子女不单是为了厘清曲直,还要考虑案发动因,正如《论语·颜渊》所讲:"听讼,必也使之无讼乎。"如何做到无讼呢?这就需要维持长幼有序、锄强扶弱的社会差序格局。差序即要有差等,合理差别下的平等。在脸面上,小民百姓不能蹬鼻子上脸。允许小民上告豪绅,已是皇帝恩典;倘若上告理由不充分,便有故意造次之嫌,或怀故意挑战之心,深受皇恩的父母官断不可滋长这样的刁民风气。既然在脸面上豪绅已是高出小民一截儿,在财产上就不能为富不仁,先义后利才符合儒家之道。有关财产的纠纷,若证据不足,就应当支持小民百姓。

海瑞不拒绝审判的道理与西方理念不同,西方有法谚云:"法官不能拒绝裁判。"前提是法无明文规定。因为法院是当事人最后的救济渠道,如果法官拒绝裁判,便是断了当事人唯一的后路。立法不可能面面俱到,会有滞后性和模糊性。法官应通过司法解释来弥补立法缺陷,即"法官释法"或者"法官造法"。当前可经由法院系统的汇报批复制度,由最高法院给出意见或者直接进行司法解释。最高法院也可报请全国人大寻求最终的立法解释。释法权在全国人大或最高法院,不在法官或下级法院,法官更没有造法权。这种司法科层制在古代中国也存在,海瑞有上司，更要面临政绩考核。面对民事存疑案件，他完全可以采取更为保险或妥当的办法请示上级，转嫁风险，但他没有这样选择。

海瑞对民事存疑案件的审理态度，终究是古代中国基层行政司法高度合一的产物。基层司法只能以行政的模式运转，否则以一人之力，难以应对基层诉讼。海瑞侧重从"存体"和"救弊"两个方面考虑决疑之法，是通盘考虑刑名和钱谷的结果，目的是确保地方治理的长久之效。因此，他主动介入民事存疑案件，从经验主义和理想主义出发，综合考虑审判的社会效果，偏执地追求整体正义而非个案正义，试图以司法审判打开社会的全面变革之门。虽然可能牺牲部分人的名与利，以权利换和谐，但古代中国的权利同样依赖于税，这是古今中外司法审判都需要考虑的成本和后果。

以什么方式判：民事解纷的基层做法

民事案件在传统社会被称为"民间细故"，由州县自理。州县官员为应对基层"案多人少"的困境，常交由地方宗族和乡绅自理。唯有因民事纠纷引发刑案，官府才会介入，因此，明清之际常存在"谎状"，谎称发生了刑案，才能真正将民事纠纷告到公堂。不过，一旦被官府识破，告状之人除了受皮肉之苦外，所告之事亦会被退回自理。日本学者滋贺秀三认为，笞杖以下的州县自理词讼，往往采取"教谕式的调停"解决，援引国法和先例作出裁判的情况极少。① 此种处理方法想必正合担任过"教谕"的海瑞之意。

处理疑难案件除了劳神伤身之外，很可能是竹篮打水一场空，毕竟"清官难断家务事"。从律法上讲，不理民事案件官员无需承担责任，向上请示汇报容易被看成不懂官场规矩，给上头添麻烦，自找苦头。而且，明清律均要求官员依律例断案，若案情可疑，按照海瑞的审判原则断案后，还需另寻法条依据，否则会被追查任意司法之罪。不过，判归判，如果不建档，只是利用强势的官威调解，则可以完全不入档，上头

---

① 【日】滋贺秀三：《清代诉讼制度之民事法源的考察》，载王亚新、梁治平：《明清时期的民事审判与民间契约》，北京：法律出版社1998年版，第86－87页。

便无法利用文书行政系统追查。这是基层民事案件常用调解之法简易审理的又一重要原因。明清之际,州县长官有权在律例规定与否的前提下对自理案件作出适当调整。只要调整得在情理上过得去,两造又能安心接受,那么,疑难案件就不再成为难办且棘手的案件了。① 不只是海瑞,他的前辈们也正是用调解之法安抚和治理地方。基层官员的主要职责是刑名和钱谷两项。刑案固然重要,否则纵容匪盗,滋长反骨。作为赋役的钱谷征收与民事纠纷的合理解决关联甚密。不论是"争产业",还是"争言貌"之类的疑讼,官府若拒绝审理,便是对民生疾苦置之不理。民众有难,官府拒之门外,到官府收征时,民众自然会以牙还牙,亢税造反。民事案件能否得到恰当审理,关乎官员政绩和地方稳定。在理与不理之间,最为明智的做法,便是采用"教谕式调停"的做法,既可避免案卷文牍之累,又可轻松恰当解纷,何乐而不为?何为恰当的"教谕式调停"呢?以上海瑞总结并深信不疑的决疑之法便是。

一直坚持这样判:海瑞偏执的改革理想

海瑞的这一决疑经验当是他在任地方知县及州判官任上总结出的。1558年升任浙江淳安知县时,他已经45岁了,对当时明代的"存体"和"救弊"体会极深,否则不会在1565年他已53岁时向嘉靖皇帝上《治安疏》,"请直言天下第一事,以正君道,以明臣职,以求万世治安"。② 在四年的淳安知县任上,海瑞重新丈量土地,平均徭役,③ 以此解决国政之弊。这必然会触及既得利益者,以海瑞的性格,他的同僚和上司定对其恨之入骨。一旦抓住他以此原则决疑的把柄,定会疯狂报复,因为他所挑战的是整个社会的陈规陋习。在遭到御史袁淳弹劾后,海瑞于1562年被降调为江西兴国知县,虽然同为知县,但兴国更贫。海瑞没有受到沉重的打击报复,则是因为他的民事决疑之法只有30%的适用机会。在他看来,所有诉讼,十之六七,其是非是可以立即判定

---

① 徐忠明:《清代中国司法类型的再思与重构——以韦伯"卡迪司法"为进路》,载《政法论坛》2019年第2期。
② 《海忠介公年谱》。
③ 参见《海瑞集》上册《量田申文》《均徭申文》。

的。在兴国任上，他面对的还有没法征税的难题。据《梁中丞遗稿·海忠介公行状》载："公抵任，察地瘠民贫，岁征不满什之伍，弊在浮粮。乃条陈八事上南赣都御史吴尧山公，次第请行，而独急清丈。" 50%的征税都征不上来，他怎么做官？地权不清，而且是难以厘清的问题的关键，当时隐瞒户口和土地现象日益严重，其根源是朱元璋开国制定的《黄册》和《鱼鳞图册》之弊。在来不及甚至无法彻底清丈的情况下，按照海瑞的办法审理田产纠纷，显然更有利于国库税收。谁知降调兴国只是过渡，不久海瑞即升任正六品的户部主事，只因有吏部右侍郎朱衡的提拔，才让海瑞屹立官场而不倒。除生母之外，海瑞与朱衡感情最笃，可谓他的贵人。① 朱衡是海瑞1553年任福建南平教谕的上司福建提学副使，因其谨守朝廷礼法，只对上官作揖不跪而受其赏识。《明史》卷二百二十三载，"衡性强直，遇事不挠，不为张居正所喜"。这一性格与海瑞颇为相像。想必朱衡看中了海瑞善于理财规划的能力，才让他出任户部主事的。知县任上，海瑞敢于同严嵩党羽胡宗宪和鄢懋卿作对，在1562年严嵩倒台后被视为清廉的典范；因大骂嘉靖皇帝而未被处死，在狱中不到一年就因隆庆登基获释，并在1569年升任南直隶巡抚——海瑞无疑是幸运的。

身正不怕影子斜，海瑞敢如此"和稀泥"式地处理民事存疑案件，还因他极端的廉洁和实诚。当时南方农村稻田由于地形和灌溉的原因划为无数小块，土地互相错杂，难以辨识。土地买卖典当又经常不断，且少有书面契约证据，因此引发了大量的田产纠纷。获任南直隶巡抚后，海瑞以解决此类民事存疑案件为新政举措，不惜得罪首辅徐阶家族，仅凭个人判断总结的以上断案经验审理，很难在每个案件上做到合情合理，因此遭到给事中戴凤翔的参劾。戴凤翔称，海瑞但凭一己冲动随意处置百姓产业，导致佃户不敢向业主交租，借方不敢向贷方还款，虽然略有夸张，但道出了海瑞冲动的粗线条性格；而且海瑞在对待田产一事上延续了其自知县任上的偏执做法。海瑞在既无周密实地考察，亦未公开施政方略，更没有建立专门机构审查裁决的基础上独断其事，仅凭经

---

① 郦波：《清官海瑞》，北京：中国民主法制出版社2010年版，第45页。

验主义裁断疑难,其后果可想而知。一年不到,海瑞便被迫辞职。① 海瑞之所以如此行事,乃与他崇陆贬朱的思想有关,海瑞所想所行思想以陆九渊的学说为根本,认为万物唯心,心外无物。据《海忠介公全集·赠文昌大尹罗近云入觐序》所载:"天下未有一物一事出心之外者。"或许这是决定海瑞刚愎自用、极度偏执的性格之因,他轻视"格物致知",以"心性"理想为己任,通过"知行合一"来"致良知"。就任地方时,他强推寡妇改嫁、禁止民间溺婴等政策进行社会革新便是例证。

两年后的1572年,海瑞写信给出任首辅的张居正,欲复出为国效力。同样是反对士绅兼并土地而侵害国家财税之用,张居正却不认同海瑞这一经验擅断的审判原则。在改革者张居正看来,海瑞的决疑之法完全坚守了太祖朱元璋对待官贵豪绅的路数。太祖对贪腐和盘剥向来深恶痛绝,若是遇到此类案件,太祖亦会遵照此法,仅凭一己之念以严刑峻法行诛心之论。张居正复信称:"三尺之法不行于吴久矣。公骤而矫以绳墨,宜其不堪也,讹言沸腾,听者惶惑。"② "三尺之法不行于吴久矣"再清楚不过地表明了张居正的立场:海瑞恪守的洪武时代之律法与情理已经不能来对付南直隶的豪绅了。"不换思想就换人",海瑞不再幸运,赋闲在家达十五年之久,让他有时间编辑文集,整理自己的决疑经验。在此期间,张居正在1573年便开始了针对"宗室骄恣、庶官瘝旷、吏治因循、边备未修、财用大匮"等积弊的全盘改革,一直持续十年,海瑞虽亲眼看见张居正的失败,但依然没有反思自己的民事决疑法及其改革举措的可行条件与时机。

39. 龚自珍怎么认为法律源自于农?

法律源自何处?西方世界一直有两种观点:一是自发生成;二是人类创造,包括神创、暴力、契约、发展等学说。古典中国的思想多倾向

---

① 黄仁宇:《万历十五年》,北京:三联书店1997年版,第135-139页。
② 《张太岳集·答应天巡抚海刚峰》。

于第二种，而对第二种观点，清代学者龚自珍则另辟蹊径，提出了"法源于农"的法律起源新命题。他认为农业乃国家、法律的根本，在传统中国小农经济结构下，农业是劳动密集型作业，集体性劳动生活成为日常。因此，"宗族"便是农业国家社会的基本单位。以此经济生产方式和社会组织机构为中心，产生出的土地财货之法理应体现"按宗授田"的原则；且按照血缘尊卑关系确立"族长"的家长权威，依赖族长的务农经验和苍天祖宗的庇佑，保障充足的食物供给，以延续宗族血脉，其发展出的宗族身份之法就理应体现"崇礼明德"的原则。由家到国，家国一体，随之形成了"德主刑辅"的治理观。

论证及动因

龚自珍认为，国家、礼乐、法律等"上层建筑"皆是农业发展的当然结果。"生民之故，上哉远矣。天谷没，地谷苗，始贵智贵力。"[①]在上古社会，原始聚居的人类依靠采集和狩猎为生，农业尚未形成。人类只能依靠野生的"天谷"为生，因此，并无（亦不需要）国家（君王）、礼乐、法律等规范体制。当野生的自然生活资料不能满足人类生存需要时，民智开启，人类便开始了以种植业为主的农业生产活动。农业种植时代的到来，让民众各显其能成为可能："有能以尺土出谷者，以为尺土主；有能以倍尺若十尺、伯尺出谷者，以为倍尺、十尺、伯尺主，号次主曰伯。"于是，孕育出"贵智贵力"的社会氛围，有智有力者开始成为农业生产的主导，而后逐渐成为社会组织的领袖。在这些智力兼备者的带领下，农业社会结构开始成型，以农业生产为中心的国家伦理及君主宗法制度等陆续出现。正所谓"土广而谷众，足以芘其子，力能有文质祭享报本之事，力能致其下之称名，名之曰礼、曰乐、曰刑法。""上古不讳私，百亩之主，必子其子；其没也，百亩之亚旅，必臣其子；余子必尊其兄，兄必养其余子。父不私子则不慈，子不业父则不孝；余子不尊长子则不悌，长子不赡余子则不义。"故而，在农业社会环境下衍生出儒家伦理之"仁、孝、悌、义"等基础上建章立制，

---

① 【清】龚自珍：《农宗》。

也就意味着"礼""乐""政""刑"等各项制度律法必然要具备宗法伦理属性。

龚自珍倡导"法律起源于农"有其自身的政治动因。他历经乾、嘉、道三朝，仕途屡遭不顺。经康乾盛世后，嘉道年间腐败盛行、民不聊生，清王朝的统治以不可控的状态走向式微。加之，同时期西方资本主义的"现代性"优势通过鸦片战争被传播到中国，庶民大众对窒息的专制统治和繁重的经济苛税日益不满。作为较早"睁眼看世界"的近代思想启蒙家龚自珍决心为百姓请命，为市民底层发声。于是，他痛批时政，结合历代社会发展状况，在考察蒙回等他族社会发展史之后，最终还是选择了"托古改制"，这是历代变法改革者的惯用之法。因此，他以上古农业宗法社会为参照，即肯定以农业为基础，以血缘为纽带的国家与宗族制度相结合的国家政权组织结构，来为当时的社会改革提供方案。

基础性与统一性

龚自珍的"托古改制"，皆因其偏爱今文经学，主张古为今用，因此，他提出"法源于农"思想中的"重农""宗法"等观点，本身就是托古考据经文的产物。他以经世致用为研究旨趣，关注现实社会，为变法图强找到了绝佳的古典理论依据。他利用公羊学说"微言大义"的研究之法，以"世情民隐为质干"，将传统小农经济与国家政制、法制、礼制连通并发扬光大，使之符合儒家"重农抑商"的传统。在龚自珍看来，当时资本主义商品经济虽然已经初露锋芒，相较于传统中国农业经济时代已有相当大的优势，然至清代嘉庆年间，据《大清会典》载，全国农业人口达3亿人，耕地面积占727万顷，农民和农业依然是国家之命脉，他无法忽视这一国情。相较而言，他的"法源自于农"的思想立足于农业的"和谐之本"，而非如同"法乃定纷止争""法源于利"等以荀子为代表的法律起源说那样更多地立足于商业的"争利之心"，也算是龚自珍思想最具中国特色的体现。

当然，龚自珍思想的中国特色并非绝对保守，他大胆发扬今文经学的研究方法，敢于并擅长运用自己的现实体会来解释经书，汇入新的内容改造正统观点。传统的公羊学大师刘逢禄将公羊学"张三世"① 和"大一统""通三统"的社会演化思想进一步加以阐发。龚自珍师从刘,在"睁眼看世界"的现代风气下,继续丰富了源自于刘逢禄的历史进化论,但他依然秉持传统经学所坚持的"大一统"思想,认为"礼乐政刑"本为一体,均源自于农。这与马克思主义的区别在于,龚自珍所认为的"农"并非只是经济基础,而是集经济、文化、社会、政治于一体的所有基础。他认为,唯有推行建立在"农"这一"集合性"和"统一性"基础之上的国家和社会变革,才能确保传统中国按照公羊学设定的历史进化顺序演进,从而保持稳定,并且能够造福于民。

历史周期与改良局限

传统公羊学认为,社会必定是朝着由乱而治的顺序演化,龚自珍则认为历史大势则是由治而乱,为了避免乱世,只能在历史的循环中创造蜕变。他进而认为,"变"是一切事物及现实世界恒定、必然的状态,这种变化是由互为矛盾的"顺"与"逆"引起的。"顺"与"逆"互相依存又互相取代,继而引起事物的变化。龚自珍还将公羊学"张三世"的演化阶段予以扩充,认为"三世说"既能用来考察整体的大历史变迁过程,又能够用于某一具体的历史时期或社会发展阶段。因此,他提出的"法源于农"思想可在历史演化上作两个方面的理解:其一,重新重视农业,意味着将当前的衰世改良"复古",符合历史发展之循环规律;其二,由农生法,是基于农业发展本身,是在历史循环中创造蜕变之举。

就此而言,龚自珍始终强调"变"的重要性,坚持"穷则变,变则通,通则久"②,可以说正是他的这种坚持变化而不固守迁腐的观点,让他成了批判宋代理学、明代心学强制灌输给社会的形而上学历史观的先驱,并且突破了自汉代以来儒家为维护专制统治而设置的"天理不变论"思想的藩篱。但因中国传统的"历史周期律"始终围绕帝制运

---

① 系指历史的发展阶段,将《春秋》所记的十二世分为三种情况:有见三世,有闻四世,有传闻五世,合称为"张三世"。
② 《周易·系辞下》。

行展开，龚自珍始终难以逃脱皇权专制的意识形态统治，无法理性地认识到当时中国农业较同期西方的绝对落后，自然就无法考虑到"生产力"的决定性因素，只能笼统地提出"农业"乃所有制度律法之源罢了，这种观点仍属于"改良"而非"革命"的思想范畴。

从农本到农宗

传统儒家的"农本"是指以农为本，农事乃万事万物之基。龚自珍则认为，"农之始，仁孝悌义之极，礼之备，智之所自出，宗之为也"。即农事乃万事万物之始，包括人性在内，皆源自于农，农业生产衍生出宗法关系，派生出人伦名教，这是与传统农本之意截然不同的新观点。在他看来，人生而无差别，只是经过农作发展出评判善恶的准则、法律，再用这些准则、法律去看待人类个体，才会有善恶之别。因此，农业的产生发展是各种人性的本源。人类原本"性无善无不善"之分，因后天从事农业而产生了不同，善恶观念也就有了差异。寻求"无善无不善"的人性根源，是龚自珍为商品经济下的"今世之病"寻求的解惑之方。他承袭明清以来李贽、黄宗羲、戴震等人肯定人性私欲的思想，更加立场鲜明地批判理学对人"大公无私""克己复礼"等过高甚至极端的道德束缚。同时，善与恶对立而又统一，作为矛盾相互依存于农业活动之中，这反映了作为近代启蒙思想的龚自珍对传统贵贱等级制的批判。如此说来，龚自珍的思想已经将传统"农本"之意无限扩大，改造成基于"农本"的"农宗"观，"农"乃一切之宗。

经由传统政治经济意义上的"农本"到"礼乐政刑"全面农业化的"农宗"，正是龚自珍立足传统经学思想，以考据之风和托古改制之思破除僵化的社会结构困境的思想启蒙。纵然他无法贯穿中西，直接参照西方近代社会，提出"资产阶级革命"式的改革主张，仅寄希望"以朝章、国故、世情、民隐为质干""主于逆""复于古""复于本""自成宇宙"① 来恢复皇权专制国家运转的生机。然而，即便是远后于他的康有为，亦需要用托古改制的方式来回应变法的时局期待，这是那

---

① 【清】魏源：《〈定盦文录〉序》。

一代人无法超脱的困境。

总之,龚自珍提出"法源于农"的法律起源新命题之意义不在于突破了传统"法自君出"以及"法乃天地圣造"的思想专制论,也不在于肯定"农宗"就突出了农人在立法上的主体地位,更不在于超越了当时时代的局限提出了"民权自主、国法自立"的先锋思想,而在于他将"君统""道统"与"法统"紧密联系在一起,并置放于中国古典儒家所看重的"五口之家"的农业理想型社会之中,以便为社会改良开方抓药。如此看来,龚自珍虽然延续了古典儒学的传统,也超越汉宋之学本身,但他的思想始终在作为官学的儒学之内言说推演,并没有逃出当时儒生思想的窠臼,思想新颖但还达不到彻底革命的程度。相反,在一定程度上,当时以他的思想为代表的过于保守的儒学界,甚至延误了中晚清的社会变革转型,导致中国在鸦片战争后综合国力与西方相比日益悬殊。此种结果,以龚自珍为代表的中国近世思想家难辞其咎。

40. 明代为何通过计算"善恶有报"规范社会秩序?

古代中国一直存在对超自然报应的信仰。行为善恶自有报应的思想早在先秦就已形成;至汉代又衍生出天地神灵监督人的善恶行为,予以报应之说。道教对此加以继承,也将神灵报应人之善恶作为约束道士的方法之一。随着佛教因果轮回观念和道教神仙观念的传播,古代中国逐渐发展出一套以功过格为代表的功德评价体系。

功过格的起源:传统报应观与儒释道融合

功过格是将世人的善恶进行量化,具体列出何种行为是善,可积累多少"功",何种行为是恶,会积累多少"过",善恶可相抵。同时,明确列出不同的功或过会导致上天不同的奖惩。使用者通过每天记录自己的善与恶来明确自己在这一打分和评价体系中的位置,进而调整此后的行为。功过格还将使用者祖先的功过积累纳入,即一个人在出生时就有了一定的"原值","原值"依据其祖先的功过确定,他的功过评价同样会影响到子孙的"原值"。这可以合理解释现实存在的为何好人贫穷而恶人富有的"反功过格"现象——好人贫穷是因为其祖辈积累的"过"太多,恶人富有则是得益于其祖辈"功"的积累。此种解释给贫穷者带来了希望,他们相信只要自己今生多行善,就可能抵消祖辈的恶行,而使子孙受益。功过格的效用发挥需要一个无处不在的神灵监督体制存在,神灵监视着世人的思想和行为,据此对功过进行奖惩。

道家追求成仙,而佛家追求超度(转世于更高阶段的生存方式),功过格的功德积累便是成仙或超度的一个途径。因此,早期的功过格带有一定的宗教性质。晋代葛洪《抱朴子内篇·对俗》称:"人欲地仙,当立三百善;欲天仙,立千二百善。若有千一百九十九善,而忽复中行一恶,则尽失前善,乃当复更起善数耳。故善不在大,恶不在小也。"其后的一些道教经籍多有关于善恶果报计数的记述,但所有这些善恶计数都是由天地神灵所为。自记善恶功过之事始于宋儒,范仲淹、苏洵等人均备有簿册,记录功过,以鞭策自己,行善去恶。相传最为经典的功过格《太上感应篇》为北宋李昌龄(937—1008)所著,其阐述了功德积累和超自然报应,行为善恶是其命运祸福的理由,还详细列举了恶行和善行,声称做到一千三百善便可成为天仙,而行恶则逃不过上天的惩罚。道士自记功过当是仿效宋儒而来。元代净明道有学道人"自录"功过的规定,校著者有成书于金大定十一年(1171)的道教净明派《太微仙君功过格》,这是"功过格"一词的来源。如果说宋代的《太上感应篇》确立了功过体系的基本原则和指导思想,那么元代的《太微仙君功过格》便是对功过的具体化。其立功格三十六条、过律三十九条,各分四门:功格有救济门十二条、教典门七条、焚修门五条、用事门十二条;过律有不仁门十五条、不善门八条、不义门十条、不轨门六条;并要求"受持之道常于寝室床室,置笔砚簿籍""临卧之时,记终日所为善恶"。此后尚有《警世功过格》和托名吕洞宾的《十诫功过格》等。宋元之际,儒释道日渐融合,因此《太上感应篇》和《太微仙君功过格》虽以宗教为基,但早已融合了儒家观念。

功过格的传播：精英的功过格与儒家的善恶观

功过格最初作为宗教的产物未能得到士人阶层的广泛关注，直到十六世纪之后才在士人阶层中流传，明代浙江嘉善士大夫袁黄（1533—1606）对此功不可没。袁黄的祖先袁顺因明确反对朱棣篡位，致使袁家遭到禁锢，被剥夺了科考资格。到袁黄时，得朝廷恩赦，才又获准参加科考资格。通过科考入仕光宗耀祖成了袁黄注定的使命。其间，袁黄在南京栖霞寺与禅宗大师云谷的交谈，为其笃信功过格起了决定性作用。功过格在产生之初以成仙或得到超度为主要目的，云谷则认为通过功过格积累功德，可以产生现世的诸如做官或生子之类的回报。来世的奖赏对很多人来说是没有吸引力的，相反，入仕为官或喜得贵子对袁黄这样的人来说具有相当的说服力。袁黄相信了功过格的作用并身体力行，最终取得了功名并生子。正因为如此，袁黄对功过格的报应功效便更加笃定。

儒家伦理强调人性本善，以仁为本，发扬善性，舍生取义，杀身成仁，不以功利为目的；功过格则以现实的物质回报奖掖善举，云谷所持观点明显不符合孔孟之道。于是，身为儒士的袁黄改造了云谷的观点，使之符合儒家伦理。袁黄认为，要想增加功过格上的功德，必须是不计名利地行善，而不是主动追求功利，以此提高世人行善的道德水准，符合儒家之意。他对现实的物质利益并不回避，认为取得物质回报虽然不是行善的主要目标，但仍然是积累功德的当然副产品。袁黄的理论实际上将功过格同道德水平和社会地位联系了起来。因为功过格是计算善举（功德的累计），善心则是善举必不可少的前提，所以，功过格积分高的人必定是道德水平高的人，道德水平高的人必然是因为获得了丰厚的回报才会大力宣扬功过格，他们由此也成了社会的上层人士。这就为平民百姓指明了向社会上层晋升的道路，也进一步奠定了功过格在世人心目中的神圣地位。功过格开始从精英阶层向普罗大众传播开来。

功过格的跃进：挑战儒家伦理与治理社会方法

袁黄关于功过格的理论言说并不完美，逐渐引起了士人的争论。首先，不论本心如何，积累功德在提高自身道德境界的同时，也当然提高了自己的社会地位。这对于坚信朱熹理学的儒家信徒来说不可接受，因为这样的理论很容易导致单纯为了物质利益而行善，因为如果不以功利为目标而行善，那么又何必用功过格将其记录下来呢？更何况袁黄最初便是以通过科考和喜得贵子为目标来使用功过格的。其次，使用功过格即代表了其认可道德的可度量性，即不同的道德有大小之别。而在儒家看来，道德是无法度量的，因为道德背后的"理"是无法度量的。明代最后一位大儒刘宗周曾对功过格批判道："至于过之分数亦属穿凿，理无大小多寡故也。"① 并且，袁黄的理论意味自己可以掌握自己的命运，因为通过积累功德可以获得物质利益进而改变社会地位。问题在于，传统观念认为世人应当按照四书五经等儒家经典来为人处世，而不是功过格。即便功过格的标准和儒家伦理一致，也绝不能替代儒家经典，这是传统士人无法接受的。再次，利用功过格积累功德便可通过科考获取功名，这已然否定了朱熹作注的四书对于科考的绝对权威，势必削弱统治精英们信奉的建立在朱子理学基础上的道德纯洁性。最后，功过格本源在佛家和道家，儒生当然会视其为非正统，这也是宋明儒学欲从儒释道合流中复原儒学的当然结果。②

争论归争论，功过格在明末清初社会动荡之际，再次被士人接纳。在帝国中央无法承担教化百姓的职责时，功过格因其教人向善，又利用上天惩罚的报应观威吓百姓，完全可以被用来教化百姓，恢复社会秩序。士人们认为真正的君子是不需要用奖惩来督促他们行善积德的。然于平民而言，因其无法达到道德的至高境界，功过格的奖惩机制可以诱导他们积德行善，趋利避害。与此同时，功过格也开始更新升级以适应这种社会治理需求，内容上更加广泛，深入社会生活的方方面面，且用语通俗；形式上更注重实用，奖励更为丰富，如长寿、病愈、避灾等，不再局限于士大夫的功名、生子等。功过格逐渐演化成了一种全面的道德和社会指导手册，成为乱世中士人们重建社会秩序的地方治理手段。

---

① 【明】刘宗周：《刘子全书·与履思九》。
② 【美】包筠雅：《功过格：明清社会的道德秩序》，杜正贞、张冰译，杭州：浙江人民出版社1999年版。

就此而言，功过格从宗教走向世俗，在儒释道融合过程中逐渐被士人接受，从个人心性修养变成世人行为操练，从为己之格变成了治世之法。在宋明之际，其核心意义上的功利主义和报应观念伴随着世人对"义利并重"的接受与认同，在商品经济的潮流中不断挑战着代表传统农耕文化的儒家思想，于社会动乱之际被塑造为改良下层社会风俗人伦之法，逐步增进了国人实用主义的文化信条，一直影响着人们的思想与行动，而诸多治理之法的奏效亦无不依赖这一朴素而直接的功利报应观。

41. 清代抄家对反贪治腐有用吗？

抄没，又称"籍没""籍产""抄产"，俗称"抄家"，是传统中国的刑种之一。因其执行难度小，且没收所得颇为丰富，早已被皇帝看重，至清代发展成一种常用的反腐举措。

抄没的性质及内容

抄没可追溯到西周《吕刑》规定的"五刑不简，正于五罚"之五罚，即罚金。战国之际，商品经济飞速发展，以赀刑为主的罚金刑得到了广泛应用，科以赀刑的罪名大量增加。《说文》曰："赀，小罚以财自赎。"秦代适用范围较广，既适用于官吏的轻微失职行为，也适用于百姓轻微的犯罪行为。汉代的罚金涉及面更广，分类更细。不过，此后只有五代十国和元代才存在罚金，且处于从属地位，一般为轻罪而设。抄没作为一种最严厉的罚金，除了对谋反大逆等十恶不赦的人犯适用外，极少采用。然而，到了清代，抄没得到了前所未有的发展，处抄没之刑的案件远超过往。对此，学界普遍认为，此种情形虽然出于惩治贪墨的需要，但主要与清代满族上层统治者相互兼并财产的习惯有关，是当时权力和财产再分配的形式之一。①

抄没兼具财产刑和身份刑的双重性质，除了没收财产外，还对罪犯

---

① 韦庆远：《清代的抄家档案和抄家案件》，载《学术研究》1982 年第 5 期。

本人、家庭成员甚至整个家族施予轻者罚俸、降级、革职，重者流放、发配、处死等处罚，体现了"重连带"的特点。同时，所有抄没事项均由皇帝终决，是上裁独有的惩戒形式。抄没的依据无外乎律、例、则例、事例、章程、成案等。清律在"给没赃物""隐瞒入官财产""谋反大逆"等条中均有抄没之规定。例如，"给没赃物"条规定凡贪赃枉法、私藏违禁物品、恐吓和诈欺取财、科敛和求索等，皆要将赃物及违禁物品籍没入官；谋反、叛逆者不仅籍没财产，还要家口缘坐。此外，《吏部处分则例》《督捕则例》《理藩院则例》等则例都有与籍没财产人口相关的规定。抄没适用的对象一般分为五类：一是有权势的大臣；二是违反法纪的官员；三是文字狱；四是亏空钱粮、反抗朝廷的团伙；五是手段残忍的杀人犯。第一、三、四类明显威胁到了皇权，皇帝很容易利用抄没来打击权臣。以年羹尧案为例，其犯有大逆、欺罔、贪渎等九十二款重罪。仅贪污论，有贪黩之罪十八款、侵蚀之罪十五款，计三十三款之多，是典型的经济犯罪，雍正抄没其家，很难说没有斩草除根的政治用意，这无疑导致了抄没案件的不确定性。抄没往往有严惩、减等、从宽三等，"王在法外"，皇帝在决定抄没时完全可以不受限制地自由裁量。如果皇帝与贪墨者交情颇深，很可能网开一面，法外开恩，不抄其家；或是倾向于从宽处理。例如，康熙在抄没鳌拜家产后，念其功高年迈，且没有篡位弑君的迹象，就将其永远囚禁而免于一死，鳌拜的党羽则或死或革。又如，乾隆在抄没原直隶总督杨景素家时特地批示道："著加恩将伊家产内酌量拨给三四万两俾资养赡，其余分别估变解京。"如果是严惩，不但要抄掉全部财产，而且籍没直系亲属。皇帝在谕旨中往往会写明："妻子俱充发宁古塔（或其他边远地区）与披甲人为奴"或"妻子俱籍没入辛者库"。所谓"辛者库"，是由内务府管辖的专门监管奴隶的机构，被监管的人多为犯有重罪的宗室贵胄或达官显宦及其家属。一经入库，便沦为比一般包衣门下更为低贱的奴才身份。如果是减等，则查抄全部财产但不籍没人口，谕旨有时也会注明："妻子免入辛者库。"例如，被指《红楼梦》历史原型的曹李两家，其子弟就幸免了入辛者库为奴的厄运。抄没之案往往错综复杂，以帝意为准，可能完全成为一种政治打击手段，其首要目的并非追求打击犯罪的公正廉明，而是需要借此彰显皇权的威慑与恩泽。正所谓雨露雷霆，恩威并济，一切都在皇帝掌控之中。

在抄没的谕旨发布后，皇帝一般会特派执行查抄任务的钦差执行，钦差和地方官员会奏报查抄经过，并出示巨细无遗的财产清单以及处置结果。钦差在抄没时颇有掘地三尺的决心，毕竟这是直接听命于皇帝的差事：在空间上，《吏部处分例·亏空分赔》规定，一旦出现府库亏空，就要将本犯拟罪监追，勒限完补；在勒限期间，要先将其家产查封，如期不能够赔补足额，再查封其家族、宗族财产；在时间上，比如前述的杨景素案，即便在杨死后查抄了其二十余万两的家产，但在乾隆看来，"杨景素久历外任，贪黩营私，其原籍赀财，必不止仅有此数"，直到三四年后，朝廷还要继续清查其家族财产，并令其子承修河堤城垣工程。这颇能说明清代皇帝希图利用抄没来弥补国库亏空的用意。当然，抄没是否严厉全凭皇帝决断，例如在抄没和珅之时，大臣萨彬图奏称已经抄没的财产不足和珅家产十分之一，请求深挖严追，但遭到了皇帝的严厉批评。①

抄没的效果与目的

抄没所得的财物可谓应有尽有：既有数额巨大的金银，也有大量的土地、房产以及当铺等商号，还有形式品类各异的古董文玩，亦包括各种生活用具以及奴仆等。清代对抄没财物的处理主要遵循以下原则：若案犯为地方官员，查抄的黄金及贵重古玩、陈设及服饰等物品应解交宫中，由内务府决定留存或变现；若查抄之人为旗人，尤其是内务府属员的话，京中所抄物品主要由内务府处理，户部几乎不参与抄没的分配。② 但是对于留存部分，若涉及官员贪腐的国家财产，多交由户部处理"以抵官项"，或者交藩库（清代布政司所属的粮钱储库）作为官员亏短仓库钱粮的赔补款项。可见，抄没之财多流入皇帝的内务府，并没

---

① 鞠九江等：《清兵部尚书戴联奎密藏的"和珅抄家清单"》，载《文史春秋》2010 年第 12 期。

② 滕德永：《清代的抄家案件对宫中财政的影响》，载《太原师范学院学报（社会科学版）》2015 年第 5 期。

有真正弥补国家财政。因此，抄没一度为内务府提供了大量的资本，成为宫中重要的收入来源之一，以致扩充财源是清代大举抄没的主要目的之一。例如，康熙年间的内务府官庄田地五十余万亩，到乾隆晚年就增至一百多万亩，主要是查抄伊犁之锡伯部落领队大臣承安的家产。

"朕即国家"，清代的国家财政和皇室财政存在"家国不分"的状况；且在抄没财产的分配上，作为皇帝个人"腰包"的内务府明显比国家财政之枢的户部占得先机。因为官员贪腐如同是在与皇帝"争利"，贪污国家财产等同于偷盗皇帝私产。一旦触动了皇帝私利，皇帝只能竭尽所能利用抄没寻求补偿。例如，乾隆最初使用抄没来惩治贪腐，然而，抄没所得竟不足以弥补官员亏空朝廷银两的损失。于是，乾隆通过一系列官员罚俸的制度，要求官员缴交赎罪、分赔、议罪银两，让贪腐官员及其父兄子侄赔补国库亏空。① 可见，反腐与敛财都是抄没的目的。

抄没之所以可以获得大量钱财，有以下两个原因：一是公私不分，家财与私财难别。传统的家长权让官员的个人财产完全等同于家庭财产，故而一切与官员有关的财产都会纳入抄没的范围，仅在皇恩浩荡之际，才会酌情给家眷保留一些生活之财。二是传统理财方式保守。当时的权贵处理贪腐所得无外乎用复壁、夹墙、密窖把金银收藏起来，或购买土地房产以收取租金，或放高利贷以取利息，或开当铺钱店以获盈利。仅有少数人敢于投资杂货铺、布铺之类的服务业，这已经算是敢冒亏蚀的风险了。此种十分保守的理财方式降低了抄没的难度，且方便即刻抄没大量的财物，无怪乎抄没成为清帝十分青睐的惩贪之法。

综上，清代皇帝对待抄没的态度便是：抄家的罪名可以随意设定，但抄家的财物不能有"漏网之鱼"。比如，乾隆时代抄没谕旨常有的表述即是："如有丝毫隐匿寄顿，惟该抚是问"，唯恐抄没不够彻底。这显示出清代在对待贪腐案件上具有"重财轻刑"的倾向，颇合传统中国"普天之下，莫非王土；率土之滨，莫非王臣"的观念逻辑。然而，正是所谓的"重财轻刑"之偏好，才使得抄没带来的"经济效益"在

---

① 赖惠敏：《乾隆皇帝的荷包》，北京：中华书局2016年版。

顺治、雍正和乾隆时期尤为可观，但反腐效果却是不尽如人意，鲜有文献档案表明清代抄没案件增多而令腐败现象减少。① 即便如此，抄没作为一项重要的刑罚，符合皇权独大的政治需求，以及作为维持官场生态，在一定程度上甚至是皇帝进行社会财富二次分配，确保皇权稳固的重要政治手段，因此一直沿用至清末修律才被废除。

抄没反腐的古今之别与应对

当下腐败官员被判处没收财产刑时，没收范围会限制在个人财产之内，这是保障人权的时代潮流使然。对于腐败案件，公众关注的焦点基本都集中在定罪量刑，而非刑罚的实际执行，可谓"重刑轻财"，这与清代利用抄没反腐的"重财轻刑"大为不同。如今刑事判决书在写明"没收个人全部或部分财产"后，并没有列明具体数字和执行期限，其原因主要有二：一是立法对于没收的规定比较笼统，操作性不强，法院更多的是利用自由裁量权来确定没收的具体范围、对象等。二是在法院作出判决之时，就已查清所有应没收的财产，难度较大，如明确罪犯财产归属、查清隐匿或转移的财产等通常需要耗费大量的时间、人力成本。因此，不明确没收财产的数额及执行期限，是对现实法律困境的妥协。由于执行内容不公开，执行结果又有很大的不确定性，客观上造成了监督难，为罪犯亲属或第三人转移、隐匿、变相分散犯罪财产等行为提供了机会。当然，清代的抄没亦有类似的弊病，由于事先未查清抄没财产的数额，致使官员从中私自转移、偷换抄没财产的情形时有发生。例如，乾隆在抄没浙江布政使王亶望家产之时，对其所藏的米芾字帖非常期待，也正因如此，他才发现了抽换抄家物品的事实。

如若没收执行不彻底，可能会导致"一人坐牢，全家吃饱"的反腐困境，加之贪腐官员若通过各种手段取得了减刑、假释或保外就医的资格出狱，继续享受未被没收的财富，必将严重损害司法的公信力。党的十八大以来，中央提出规范减刑、假释、保外就医程序，改革刑罚执行制度正是为了解决这一司法难题。为更好地解决当前惩贪偏重裁判结

---

① 云妍：《从数据统计再论清代的抄家》，载《清史研究》2017年第3期。

果而忽略实际执行效果的困境,一方面除了应当完善有关没收的原则、规则外,还可尝试建立先期财产调查制度,即从侦查阶段就启动贪腐财产的调查工作,此后在不同阶段即由相应的司法机关继续追查,为司法执行提供可靠保障。同时,可设立没收公告制度,既便于公众监督,又方便对没收财产享有合法权益的第三人知悉并提出异议,维护刑罚执行的公正。

42. 武官是如何治理好晚清边陲地方的?

尚勇好斗的明清潮州地方社会治安

潮州素有八邑,包括海阳、揭阳、潮阳、澄海、普宁、惠来、饶平、丰顺。明代前期,潮州民风淳朴,乡民好耕稼而乐樵采,有古先民遗风,但至明嘉靖、万历年间,民风有变,时人多健讼。到清雍正年间,任职于潮州府的蓝鼎元(1680—1733)认为潮州人"负气喜争,好勇尚斗,睚眦小嫌,即率所亲而哄,至以刀兵相格,如怡大敌。强者凌弱,众者暴寡,而歃血拜盟之风,村村仿效"。① 1792年乾隆帝发现:"向来此等械斗风气,闽省为甚。近因严加惩创,渐觉减少。而广东省聚众斗杀之案,竟有十三起之多。"② 嘉庆九年(1804)因承平日久,官法松弛,潮阳乡间常因小事引起毗邻乡村械斗,知县李树萱亦不能制止。③ 咸丰、同治年间,清廷疲于应对剿匪事宜,潮州基层社会失控,乡族豪强把持乡里,负隅筑寨,拒粮抗官,会乡械斗只是基层权力失守的一个表征。道光十五年(1835),"广东潮州沿海地方,民情犷悍。所属海阳、揭阳、潮阳、普宁等县,每因口角细故,斗殴成隙,互掳逼赎,名曰赎身钱,其不赎者则戕毙之"。④ 潮阳知县冒澄(1864—1865年在任)当时声称:"窃照潮属地方,民情犷悍,素称难治之区,而潮

---

① 【清】蓝鼎元:《鹿洲初集》卷十四《潮州风俗考》。
② 《清高宗乾隆实录》卷一四三八。
③ 《汕头市志》《潮汕大事记【清嘉庆】》。
④ 《清宣宗道光实录》卷二七三。

阳一邑尤属疲难素著……大抵潮属积弊，潮阳无不有之，如纠结会乡、械斗抢掳、抗粮拒捕等事相沿已久，竟成锢习……军械则人有所藏，战斗则视为儿戏。心粗胆大，每易生端。乡村聚族而居，丁男动以万计，而且互相勾结，各树党援。盖凡一乡一族之中，均必有烂匪数名。主谋领袖专与官法作梗，而良弱者亦即为其胁制，或且相率效尤。"①

明清潮州的"走私"贸易所带来的商品经济发展滋生出来的逐利心态，形成了社会剽悍的民风，潮民往往会因蝇头小利大打出手，加上"天高皇帝远"，官府缺少担当，械斗一时猖獗。②

方耀其人及清理地方械斗积案之法

同治四年（1865），太平军进军大埔、饶平，潮州又逢兵警，清廷借剿灭在粤闽赣三省的太平天国力量之机，试图依靠强势武力一并清理多年械斗积案，加强基层管控，以防再次发生洪秀全之类的农民起义。因此，粤地的整治不再依靠儒家教化，而是趁战乱使用了军管模式。据《明清实录潮州事辑》载：同治八年（1869）"该督（两广总督瑞麟）因派总兵方耀、道员文星瑞带兵先赴惠州所属之陆丰，再赴潮州，相机办理，自系为整顿地方起见"。武官方耀正式被委以重任。方耀（1834—1891），广东普宁人，字照轩，史称"耀少从亡赖游，数掠人勒索赎，已而悔之，投官自首。总督瑞麟将斩以殉众。知府陈恕曰：不能捕贼是不武。贼来归，乃执之，是不义。职窃耻焉。麟乃令恕率之至惠州。惠固匪乡，皆耀所习。按其居，缉之，十得八九。"③这表明清廷对南粤之地的治理早有以暴制暴之法，乃方耀此后大展抱负的重要原因。方耀于1868—1877年及1879—1883年先后两次署理潮州镇总兵。④其在潮州办积案的时间为同治八年（1869）六月到同治十二年（1873）八月。武官颇有粗鄙莽撞之失，只重效果不计方式，时人对其清理械斗

---

① 【清】冒澄：《潮牍偶存》。
② 刘强：《明清潮州械斗问题探析》，载《汕头大学学报（人文社会科学版）》2008年第1期。
③ 费行简：《近代名人小传·方耀传》，武汉：崇文书局1922年版，第346页。
④ 饶宗颐：《（民国）潮州志》。

积案之举措颇有微词,民间称其为"方大人办清乡"。"清乡"常带贬义,有严酷镇压迫害之意。

以往地方官员都参照斗殴条或聚众斗殴例办理械斗案件,至道光年间有专办械斗条例,足见闽粤械斗之泛滥。当然,此种依法办案的思路仅是将械斗作为刑案处理,殊不知其背后的社会文化动因,如此只是治标不治本。晚清地方战乱,边陲之地更加混乱,地方豪强便浑水摸鱼,愈发嚣张。同治初年潮阳知县陈坤(1862—1863年在任)曾列治潮"四难":"匪兵"(匪徒混入营伍当兵)、"会乡"(村寨连横械斗)、"经费"和"赔累"(地方财政困难)。① 官府的态度开始变得多元,有劝谕息争、绅民调解、军警弹压以及事后严惩,② 可谓综合为治,礼刑并重。在方耀履职之初,广东巡抚李福泰(1867—1870年在任)为了防止武官乱权,故而订立了办案"八条章程":"别良莠,禁需索,绝械斗,散乡会,查私抽,清田亩,明赏罚,许自新。"③ 如此办案表明,至少在巡抚看来,"绝械斗"的前提很可能要"别良莠,禁需索",不能扩大打击面,且防范械斗的成因——"需索"等吃拿卡要鱼肉乡邻之风,具体的方法则是"散乡会,明赏罚,许自新"。如何做到这一点,其实还是要贯彻孟子提出的"有恒产方有恒心"的儒家治世观念,即"查私抽,清田亩",杜绝不劳而获,需勤劳经营田亩回归农业本分。做这样的设计,与当时潮州地方田亩不清,地主豪强私自加征税收有关。这是洪仁玕在后来拟定《天朝田亩制度》的原因。这样才能恢复小农经济,避免农民依附地主,地主就无法纠集佃农,一呼百应,酿成械斗惨剧。

不过,将在外军令有所不受,方耀并未完全遵照此法,在他看来,李巡抚有纸上谈兵之嫌。当时有潮阳郑锡瞳会党"抄杀盘踞抗官",澄海谢奉章和谢昆冈"负险阻兵,劫掳焚杀豪绅",陆丰陈独目"结会戕官",惠来知县汤廷英、揭阳知县王皆春皆被土匪吴阿干杀害等棘手且

---

① 【清】陈坤:《治潮刍言》。
② 苏全有:《清末械斗与政府应对》,载《福建论坛(人文社会科学版)》2015年第6期。
③ 转引自周吉:《石碑探密——从一块示谕石碑看晚清潮汕乡对的治安管理》,载《汕头特区晚报》2016年5月11日。

明目张胆对抗官府的恶性刑事案件,一一摆在他面前。唯有惩治元凶,树立官府强硬姿态,才能为此后的清理积案打好基础。在这种严峻的治安形势下,武官雷厉风行的作风就能派上用场。方耀"先办陆丰斗案,明正其罪。潮人始知有官法。陈独目结会戕官,谢奉章恃险擅命,并捕治之,潮民遂安堵"①。他采取了地方乡勇的练兵经验,组建了三千余人的乡勇,强力打击著匪,明正典刑,使其"始知有官法",方耀的办法可谓以暴制暴,因为广东、福建一带特别是潮州、嘉应地区的家族械斗传统,对地方军事化有着重要的影响,这些地区为正统和异端两方都提供了械斗经验丰富的人员。②"已办之著匪郑锡瞳、郑锡威、谢昆冈、谢普屿等,均系抗官拒捕,残杀多命,罪恶昭彰,供证确凿。"这一事迹被曾国藩的九弟、湘军首领曾国荃(1824—1890)记录下来,后来被列入《曾国荃全集》(第二册),可见同样作为乡勇的方耀之能已被曾氏认可。方耀所办的郑锡瞳案,即被称为晚清潮汕四大传奇公案之一的"沙陇案",具体案情如下。

咸丰年间,朝廷因无力兼顾地方动乱,开始允许地方富绅豪族办团练联防自卫。至方耀清乡时,沙陇乘势而起,操办团练赫赫有名,枪支论百,号称"三十里横直无贼马"。主持沙陇乡政的是郑氏家族五兄弟,以"展瞳见威武"闻名,其中属郑锡瞳及郑锡威二人较有魄力。咸丰末年由于水利失修,沙陇与邻近村寨常因争水灌溉发生纠纷,积怨日深。同治初年,有一沙陇小贩在惠来一带被盗匪杀害,沙陇以附近的石坑乡庇藏盗匪为由而欲抄剿石坑。石坑联络会集附近十三乡共同对抗沙陇,沙陇亦连结八乡,购买弹药,制作土炮。双方多次发生大型械斗,当时民不能阻,官不敢问。至同治二年(1863)沙陇获胜,不少十三乡寨民被迫漂泊南洋,邻近所有乡村无不为沙陇所威慑。对这一械斗案的元凶,方耀使用诈术颇有智慧地拘捕了郑氏家族,且以杀伤人命、强占田产及抗官欠赋等罪状告之,郑氏一族终以负险阻兵之罪而受

---

① 《清史稿》卷四百五十七。
② 【美】孔飞力:《中华帝国晚期的叛乱及其敌人——1796—1864年军事化与社会结构》,谢亮生等译,北京:中国社会科学出版社2002年版,第78页。

诛。① 驰骋沙场的武将用兵法之术将元凶绳之以法，此类武官的兵不厌诈和文官的偏好用谲异曲同工。方耀的"严打"速见成效，前述土匪吴阿干也被方耀缉获，斩之以祭王者春于祠，② 凭此铁腕之策，方耀站稳了脚跟，开始着手制定常法确保长治久安。

武官方耀的选举清乡法与制度革新

方耀创设了选举清乡法，重新任用自己人改革地方行政机制。在方耀之前，陈坤、冒澄等仕潮官员就以强绅、乡约办乡，在他们看来外来官员较少熟悉民情，难以服众，故而无法有效治理。例如，陈坤主张"遴举强房绅士，充当乡族正副……该乡钱粮亦饬同粮差催追。如果办理认真，地方安静，银米全完，一年由县给匾，两年分别功名之有无大小，详请赏给八品六品顶戴，或移赏其父兄子弟，以示奖励。倘仍徇私庇纵，并不禀拏催追，即以治匪并抗粮之罪罪之。至纠举匪徒，亦速密令干役，协同跟踪围捕，务获惩办，以杜后患"。③ 实际上这是吸收利用"地头蛇"服务"地方官"，这样的办法对禁止械斗无甚意义，只是为了帮助地方官完成催征赋役的任务。地方豪强多与地方匪患勾结，怎么能够期望他们"纠举匪徒"；而且他们很可能为了贪功领赏，威逼良民为匪患，杀良冒功，其心可诛。方耀对此进行了改良，每县设立保安公局，各乡设分局，由知县选举公正的士绅为局董、局绅；单姓村公选族正、族副，多姓村则公选乡正、乡副，人口多的村要添选房正、房副；各大小乡能够合并的则要由局绅公选出约正、约副。局董局绅和乡约房族正副的职责是要主动举报和捆送本乡族的盗匪或疑犯交由方耀审讯，若徇私枉法必严惩不贷。具体则是由房族正副先报告乡约正副，乡约正副再报告分局，分局再报告总局禀报县衙。纵观此法，方耀其实延续了陈坤和冒澄在同治初年以强绅办乡的基层行政思路，实际上都是整

---

① 《潮阳民间故事》（第四集），潮阳阳县文化局（文化馆）1996年编印。
② 《揭阳县续志》卷《职官志·宦迹》。
③ 【清】陈坤：《治潮刍言》。

合了传统乡绅资源,重建地方行政,① 只不过是进行了初步改良。他在乡约房族正副之上增加一级即局董局绅。因局董局绅文化程度更高,便于同知县进行沟通。他们颇有乡威,熟知乡情,更能确保督促乡约房族正副反馈基层情报。这样的改良还可以为知县"减负",由保安公局专门负责地方治安(械斗)事务,并不再掺杂其他行政事务,相当于改良了传统"六房"辅助性的办事机构,奏响了清末基层官制改革的号角,亦是民国基层行政的开端。② 方耀此举是在分工明确的基础上,通过新设部门重构了县一级职能部门,且将权力向下延伸到具体的家族、村落或家庭,乃至最终到个人,发动良民纠察举报,迅速清理积案。"数年间,审结积案千余起,惩办著匪三千余名。"③ 这些局董局绅和乡约房族正副成了非正式的县级以下治安官,与宗族村寨形成了固定的捆绑分管结构。1890 年,两广总督兼广东巡抚的张之洞奏报方耀查办匪乡、整顿社会治安的情形,还特提拔方耀为陆路提督。④ 此后张之洞对其治潮之法也积极推广,但并未得到积极响应。而作为边陲之地的潮州地方治理,之后依然摆脱不了"天高皇帝远""皇权不下县"的历史境遇,潮州八邑械斗之风再起。例如,光绪二十三年(1897)潮阳因为争夺水源发生了持续九年的大械斗,250 余人或死或逃,交界田园丢荒达 1000 多亩。⑤

  方耀并未完全照搬李福泰制定的办案"八条章程",然其主旨在于"绝械斗"。与陈坤等人治潮不分轻重缓急、毫无重心不同,在初步取得了以"绝械斗"为中心稳定地方的攻坚战胜利后,方耀提出了四条"善后事宜":一是清吏治以服民心;二是肃乡规以除积弊;三是兴教

---

  ① 【美】芮玛丽:《同治中兴:中国保守主义的最后抵抗》,房德邻等译,北京:中国社会科学出版社 2002 年版,第 3 页。
  ② 谢湜:《陈坤〈如不及斋丛书〉与晚清潮州社会》,载《中国社会历史评论》2009 年第 10 卷。
  ③ 【清】方耀:《复张香帅书》。
  ④ 中国第一历史档案馆编:《光绪朝朱批奏折第一〇九辑·法律》,北京:中华书局 1995 年版,第 635 页。
  ⑤ 陈创义:《清代潮阳争水案》,载《汕头特区晚报》2012 年 7 月 6 日。

化以端士习;四是整赋税以裕经费。① 颁布"善后事宜(章程)"乃清代处理边疆边陲事务的惯例,而方耀的"善后事宜"四条基本上是文官治理的模式:首先是吏治民心,然后是风俗教化,最后是赋税钱粮。民风民心是地方官声的基础,也是地方治理的最高目标;而地方治安(刑名)和赋税钱粮(钱谷)则是为官一任的最低目标。在方耀以"严打"手法初步禁绝械斗之后,刑名事务也告一段落,钱谷便成了核心。于是,他"仍会同文武勾稽积欠钱粮,使民自完。从前占久未经升科之沙田,至是皆丈量赋税,潮关税额亦岁增巨万"②。他广纳文官智慧,解决了南粤之地向来都会出现漏税的沙田问题,且对外贸更加重视,关税额增长迅速。这很可能与其强势打击走私和铁腕惩治瞒报漏报沙田的行动有关,以此达到让百姓回归农本的目的。同时,他充分利用赎刑增加官府财政,基本上解决了前任陈坤治潮颇感头疼的"四难"。

武官方耀的文臣治理能力及其评价

在财政充裕的前提下,方耀开始兴办文教,正风端纪,为确保潮州长治久安提供知识基础。他通过各种方式直接或间接支持的书院就达15所、义学11所,还拨付专款作为文武秀才补贴,称之为"印金",奖掖学而优者,鼓励读书人。③ 光绪九年(1883),两广总督曾国荃还曾写信称赞方耀:"闻麾下治军潮阳,除暴安良,能使道不拾遗,夜不闭户,得兵心,得民心。又复多建书院,广开义学,将以诗书之气,化其械斗、嚣竞之风。"④ 同时,为规劝百姓以务农为本,非以投机经商为要,他积极治理水患,兴修水利。同治十年(1871)整治韩江洪水,同治十三年(1874)疏浚梅溪一带水道,光绪六年(1880)重修南门涵作灌溉之用,并提供了河道维护基金,颇有远见。⑤ "总督瑞麟状其

---

① 转引自周吉:《石碑探密——从一块示谕石碑看晚清潮汕乡村的治安管理》,载《汕头特区晚报》2016年5月11日。
② 嘉业堂抄本:《清国史》第十一册。
③ 赖泽冰:《方耀与晚清潮汕教育(1868—1891)》,载《汕头大学学报(人文社会科学版)》2017年第4期。
④ 【清】曾国荃:《曾忠襄公文集批牍书札》。
⑤ 刘庆和:《令人敬畏的名宦——方耀》,载《潮州日报》2015年1月13日。

绩以上，赏黄马褂。"①

出身行伍的方耀有机会服务乡梓，不断勤加修炼，同文人官吏一道为家乡治理费心尽力，当时文人有以"海滨邹鲁"称颂之。例如，潮阳县拔贡郑安淮在《培元堂文祠记》称："同治间，提军普宁方公镇潮州，荷圣天子宠灵，遏戾气，扶正气。阅数稔，民气以舒，士气亦渐以振。于是思所以厚植之，下其事于邑缙绅，其略曰：潮故海滨邹鲁也。"在方耀镇潮十三年后，潮州社会械斗止、教育兴、风气正、民心安。但因其铁腕治潮，民间不乏有方耀大肆杀戮、滥杀无辜的流言，例如据《大南山苏区史料汇编》载："他（方耀）两任潮州镇总兵达十三年之久，操'自由杀戮'大权，先后借'办清乡'为名，杀戮潮汕人民万人以上。"还有人视其兴办教育、完善水利、修祠建庙等是为了笼络潮汕绅士。历史任由后人评说，然方耀有一段自评值得细读："自同治八年至十年，历海、潮、揭、惠、澄、饶、普七县，其怙恶不悛者杀无赦，情有可原者予以自新，而斗风悉除，行旅无丧资之虞，耕农有安堵之乐，若得贤有司从而教养之，则海滨邹鲁将复可见于今焉……所谓法立知恩，宽猛相济，为政之权舆也。余不敏而适当其会，固不敢谓有当于治道，惟愿吾乡士大夫略其短，而原其心鉴，其无他则，余不幸中之大幸也。爰勒之贞珉，俾后之览者懔履霜冰之戒，毋纵诡随以蹈此覆辙，则幸甚矣。"②《诗经·大雅·民劳》有言："无纵诡随，以谨无良。"诡随，即不顾是非而妄随人也。方耀自认为他在潮州惩治械斗是好心办了坏事，目的正当但方式失当，恳请乡民口下留德。他反省道，作为父母官应当战战兢兢，如履薄冰，而不应手握大权，简单粗暴。要时常谨记儒家宽猛相济之道，然道理虽易懂，真心践行甚难。面对流言，他只能谦虚谨慎地认为作为武官可能对儒家之道领悟不够，希望之后得贤有司教养黎民，便可实现治潮夙愿，或可补救其严厉治潮之过。

在方耀结束清乡之时，恰逢团练创始人、中兴第一名臣曾国藩（1811—1873）逝世。咸丰三年（1853），曾国藩便在家乡湖南一带建立了地方团练，称为湘勇；同治三年（1864），湘军攻破天京；同治五

---

① 《清史稿》卷四百五十七。
② 【清】方耀：《七邑清积案记》。

年（1866），曾国藩又督师剿捻，司时督办洋务，创办江南制造总局；同治七年（1868），曾国藩改任直隶总督，奉命办理天津教案；同治九年（1870），曾国藩再任两江总督，审理前任总督被刺案。曾国藩乃文臣出身，又熟稔兵法，文韬武略，总是作为清廷的"救火队长"，厥功甚伟。即便他被认为是古今第一完人，然后人对其忠诚清廷亦有诟病。曾国藩都无法避免，区区方耀更是如此。然而，幸好生逢战时，曾国藩和方耀等汉人才有操办团练、立功崛起的机会。《清史稿》将方耀的粤团同淮团并列，足见其功绩："各省兴团练，淮皖为盛，实淮勇之始也。东才以下诸人，初皆起乡团，其后或隶豫军，或隶淮军，皆先后著战绩，为时所称。方耀以粤团归官军，善战兼谋勇，尤善治盗，民多感颂，兹故并著之。"只因方耀能以军事思维结合传统文人观念，打破常规治理地方，以革除封建积弊。与曾国藩不同的是，方耀并非士大夫出身，仅处理南粤治安，但也算得上是南粤的"救火队长"。光绪九年（1883）因中法战争爆发，方耀调任广西钦川驻防；光绪十一年（1885）又调回署理广东水师提督、驻扎虎门；光绪十七年（1891）夏卒于任上。提督是当时绿营兵最高的军衔和职位，直接受朝廷管辖，在设有总督的地方，受总督制约。水师提督权力和重要性比陆路提督更高。方耀死后，两广总督李瀚章应民间请求奏请在潮州本籍建立已故水师提督方耀专祠，其奏曰："而致粤人之思慕者，尤在潮州办匪一事。不纵一贼，不累一民，使多年扰乱之区，复为乐土。至今士民食旧德，农服先畴，有功于桑梓甚大。"① 八月初十日又上奏，请求朝廷对方耀去世从优抚恤，并将事迹宣付国史馆给方耀立传，其奏曰："平生战绩皆有奏报可稽。独其查办匪乡，精心规画，使多年蔑法之区不致于同于化外。各属豪强之族，不敢相率而效尤。实为全粤治乱之关，有功大局者甚巨。"1892年，李瀚章再应军队人士请求奏请在虎门为方耀建专祠，其奏曰："从前潮属各乡严同化外，议者多主剿洗，该故臣独能如意搜查，保全不少，尤为粤人所感服。至今办匪乡者，犹用其法。"②

---

① 中国第一历史档案馆编：《光绪朝朱批奏折第二八辑·内政》，北京：中华书局1995年版，第390页。
② 中国第一历史档案馆编：《光绪朝朱批奏折第四二辑·军务人事》，北京：中华书局1995年版，第760页。

因"粤东士庶倚依若长城",光绪十九年(1893)继续奏请在方耀曾经有功之地的广州、惠州、嘉应州、东莞等地建立专祠,随后得到朝廷批准。这些一而再、再而三的建立专祠的吁请,确实罕见,① 光绪二十年(1894)加尚书衔。纵观方耀一生,其以军人的铁腕治理帝国开放口岸外围重地,无疑给混乱不堪的晚清边陲基层治理提供了新的范例。可以说,正是以曾方二人为代表的地方忠勇,才为"同治中兴"奠定了地方安定的良好局面。

---

① 中国第一历史档案馆编:《光绪朝朱批奏折第一〇九辑·反清斗争其他》,北京:中华书局1995年版,第266–268页。

下篇 中国法律史的新旧嬗变

43. 清末立宪的关键人物达寿是谁？

两次之"体"察：大清国出洋考察大臣与清末变法

1905年7月16日，光绪发布"考察政治上谕"（简称"考政"），当是清廷以"预备立宪"为起点开始的政治改革之第一步。考政大臣的选拔颇费周折，最终入选者基本上对宪政持认同态度，体现了清廷对待宪政改革的诚意。① 最后决定由戴鸿慈、端方、载泽、尚其亨、李盛铎五人出洋考察，但对于考政大臣来说，出洋考察之目的主要是为了延长和强化已经濒临危机的皇权。因此，五大臣所提供的考察信息有着明显的仿效日本立宪的倾向性。考察的随员很多也具有立宪倾向，有的随员还与梁启超、张謇等有着微妙关系，往往成为考政大臣与立宪派之间沟通的桥梁。端方与梁启超早有联系，戴鸿慈也曾求教于梁启超。因此，考察报告及相关奏折都是由梁启超代为起草，竟多达"二十万言内外"。这不免让人生疑，可能是光绪和康梁等人合谋决定了第一次出洋考察的报告立场，而且早已圈定立宪宜仿效日本。

1906年9月1日，光绪在慈禧的首肯下宣布《仿行立宪上谕》，明确表态："各国所以富强者，实莊于实行宪法，取决公论，君民一体，呼吸相通，博采众长……勿以私见害公益，勿以小忿败大谋，尊崇秩序，保守平和，以豫储立宪国民之资格，有厚望焉。"这句话表明了清政府最高统治者推动宪政时的恐惧、担心和希望，可谓五味杂陈。对皇权的天然熟悉和眷顾，迫使清廷不得不倾向于钦定立宪，但又不能明说，只能以博采众长取悦公众。一年之后，政治嗅觉灵敏的袁世凯上奏道："前者载泽等奉使出洋，原为考求一切政治，本非专意宪法，且往返仅八个月，当无暇洞见源流。……各国政体以德日两国为近似，最于中国相宜，所以为未雨绸缪，请简明达治体之大臣，分赴德日两国，会

---

① 潘崇：《清末出洋考察政治五大臣选拔经过史实考——兼论清政府宪政改革的社会舆论氛围》，载《天津师范大学学报（社会科学版）》2011年第6期。

同出使大臣,专就宪法一门,详细调查,博访通人,详征故事。何者为入手之始,何者为收效之时。"迫于现实压力不得不通过立宪挽回颓势的清廷,不甘愿将权力拱手让与,只能寄希望于通过钦定宪法来维持既得权力。急于寻找立论依据的清廷于是将目光转向了日本,两个月之后下令"学部右侍郎达寿,充出使日本国考察宪政大臣,邮传部右侍郎于式枚,充出使德国考察宪政大臣",同时着汪大燮(1859—1929,1905 年任驻英公使)顺便考察英国。

前后两次出洋考察分别被称为"考政"和"考宪"。载泽等五大臣出访前一个月,清廷设立"考察政治馆"。到达寿等人出访前一个月,该馆改为"宪政编查馆"。显然,前者只是一般地对"政治"进行"考察",意在择"政体",后者则特指对"宪政"予以"编查",意在定"制度"。尽管此前清廷谕令宜"甄采列邦之良规,折衷本国之成宪",①然历时两年的第二次宪政考察成果与此后清廷所倡的钦定宪法、先立宪法后开议院如出一辙。可见,两次考察都存在"先定调后考察"的做法。英国考宪大臣汪大燮就曾牢骚满腹,后仅编纂 14 种宪政著作进呈清廷以塞责。② 在汪大燮看来,考察英国只是为了掩盖清廷师法德日的目的罢了。然而,清末表面上看是在学习日本,实则是从日本法中直接或间接地汲取德国法。③ 1908 年 8 月 27 日颁布的《钦定宪法大纲》表面上是照抄《明治宪法》,但总共 76 条的宪法就有 46 条照搬了德国《普鲁士宪法》,只有三条是日本独创的。正如戴鸿慈所言:"中国近多歆羡日本之强,而不知溯始穷原,正当以德国为借镜。"④ 由此观之,赴德考察的于式枚之意见就显得相当奇怪。

于式枚(1853—1916)是清末改革之谏臣和践行者,充当李鸿章幕僚多年。1896 年曾参加过康有为的保国会,1906 年任广东提学使,

---

① 中国第一历史档案馆编:《光绪宣统两朝上谕档》(第 34 册),桂林:广西师范大学出版社 1996 年版,第 148 页。
② 李细珠:《清末两次日本宪政考察与预备立宪的师日取向》,载《中国社会科学院近代史研究所青年学术论坛:2007 年卷》,北京:社会科学文献出版社 2007 年版。
③ 柴松霞:《清末五大臣对德国宪政的考察》,载《政法论坛》2011 年第 1 期。
④ 故宫博物院明清档案部编:《清末筹备立宪档案史料》(上册),北京:中华书局 1979 年版,第 10 页。

致力于实业救国，规划建筑广西境内铁路。他的思想定是受到了洋务派以及保皇派的影响，因此主张现阶段应加强君权，"国政归于一人则臣民无非分之想，散于众则臣民有竞进之心"，以及发展实业，实行开明专制，立宪则应在20年之后才可以提上议事日程。因为单就开国会而言，他认为国民识政体知法意者极少，骤然拥有庞大政权的地方议会，横亘于政府与国民之间，纵使被选者不尽是营私武断之人，而国家政权落于少数人手中，劫持中外大臣，后患不可胜言。况且第一次出洋考察团随带的76名随从人员，他们普遍关心时政且学有专门，是科举废除前清政府特别倚重的新政人才，然其学力水平亦存在诸多不足，可见即便是精挑细选的新政人才尚不能满足考察需要。① 国民素质就更不能有过高期待。这种态度代表了当时缓行派的主张，即立宪只是手段，重要的是能确保在立宪时控制住局势。② 立宪派和革命派的主要分歧在于是否保留君主，以此来决定是采取武装暴力革命还是和平政治改革。于式枚之所以有这样的态度，是因为当时革命党人开始处于上风。针对当时的社会局势，于式枚曾警告清政府要审慎而行，他一反当时快速立宪之风潮，呈递了《立宪不可躁进不必预定年限折》。虽然他的理由是"宪法自在中国，不须求之外洋"，看似荒唐，却并不可笑。他认为，立宪运动若"行之而善，则为日本之维新；行之不善，则为法国之革命"；而当下不是"法之不良"，而是"行之不善"。具体表现为，"横议者自谓国民，聚众者辄云团体，数年之中，内治、外交、用人、行政皆有干预之想，动以立宪为词，纷驰电函，历抵枢部，上渎宸慈，屡动诏书，来日方长，坚冰可惧"③。于是建言对"轻举妄动的"立宪派应该"随

---

① 潘崇：《科举废除前新政人才结构透视——以清末五大臣出洋考察团随从人员为例》，载《近代史研究》2014年第2期。
② 柴松霞：《1907年的中国宪政考察团》，载陈景良、郑祝君主编：《中西法律传统》（第九卷），北京：北京大学出版社2014年版，第146—147页。
③ 《出使德国考察宪政大臣于式枚奏立宪不可躁进不必预定年限折》，载故宫博物院明清档案部编：《清末筹备立宪档案史料》（上册），北京：中华书局1979年版，第306页。

时劝导，遇事弹压，庶不致别滋事端"①。于式枚等人唱反调的态度未尝不是事实，他的观点与日本明治维新初期的"启蒙绝对主义"或"启蒙专制主义"十分近似，即通过开明的专制君主自上而下地对社会各阶层进行现代性的启蒙，在保障经济自由的同时，根绝政治自由，回避市民革命，并在旧体制框架内逐步走上资本主义道路。这与于式枚也推崇日本宪政有关，他认为"日本多用德国之制，与中国政体最为相近"。这些观点都颇合皇族利益，于是他在考察回国后反被擢升。

效法德日的倾向既定后，对清廷立宪和政改走向影响最大的当是赴日考察的达寿（1870—1939）和李家驹（1871—1938）。二人同为光绪二十年（1894）甲午恩科进士，皆为皇亲国戚，并且还均是学政官员出身，只不过李家驹是汉军正黄旗人。达寿出使时任学部右侍郎，李家驹则于光绪二十四年（1898）任京师大学堂提调，曾与第一次出洋考察的李盛铎等一起赴日考察学务。此后一直担任地方学政，考察时特升为驻日公使。考宪以学部人士为主，志在深入学习之意。赴日考察结束后，达李二人皆任宪政编查馆提调，参与了"预备立宪"许多重要法规的编拟工作，所起作用甚为关键。自1909年9月起二人先后奉命参与管理资政院事务，直至一同担任资政院正副总裁。二人恰似同体，因此在赴日考察之时，李家驹便是接替达寿的不二人选。达寿算是根正苗红，在清末立宪过程中，相较于李家驹而言，则是主导者。李家驹还曾与好友汪荣宝关门拟订宪法草案，被称为"李汪宪草"；后临危受命，推出《宪法重大信条十九条》，试图挽回清廷颓局。② 并且二人均为袁世凯亲信，多次得到袁世凯支持，可以说是交心知己。得天独厚的优势使二人在考宪前后互相配合，共同推进了清廷立宪的各项"预备"工作，其中最为重要的当属钦定宪法和官制改革。

李家驹为皇权稳固所计，深知"治法"还得依赖"治人"，提倡在皇权专制下改革官制为立宪之预备，后被清廷采纳。第二次宪政考察，

---

① 《考察宪政大臣于式枚奏言立宪须先正名不须求之外国折》，载故宫博物院明清档案部编：《清末筹备立宪档案史料》（上册），北京：中华书局1979年版，第337页。

② 《被广州遗忘的末代"议长"李家驹》，载《信息时报》2011年7月17日。

其代替达寿再次访日期间,与有贺长雄、清水澄等探讨日本官制各事后,认为立宪首在改革官制,"查日本颁布宪法在明治二十二年,而官制则自维新以来迭经改正,至明治十八年,责任内阁之制,即已实行。盖自废藩置县,中央集权之局已成,其所谋画,不出中央行政机关之外,端绪初不甚繁,制度乃归简易。然编制则肇自十数年前,实行之期,亦距立宪六年以上,遂能使大小臣工,同心协力,预备之事,著著进行,大权操纵,绰有余裕。"① 改革官制即能够在人事上为立宪提供中央集权的权力保障。②

达寿之国"体":坚持清廷之国本与大权政治

1907 年 11 月 29 日,达寿一行八人前往日本,请求首相桂太郎与伊藤博文予以协助考察宪政,日相二人推举子爵伊东巳代治具体负责。按照宪政编查馆开送考察要目,综为立宪沿革、宪法比较、议院法、司法、行政、财政六类,伊东嘱托穗积八束、清水澄、有贺长雄分别讲述帝国宪法、行政法、各国比较宪法及日本宪法实施次序等。1908 年 3 月 23 日,达寿被任命为理藩部左侍郎,令其"回京供职,以出使日本国大臣李家驹充考查宪政大臣"。达寿"因讲论未毕,曾电商军机大臣",请求将前三类内容听讲完毕再回国,得到批准,后三类由李家驹接续讲论。

穗积八束(1860—1912),1883 年毕业于东京帝国大学,翌年留学德国,师从宪法学家保罗·拉班德。从 1897 年到 1911 年任帝国大学法科大学长。历任法制局参事官、枢密院书记官、贵族院勅撰议员、宫中顾问官等要职,在教育界、官僚界拥有强有力的发言权。持君主绝对主义的立场,反对校友兼学弟美浓部达吉(1873—1948)的"天皇机关说"(该学说主张天皇仅作为国家最高机关而行使统治权,而主权应属国民全体)。他应嘱讲解帝国宪法可谓恰当,倡导国体论,深得坚持君

---

① 《考察宪政大臣李家驹奏考察日本官制情形请速厘定内外官制折》,载故宫博物院明清档案部编:《清末筹备立宪档案史料》(上册),北京:中华书局 1979 年版,第 523—524、535—536 页。

② 李刚:《辛亥往事》,北京:新世界出版社 2011 年版。

主专制主义的达寿所爱,直接奠定了此后《钦定宪法大纲》之基调。穗积八束将"国体"主要定义为"主权之所在",美浓部达吉则将"国体"理解为"最高机关之所在",达寿完全接受了穗积八束的国体概念。① 第一次出洋的考政大臣载泽曾亲自聆听过穗积八束的讲座。回朝之后,载泽即密奏《奏请宣布立宪密折》,阐明"君主立宪大意在于尊崇国体,巩固君权,并无损之可言"之道理。"国体"之本即君上大权,这同慈禧等所理解的大清之"国本"相符。更为完整地理解"国体"之内涵当属达寿,② 他忠实地表述了穗积八束的国体学说,指出:"所谓国体者,指国家统治之权,或在君主之手,或在人民之手。统治权在君主之手中者,谓之君主国体;统治权在人民之手者,谓之民主国体。而所谓政体者,不过立宪与专制之分耳。国体根于历史以为断,不因政体之变革而相妨。政体视乎时势以转移,非如国体之固定而难改。"这显然是为清廷追随君主立宪张目。既然"国体根于历史","国体"便不仅具有法权之含义,还有某种历史文化内涵。达寿继而认为,"我国之为君主国体,数千年于兹矣。易曰:天尊地卑,乾坤定矣。春秋曰:天生民而树之君,使司牧焉。五伦之训,首曰君臣。此皆我国为君主国体之明证也"③。但中国传统只能证明君主制的历史悠久,而不能构建类似于日式天皇那种近乎政治神学的君权观念。皇权的忠诚拥护者,如于式枚等人对达寿的观念十分赞同。

"国体"暗含了文化伦理上的本土特色,即固有与绝对之意义,具有将既有特定政治权威加以正当化的功能,符合保守主义的观念。同时,国体还可能寄寓了国家主义的宪法观,甚至强化了宪法工具主义的观念。这些都符合清廷立宪的初衷。可以说穗积八束的国体概念成为清廷理解君主立宪制的一把"钥匙",像一根救命稻草一样为官方构建宪政蓝图提供了重要的前提。穗积认为明治宪法第一条即开宗明义表达了

---

① 林来梵:《国体概念史:跨国移植与演变》,载《中国社会科学》2013年第3期。
② 柴松霞:《出洋考察与清末立宪》,北京:法律出版社2011年版,第256页。
③ 夏新华、胡旭晟:《近代中国宪政历程:史料荟萃》,北京:中国政法大学出版社2004年版,第56页。

帝国的国体，因此，《钦定宪法大纲》第一条便明确规定"大清皇帝统治大清帝国，万世一系，永永尊戴"。后来的《宪法重大信条十九条》第一条亦规定"大清帝国皇统万世不易"。然自明治宪法之后，日本和平宪法放弃了国家主义，确立了国民主权，"国体"概念便退出了历史舞台，天皇的卫道士清水澄（1868—1947）曾以自杀的方式表示抗议。清水澄曾长期供职于日本行政裁判所（行政法院），且分别于1915年、1920年、1921年先后为大正天皇、昭和天皇进讲（经筵讲）宪法学和行政法学，可谓两朝帝师，绝对效忠于明治宪法，在1947年5月3日《日本国宪法》（和平宪法）颁布后，竟选择了为大日本帝国宪法殉道。由其结合帝国宪法讲授行政法，进一步加深了达寿与李家驹对日本明治天皇体制的认同感。

经详细考察和系统学习后，达寿将立宪的程序分为三种：钦定宪法、协定宪法、民定宪法。"钦定宪法出于君主之亲裁。协定宪法由于君民之共议。民定宪法则制定之权利在下，而遵行之义务在君。"而"大抵君主国体未经改革，或改革未成之国家，其宪法仍由钦定，如日本与俄是也"。①根据立宪程序，现实的政治运作又可分为三种类型，达寿称之为大权政治、议院政治、分权政治。大权政治，即日本天皇有较大权力，有最终决定权的政治模式。议院政治，即英国议会权力特别突出，而君主并没有实际统治权力的政治模式。分权政治，即美法两国的共和政治。选择钦定宪法，则意味着选择大权政治，赞成立宪的官员大多数持这一主张。②有亲身体验的达寿则极力主张当务之急有二："一曰政体之急宜立宪也，一曰宪法之急当钦定也。政体取于立宪，则国本固而皇室安。宪法由于钦定，则国体存而主权固。"③1908年8月7日，达寿即奏请改行立宪政体、钦定宪法。及达寿回国时，恰逢立宪派

---

① 故宫博物院明清档案部：《清末筹备立宪档案史料》（上册），北京：中华书局1979年版，第25—41页。

② 迟云飞：《清季主张立宪的官员对宪政的体认》，载《清史研究》2000年第1期。

③ 《考察宪政大臣达寿奏考察日本宪政情形折》，载故宫博物院明清档案部编：《清末筹备立宪档案史料》（上册），北京：中华书局1962年版，第25、37—38、41页。

请愿速开国会之风潮，达寿于是奏请应效仿日本，先立内阁与宪法而后开国会，以保障大权政治模式。他的理由是，若先开国会，没有责任内阁与之对峙，"一或不慎，即流为英、法议院政治，与奴才所考察者微有不同。故今日急务，莫要于先立内阁，统一中央行政机关，凡内外应兴应革之事，实力举行，无留人指摘之地，庶足以保全大权政治"。① 清末虽然选择了"大权政治"模式，但如何处理大权政治下君主与内阁以及满汉官僚之关系，则是困扰清末官制改革的主要症结，为此竟闹出了"皇族内阁"的笑话。

达寿之通"达"：沟通与传达日本帝国宪法

中日两国在近代以来的出洋考察之情形颇为一致。1871年11月日本右大臣岩仓具视率领使节团出洋，而后1882年3月伊藤博文再次赴欧专门考察宪法。这些历史的相似均造成了达寿等人企图在通达日本帝国宪法之历程后，效仿立宪。然就清廷皇族而言，清末改制核心乃是既仿行宪政又不使君权受损的政治需要。因此，同样代表皇族利益的达寿等人在推介日本宪政时，必然会动动手脚，打打折扣。明治天皇在位44年，达寿只以明治前22年颁布宪法（1889年）为止的内容为范本，却对明治宪法颁布至明治天皇去世（1912年）的后22年宪政新进展，如召开帝国议会（1890年）、成立政党内阁（1898年）、修改文官任用令及确立官僚制度（1900年）等视而不见。即便是对明治前22年宪政的模仿也做了手脚。如《钦定宪法大纲》蓄意涂改甚至删去了《日本帝国宪法》限制君主特权的条文。按照日本帝国宪政路线图，明治十四年宣布实行宪政，十八年即组织责任内阁，二十二年颁布宪法后一年开设国会。这是清廷仿效9年为期预备立宪的根据，即在第九年（1916年）正式颁布宪法，国会则将于1917年召开。但清廷则模糊了召开国会的期限。当请愿运动如火如荼之际，1910年10月清廷才迫不得已"著缩改于宣统五年，实行开设议院"，把9年预备立宪的期限缩短了3年，还特别说明："此次缩定期限，系采取各督抚等奏章，又由王大臣

---

① 《达寿片奏先立内阁》，载《申报》1908年8月27日。

等悉心谋议,请旨定夺,询属斟酌妥协,折衷至当。缓之固无可缓,急亦无可再急,应即作为确定年限。一经宣布,万不能再议更张。"措辞极其无奈,但依然要"打肿脸充胖子"。

此时,清末时局速变。戊戌变法之际,康有为提出"采鉴日本,一切已足";到"预备立宪"时,梁启超等人却要求比照英国实行国会,建设责任政府。由此可见,待达寿等人回国后,立宪派的主流舆论已经由效仿日本转向了推崇英国。在宣统退位之前匆忙公布的《宪法重大信条十九条》已经转向采用英国式的君主立宪模式。① 若再加上革命派主张"排满革命"建立共和的宣传,达寿等清廷代言人对这些时局变化完全无动于衷,太过保守。可以说,按照第一次出洋考察预定的"参用各国成法,博采众长"之原则,第二次出洋考察确定一门心思效仿大权政治的日本宪政,并且一味迎合圣意,蒙蔽民意,可谓抱残守缺,② 注定成为败局。

暂时之抵"达":日方导师与幕后操盘者

有贺长雄自1908年2月至1909年7月,先后分两个阶段为达寿和李家驹讲解了60回宪政。第一阶段从1908年2月4日至5月31日,主要是面向达寿,讲解内容相当于计划中的"日本立宪沿革"和"比较各国宪法"。目的是向达寿表明日本立宪是依据本国国情而对欧美诸国择善而从,以此提示清廷立宪应遵循的途径与方式。第二阶段直到1909年秋李家驹回国,重点是向李讲述官制,内容涉及官制原则、内阁官制、地方官制、地方自治、君主大权、皇室制度等。有贺的讲座前后历时14个月,足以同日本专门为清末留学生开设的法政速成科相较,考虑到清末变法也首先是从改革官制和制定宪法两步开始,有贺的讲解实在功不可没。如果说穗积和清水澄是从前提和立场来为清廷计的话,有贺则从具体设计层面手把手教给达寿和李家驹设计大清国宪法之法。

---

① 莫纪宏:《论日本明治宪法对近代中国立宪影响的有限性》,载《江汉大学学报(社会科学版)》2011年第3期。
② 罗华庆:《清末第二次出洋考政与"预备立宪"对日本的模仿》,载《江汉论坛》1992年第1期。

亲贵与留学生联手影响清廷立宪决策的过程和模式，为光宣之交一大政象。① 梁启超在 1906 年六七月间为戴鸿慈与端方代拟了 5 篇奏稿，即《请定国是以安大计折》《请改定官制以为立宪预备折》《请定外交政策密折》《请设财政调查局折》与《请设立中央女学院折》。② 清廷据此颁布了《宣示预备立宪先行厘定官制谕》，看似完全是出自梁启超之手，但据称有贺长雄当时基于私人关系，也秘密为戴鸿慈和端方起草了作为考察报告书的《欧美政治要义》。当时，戴端二人只是提出"唯地方官制须主张与清国国情最相适合之中央集权主张"的要求，其余皆为有贺自由发挥。毕竟第一次考察未能明确立宪之方向，仅是政改试水而已。梁启超极有可能是以有贺长雄起草的考察报告书为蓝本，经过润色而代笔奏稿的。而在第二次出洋考宪之时，应两国政府正式安排，有贺又为达寿和李家驹正式制作了《宪政讲义》，该讲义不可能不受日本官方意志的影响，如建议制定宪法采取绝对秘密方式这一条。清末预备立宪的整体思路与重要步骤环节的设计，乃至宪法拟订、官制编纂，与大臣奏陈的主张十分相似，这些都足以证明大清帝国的第一部宪法的实际操刀者当是有贺长雄。有贺长雄关于立宪的主要建议是建立责任内阁制，但非议会政党政治下的责任内阁制，而是要求所有的权力最后都由天皇统揽，形成"大权政治"。这些均被采纳或利用，但直至武昌起义，却未能真正实现，失败的原因关键在于如何处理君主与内阁的关系。③ 关于改革官制的建议则是强调既不偏向中央集权，也不偏向地方分权，而是根据行政事务的分配调整央地权限。④ 这一建议对李家驹和宪政编查馆的官制改革方案均产生了重大影响。清廷此后出台的《内阁官制暨内阁办事暂行章程》即由李家驹主笔。

---

① 韩策：《宣统二年汪荣宝与亲贵大臣的立宪筹谋及运作》，载《广东社会科学》2016 年第 5 期。
② 夏晓虹：《梁启超代拟宪政折稿考》，载陈平原：《现代中国》（第 11 辑），北京：北京大学出版社 2008 年版，第 28 页。
③ 孙宏云：《清末预备立宪中的外方因素：有贺长雄一脉》，载《历史研究》2013 年第 5 期。
④ 李景龢、曾彝进：《官制篇》，载《近代中国史料丛刊》，台北：台湾文海出版社 1971 年版，第 649-650 页。

综合而言，达寿此行重要之目的在于代表皇族为清末立宪寻找能够支撑"万世一系，永永尊戴"之国本，在穗积八束、清水澄等日方导师的直接传授下，其完整继承了"国体"的概念，成为大清国宪法之维护的国本。同时接受了明治宪法的前半部分，即前 22 年的明治宪法成果和明治宪法有关君上大权的规定，从而决定了《钦定宪法大纲》的基调和主体，也决定了大清国第一部宪法的命运。在赴日考察的过程中，达寿和李家驹实为一体，在有贺长雄等人的影响下，李家驹进一步为达寿提供了在大权政治下如何设计责任内阁的方案，并据此提出了官职改革建议。在清廷立宪之过程中，达寿和李家驹，乃至有贺长雄的背后都有袁世凯的身影。第二次出洋考察是在袁世凯提议之下才得以成行，因此，袁世凯很难说没有插手对达寿等人赴日考察的提名，日方导师有贺长雄此后还被袁世凯聘为幕僚。清廷立宪全程很可能是袁世凯在幕后操盘，达寿等人也只是为慈禧等站台罢了。清末立宪的风波云谲，足以推定达寿等人之间微妙而复杂的人情交往与立宪注定败局之间的前因后果。

44. 清末变法修律考虑过民主和科学吗？

民主与科学乃清末民国社会变革的主旋律。在清末时局进程中，清廷只注重修律的"科学"形式而忽视了变法的"民主"基础，早已预示了清末变法修律的结局，并深刻地影响了民国的法制体系建设。

变法和修律的传统中国历代有之，乃本土资源，是为"中体"。立宪则为舶来品，是为"西用"。清末为挽救统治危机，坚持"中体西用"的原则，效法西方，厉行革新图强，所定基调便是变法修律。

因此，清末提倡的变法修律，是坚持"中体"的里子，需要用民主来支撑的立宪只是"西用"的面子罢了，是于激变中求稳实的必然选择。立宪始终只是修律的关键一环而已，并非变法的全部，因此，以立宪为主导的变法自然就难以坚持民主的原则。

因应时局的变法

因内忧外患之故，清末当局必然要应对纷繁的社会事务，处理新式事务的机构应运而生，于是，官制改革被提上议程。加上嘉庆以后，清代中央权力下移，尤其是在太平天国运动之际，湘军及淮军皆是地方缙绅通过地方网络，组织乡村农民获取人力资源，建立政府军以外的武装力量。清末地方督抚尤其是直隶与东南诸省，均由某一缙绅士大夫武力集团的领袖出任。在皇权之外，清末的中国开始存在另一个权力结构，平时听命于朝廷，有事则形同独立，互为自保。皇帝不得不开始借力变法来集中权力，因此，借所谓"科学"的官制改革之机收拢权力，成为清末变法的重中之重。就此而言，清末所变之法，乃变革应对时局，重整权力进而稳定社会治理的"办法"。

清廷统治者入主中原后，思想控制更加严厉，加上科举出仕更加渺茫，满汉官员待遇悬殊，迫使士大夫走向基层，逐渐形成以地方士绅为核心的自治体系，与清廷主张的"小政府"治理模式颇为吻合。基层士绅以儒家礼制持续影响地方，清末的立宪只能靠自上而下推动，基层很难有民主之风。清代的"小政府"模式并不具备"事无巨细"地治理地方之能力，立宪只能是择其大略而行之，故名曰"宪法大纲"。为了维护皇权永固，只能采纳日式"钦定宪法"，且在立宪后才设立民意机构。地方设立谘议局，重在士绅"议政"，江苏、浙江、湖北、湖南和四川首先响应，无疑乃地方督抚（士绅）势力最强之地，成立谘议局之举，实乃中央承认士绅对地方掌控之权，当是认可了地方武力与缙绅的社会力量。

自庚子事变后，大清东南各省督抚就已宣告中立以求自保，乃是在皇权之外宣示地方权力。武昌起义后，各省纷纷独立，则是地方权力和社会形势共同使然。中央则设立资政院，重在王贵"参政"，稳定与笼络血统关系，定名"资政"而非"资治"，说明只以皇权永固为目标，非以国家变革和转型治理（民族国家建设）为皈依，终致清帝退位。

无视民意的修律

清末修律首重翻译，十年之内经法律移植所得的修律成果，完全是抄袭之作。作为后知后觉的大清国，从"任人之治"到"任法之治"的过渡，几乎没有靠启发民智来实现"民主"修律，而是以西方"科学"标准，秉持"拿来主义"的直接照搬。没有了民主立法的支撑，修律变成了政治的"遮羞布"。诚如梁启超所言，缺少"新民"的参与，修律倒成了少数人的事业。大多数百姓完全是"事不关己，高高挂起"，自然变得消极，于是成了鲁迅笔下的"看客"，法律成了儿戏，国就将不国了。

中华民国北洋政府更是"你方唱罢我登场"，将宪法和法律视为工具，以军政和训政为幌子，继续敷衍民意，延续了辛亥革命以来的旧民主主义传统。当时支配国家建构的学说当属"三民主义"。其中"民权主义"之"民权"所指的"民"，是公民，即从政治身份认同来确证一个现代国家的民众属性，与当代"人权"所具有的自由、平等、博爱等大不一样。因为"民权"须与"民族主义"强调的"驱除鞑虏，恢复中华"相一致，即塑造认同"中华民族"的新公民。公民又需要市民社会来培育，"民权"之"民"指代的即是"市民"。结合"权能分治"理论来看，"民权"之权是指"市民权力"，而"人权"之权，则指"人的权利"。就此而言，"三民主义"走的是"城市市民"革命路线，即通过在城市发动资产阶级革命，逐步构造现代国家。既然是资产阶级革命，走的还是清末自上而下国家权力重塑之路，中华民国成立之初体现"三民主义"的一系列立法，突出的也是"城市中心"，忽视了在以农为本的传统中国占绝大多数的农民。

"民生主义"更是将"节制资本"（城市资本）放在"平均地权"（农村地权）之前，显然有重"城"（有产阶级）轻"乡"（无产阶级）之意，继承的依然是清末以资本和技术为要的"洋务运动"。这一旧民主主义传统终因1919年巴黎和会的召开而被打破，民国外交的软弱姿态引发了在民族主义情绪支配下的五四运动。

五四运动被公认乃新民主主义革命开端，其倡导了更为广泛的群众参与式民主决策之道。但这一新的民主传统并未在1919年10月10日经孙中山改组后的国民党内形成共识，直到1925年之后，经过调整的新"三民主义"才提出了"联俄、联共、扶助农工"三大政策，可惜并未坚持下来。1921年中国共产党建党之后发动的革命最初复制的是"城市苏维埃"路线，几经失败后，便将目光转向了农村，确立了"农村包围城市"的革命战略。此后,国共之间的争斗在本质上便是城乡之间的斗争,代表的是有产阶级和无产阶级之间的斗争,实乃旧民主主义与新民主主义的斗争。

总体而言,清末变法、立宪和修律均无视民意,枉顾"民主"需求,只是表面上照搬西方这一所谓的"科学"模式(包括西式法律体系及其官僚体制)借以推动改革进程,这一缺乏民主的改革惯习后来完全被中华民国各个政府继承,虽然在此期间偶有健全民主之动议和行动,然并未坚持。只有共产党人自1921年之后才真正回归了民主之真义,回应了无产阶级之需求,并结合中国传统及国情,在1927年之后以苏俄为参照,将有产阶级以"民主"为幌子的"集权专制",改造为体现工人阶级领导的"集中",同时进一步提升了工农联盟为基础的"民主",并调和了直接民主和间接民主,建构起了富有中国特色的社会主义民主集中制。

45. 为何伍廷芳是主持清末修律的最合适人选?

沈家本和伍廷芳被誉为近世中国第一代法律人,二人恰似黄金搭档,中西融通。沈浸润传统法曹多年,深知旧法之弊;伍赴笈英伦求学,又在国际舞台舌战数载,谙熟新法之髓。在法制破旧立新之际,二人以西法改造中制,如石破天惊,并且将这些良法善治带入民国,影响至今。

南下西洋:西法采撷者

伍廷芳(1842—1922),本名伍员,字廷芳,号秩庸,祖籍广东新会。出生于新加坡,三岁时定居广州,后来的求学之路和严复、孙中山、康有为、梁启超等近代粤人相似。十四岁赴香港圣保罗书院学习外文,五年后毕业即受聘于香港法院系统担任翻译,直观感受英伦法治。同时,得香港风气之先,伍廷芳还创办了近代史上第一家日报《中外新报》,办报目的直接:"慨国势积弱,由于民智闭塞,……大声疾呼,振聋发聩。"1867年2月,因港英政府颁布的《维持社会秩序及风化条例》第18条赋予港督公开招商开赌的权力，伍廷芳认为此举不符合中国礼义，更是有违法治精神，要求收回成命，颇有正义之士风骨。类似言论非此一例，但人微言轻，都不了了之。于是，伍廷芳立志"奋发走英伦，……以为欲救国危，非赴欧美精研法学，举吾国典章制度之不适者，改弦更张之不可"。待为法制与启蒙付出十三年的青春后，三十三岁的伍廷芳成为自费留学第一人，进入位居英国四大法学院之首的林肯法律学院攻读法律，三年后毕业，成为第一位获得英国法学博士学位的中国人。

林肯法律学院提供的与伦敦上流社会人物接触的平台，对伍廷芳此后在国内和国际政治舞台大展拳脚实有裨益。求学期间，他实地考察英国议会，深入了解英国宪政，将英国政体归纳为"君主之，实民主之"，十分恰当。并且瞄准了当时在法律界极为抢手的专业方向：刑法和国际法，为以后进入外交和司法舞台奠定了基础。他还广交中国政界名士，如近代中国第一位驻外公使郭嵩焘，成为他的职业引路人。

因慈父病逝，伍廷芳返港，继而成为第一位获准在香港担任律师的中国人。"福州中美诉讼案"和"争免华人死后剖尸案"颇能彰显作为大律师的他以法争权的风采，虽然屡遭失败。1877年美国驻福州领事馆以外国人在中国享有治外法权为由，迫使福州官员撤销对一名美国失业船员的起诉，身为辩护律师的伍廷芳抗争无力。另外，当时港英当局明文规定，华人病死必须由英国皇家医院出具医学鉴定，否则要剖尸检验才能入葬，仅有中医证明则为无效。伍廷芳上书严正抗议此种公然歧视华人的行为，但局面终未改变。治外法权和不平等待遇上伍廷芳法权强国之梦愈发强烈。1878年8月，颇具开明思想的港督轩尼诗宣布废除针对中国人的笞刑，但遭到在港英国居民的反对，伍廷芳认为笞刑有违平等与人权，组织华人力挺港督，推动香港正式取消了笞刑，从此一炮走红，同年即任自开埠以来的第一位华人太平绅士。两年后伍廷芳以中国人身份出任香港立法局代表，打破了英国人对立法局三十八年的垄断，由此步入上层社会，"俨然为华人之代言人"，在港华人尊称他"伍叔"。

北上入世：法理躬行者

伍廷芳虽然在港以法之智慧取得了诸多成就，但也无法改变当时国民羸弱的境况。有经世治国之愿的他认为，只有从根子上改革旧法方能彻底实现国强民富，于是北上加入李鸿章的幕僚团队，进入权力中枢。李鸿章也正需要他的助力："泰西各国欺我不谙西律，遇事狡赖，无理取闹。折之以中国律例，则彼诿为不知，悍然不顾。思有以折服之，非得一熟谙西律之人不可，顾物色数年，未得其人。日昨津海关道黎兆棠带粤人伍廷芳来见，久闻其人熟悉西洋律例，曾在英国学馆考取上等。于其来谒，虚衷询访，俱能指陈核要。虽住香港及外国多年，尚恂恂有儒士风，绝无外洋习气，尤为难得。……此等熟谙西律之人，南北洋须酌用一二人，遇有疑难案件，俾与洋人辩论。"伍廷芳习新法多年，但依然以中式为本，深得李鸿章厚爱。他被委任为洋务委员，并协理外交事务，开始在国际舞台上代表四万万民众争取应有之法权。

1886年秋的长崎兵捕互斗事件为伍廷芳以国际法知识应对外交事务提供了预演的机会。中国水兵在日本长崎维修舰船之时上街购物，遭日本巡捕挑衅，发生了兵捕互斗事件，双方都有伤亡。他为化解纷争提出了四项策略：①该案由两国派员会审；②交由两国使节或政府来共同审理；③延请友邦谙悉多国刑事法律的大员调处；④如上述方案不采，则中日断交。四个方略层层递进，既符合国际法惯例，又能确保大清掌握主动权，可谓进退自如。又如，同样是李鸿章幕僚的盛宣怀，当时准备统一中外税率，但为优待华商特准减税二成。伍廷芳敏锐地看到这一新法之弊，指出对华商的优待只能通过政府补贴为之，否则列强可以片面以最惠国待遇要求共享这一优惠，这正是他深厚的国际法功底所展现的未雨绸缪。由于外交上的精湛才华，1896—1902年、1907—1910年，他先后担任美国、西班牙、秘鲁等国出使大臣。

在美期间，伍廷芳"使命所重，首在保护华工"，上任伊始即以西方外交官熟悉的方式展开工作，逐一针对排华个案发布外交照会。在历次照会无效后，他开始以律师方式，从中美条约入手，对限制应受豁免一类的人员入境和华商受虐待问题进行有理有据的抗争。如1897年以新泽西州白人凌辱华工事件正告美国政府："地方官有意纵容匪徒殃害华民，殊与条约之旨有悖，即于贵国律例亦不相符。"再如1898年美国托管菲律宾后，美军统帅竟不许华人进入菲律宾。他从美国历史上颁布的法令入手，指出在托管地实施排华违反美国法律。总之，他从国内法和国际法上多次指陈美国之失，保护了诸多华工利益。就连后来任美国第三十任总统的柯立芝也评论道："伍廷芳公使的卓越人格加速了一个新的反排斥运动。……罗斯福总统和海约翰国务卿首次答应伍廷芳公使进行讨论——为了相互和国际的利益，而不是局部的和阶级的激动。"伍廷芳正是在同美国高层频频接触的过程中，形成了独树一帜的外交风格。他认为中国要同英美联合，才能制衡俄法日蚕食中国的野心。而只有中国实行"门户开放"政策，才能让美国参与到中国事务的讨论中。从国际法理来讲，门户开放意味着中国首先要收回治外法权，加重通商部分关税，各方实行互利互惠的政策。于是1898年2月，他向清廷呈递《请变通成法折》，提出了主动应变的"门户开放"建议。即便在他人看来，"弱国无外交"，但他依然以国际法理步步为营，成为中国第一个平等条约《中墨通商条约》的签约者。

主刀修律：法制设计者

鉴于伍廷芳在西法上的造诣和成就，清廷特委任他和沈家本主持变法修律。在以宪法为基础的修律过程中，沈家本与伍廷芳的组合体现了"中体西用"的变法原则。沈家本受传统中学影响，延续了清代乾嘉考据学派的学术之风，而且颇有实务经验，其为修律撰写了皇皇巨著《历代刑法考》，钩沉稽考中国刑法传统，是《大清新刑律》顺利出台的基础。与之相对的是，此后编撰民法典，则由官方开展民事习惯调查报告活动，为形成富有中国传统特色的民法典奠定了基础。前者是由修律者个人自发的行为，后者是由政府推动的官方行为，为"中体西用"的清末修律提供了本土资源，故而中华民国对清末刑律和民律的成果均予认可。

伍廷芳接受西式教育，深受英美法系影响，尤其是在诉讼律草案的设计上充分体现了他的西学优势，大量的西式诉讼理念和制度被引入，例如律师制度、审判制度和监狱制度等。司法改革首先要求的是分权，将行政与司法分开，避免传统上认为讼师是麻烦制造者的不良印象。唯有将司法同行政分开，让行政不再担忧司法审判责任，才能建立独立的审判机构，为其他诉讼制度的落地扫清障碍。因此，新式司法机构的设立（各级审判厅）和专业司法人员的配备是当然前提。传统中国没有审级制度，审级制度与审判独立密切相关。设置审级，意味着放权，大部分案件中央就无权干预，地方可以自行审结。同时，强调独立，行政权便无法插手具体事务，让习惯于集权的皇帝和官员颇感不适。虽说真理越辩越明，但是在当时的权贵集团看来，权力即真理。因此，统治者很难容忍和接受基于"真理越辩越明"以及"对罪犯以平常人待之"的诉讼制度设计。监狱改造更是如此，当时出现了百姓争相入狱的怪现象，故意犯罪者接踵而至。新式监狱本着再造罪犯，使之再社会化的良好初衷，几乎沦为收容所和救济院。总之，基于平等获得辩护、救济和改造的诉讼理念及其制度改革，虽然很难在当时国民素养低水平下生根开花，但对传统中国法的近代化进程大有推进之功。沈伍二人的修律组合，一中一西，中西结合，确保了当时清末修律的基本水平，使得很多法典草案在民国继续沿用，延续了中国法的历史传统。

同时，伍廷芳以扎实的刑律知识改造《大清现行刑律》，力主废除凌迟、枭首、戮尸等酷刑，并禁止刑讯，建立符合现代文明的普世主义刑法观。在此基础上，重新划定中国法律部门，结束了"诸法合体"的传统模式，被孙中山称之"为中国刑法开新纪元"。

虽然伍廷芳真正参与修律只有四年（1903—1906），但对自己格外强调的刑罚"改重从轻"的目标落实得恰当而到位，主要表现在取消刑讯上。结合在港英学习的经验，他认为"惟中外法制之最不相同者，莫如刑讯一端"，可参照西法，"专凭证佐，不事刑求。随刑随结，案件从无积压，实无鳃鳃过虑"。改良刑法也是当时他力主收回治外法权所需。1902年作为清廷商约大臣的伍廷芳与英美日葡等国修约，正式提出了收回治外法权。英美等国开出待中国"与各国改同一律"时，即自行放弃领事裁判权的条件。于是1905年3月，伍廷芳和沈家本联名上奏："除罪犯应死，证据已确而不肯供认者，准其刑讯外，凡初次讯供时，及徒流以下罪名，概不准刑讯，以免冤滥。其笞杖之罪，仿照外国罚金之法。"清廷对此"全行照准"。为彻底改革刑讯及重刑，他主张改革刑讯要同设立陪审制和律师制、制定裁判诉讼法"相辅而行"，这些建议都被清廷采纳。

此外，1903年伍廷芳还主持制定了清末第一部新法《钦定大清商律》。商律的拟定，尤其是其中131条的"公司律"，是他负责铁路运输事业经营经验的精华所在。伍廷芳1886年8月出任中国自建首条铁路——唐胥铁路延长线开平铁路运营公司总经理，以资本主义企业经营理念首次对公司试行股份制改革，招商集股。他还制定了公司章程，保障股东利益，并改"官督商办"为"商督商办"，尊重商业规律。聚集资本后，他大力拓展运营里程和运输经营范围，实现了规模经营，为中国近代企业经营管理提供了经典范例，被誉为"近代铁路总管家"。

元老风骨：共和缔造者

辛亥革命之际，伍廷芳旗帜鲜明地支持革命，主张共和政体。他与张謇等人曾向摄政王载沣致电："为皇上殿下计，……倘荷幡然悔悟，共赞共和，以世界文明公恕之道待国民，国民必能以安富尊荣之礼报皇室，不特为安全满旗而已。"民国初年，他被委任为南方军政府代表，与北方代表唐绍仪进行了著名的南北议和。伍廷芳明确表示，清廷"据君位已二百余年，使中国败坏至于如此，……为今之计，中国必须民主，由百姓公举大总统，重新缔造"。唐绍仪深表赞同："共和立宪，我等由北京来者无反对之意向。"南北和谈最终以法定形式促成了清帝退位，实现了类似于英国光荣革命的政权交接目的。随后，伍廷芳开始和资产阶级革命派长期合作，与孙中山成为莫逆之交。南京临时政府成立后，他被任命为司法总长，但引起了一些非议。孙中山为此加以辩驳，强调伍廷芳的法律功底远在外交才能之上："惟吾华人以伍君法律胜于外交。伍君上年曾编辑新法律，故于法律上大有心得，吾人拟仿照伍君所定之法律，施行于共和民国。"任职期间，伍廷芳一直对消除刑讯念念不忘，并全力拥护司法独立，呼吁文明审判，在其拟定的《宪纲大旨》第四条还写道："凡审讯刑事民事各案，均不准用刑。"

司法实践中，伍廷芳也是力推应独立公正行使司法权。例如"姚荣泽案"——前清山阴县令姚荣泽在淮安宣布独立时匿不到会，被同盟会会员斥责，后伺机报复，残害二位会员致死。沪军都督陈其美频繁介入，以行政之权干扰司法。伍廷芳严正指出："执三权鼎立之说，凡关于裁判之事，本不敢烦执事（陈其美）过虑。"又如"宋汉章案"——前清户部银行经理宋汉章因拒绝陈其美多次提出商借银行冻结资金的要求，被陈其美派人拦截拘捕，并诬陷入狱。伍廷芳坚持宋案在约法颁布之后，应由司法部督办，陈其美不仅越权，而且有违正当法律程序，"迹近蹂躏民权，又失法律之原则"。最终两案都在伍廷芳的力争之下，按照西式审判原则定谳，首开司法革新先河。

与近代史上诸多人物类似，伍廷芳一生都在南下与北上之间为中国法制近代化打磨周转。伍廷芳的一生正如其号"秩庸"一样，以创建"中庸之国家秩序"为己任。他年少赴港，沐英伦之风，求学西洋，以刑律和国际法推动中国法权变革。后转战清廷外交，以国际公理为国奔走。耄耋之年，还以年迈之躯推动共和宪政，延续西学东渐之功业。此间创造了数个中国近代法律史上的第一，以法学家的正直、政治家的变通，在艰难时势中辗转，终为追求民主宪政的政治法律文明献身。1922年"弥留时，犹谆谆授公子朝枢以护法本末，昭示国人，无一语及家事"，足见其民国元老风骨。孙中山称赞他"能于危疑震撼之际，泰然不易于其所守，自以与缔造民国之役，不忍见为政客武夫所败坏，故以耄耋之年，当国事犯为难无所恤，卒以身殉"。中山先生亲草墓表，高度评价他以法权强国、推动宪政的成就。

46. 以颜惠庆为代表的民国外交家是如何力争法权的？

颜惠庆的文学专业和法学底子及外交机缘

颜惠庆（1877—1950），字骏人，祖籍天津，出生在上海的一个基督教家庭。幼年时曾入私塾受传统国学熏陶，后在上海中英学堂和同文书院接受西式教育。1895年赴美留学并就读于纽约圣公会中学，两年后进入弗吉尼亚大学文学部学习，三年后获文学学士学位，成为该校的第一位中国毕业生。

留美五年间，颜惠庆广泛研习了德语、拉丁语、演说学、经济学、哲学、国际法、宪法等课程。系统的西方教育使颜惠庆对西方社会有了深刻的认识，同时培养了其对时事敏锐的自觉和开放务实的态度。他颇重语言学习，除了兼修多门外语，还修习演说和修辞，良好的语言能力成就了他后来在外交生涯中据理力争、舌战群雄的智慧。大学期间他选修的两门法律课程，对其形成强烈的国家主权和国际规则意识多有助益。国际法侧重国际关系，宪法侧重国内主权和人权，成为他此后在外交舞台上常用的规范依据和法理来源。总之，文学的涵养塑造了他儒雅谦和平静的人生态度，法律的素养则带给了他冷静客观睿智的外交技能。加上中西文明的对照，让他更能在国际外交舞台上如鱼得水，迅速登临高位，参与和主导了民初中国的外交事业。

其实，颜惠庆并非天生与外交结缘，因其友人在公使馆工作，他有机会多次前往拜望。当时公使馆保持着封建式的装扮，使馆人员均着清朝服装且不通英文，显得十分异类和别扭，以天朝自居的清廷自然是拒绝主动同洋人打交道的。精通外语和沟通技巧的颜惠庆利用语言优势多次担任向导和议员，对外交事务也产生了浓厚兴趣，还因此结识了伍廷芳、胡维德、周自齐、施肇基等民国外交界的重量级人物，为其日后进入外交界积累了人脉。1900年8月，颜惠庆选择回国，刚到上海便遇上八国联军入侵北京。令他没有料到的是，此后他便要涉足外交洪流，担负起协调类似列国关系之重任。颜惠庆先任职于上海圣约翰大学，成为该校最年轻的英文教授，在随后六年的教授生涯中，他参与创立"寰球中国学生会"，并担任《南方报》英文版编辑，活跃于上海的文化教育界。1906年10月，清廷学部奏定《考验游学毕业生章程》，颜惠庆参加考试，名列文科第二，足见其扎实的基本功。参加应试正说明其有入仕之打算，然苦于无人推荐，只能返沪在上海商务印书馆谋得编辑一职，归国后的这两份工作算得上是学为所用，专业对口。1907年伍廷芳（曾于1896年至1902年任驻美国、西班牙、秘鲁公使）再次被任命为驻美公使，颜惠庆抓住机会，毛遂自荐。伍廷芳任命其为驻美公使二等参赞，负责使馆的英文文案和留学生事务，但并未直接参与外交。

颜惠庆在法政之内打造的外交原则和法则

颜惠庆很可能在伍廷芳等人的鼓励下，不满足从事简单的外交辅助性工作，他逐渐意识到其国际法基础的不足和外交经验的匮乏，故而专门用一年时间在华盛顿大学进修国际法和外交理论，这种不断学习弥补短板的态度是终身相伴的。"从此，我开始收集有关国际法和外交学方面的书籍，终身坚持不懈。"颜惠庆甚至积极参加美国国际法学会，并在会刊上发表文章，取得了终身会员的资格。[①] 这样的学习热情势必令他在同事当中颇为引人注目，更何况他并非作秀，而是实打实干。在这样勤奋学习两年后，颜惠庆应该是对国际规则和外交辞令十分了解。

使馆参赞周自齐（1869—1923）于1908年从美国回国，任清廷外务部外务右参，同年美国退回部分庚子赔款，用于资助赴美留学生，周自齐任游美学务处总办和清华学堂监督。1909年颜惠庆应周自齐的邀请回国任主事，进新闻处，主编《北京日报》英文版，同时襄助周筹建清华留美预备学堂，并出任清华学堂总办。1910年夏，清政府再次为留洋归国学生举行殿试，在北京经营两年的颜惠庆终获翰林院编修一职，不久擢升为外务部参议，获得了从事外交工作的官方资格。辛亥革命之前，颜惠庆已升任外务部左丞，开始进入外交的领导核心圈。但自1907年到1911年间，他始终是在处理辅助性的外围事务，并没有机会真正在国际舞台上大展拳脚。1912年5月，颜惠庆被任命为北洋政府第一届内阁之外交次长，由于外交总长陆征祥体弱多病，实际主持外交部工作的便是颜惠庆。此后外交总长多次更迭，但颜惠庆却一直稳居次长之席，人称"不倒次长"，这是颜惠庆人格能力及其多年在外交界经营之结果。从1913年至1920年，颜惠庆相继出任驻德国、瑞典、丹麦

---

① 颜惠庆：《颜惠庆自传——一位民国元老的历史记忆》，吴建雍、李宝臣、叶美凤译，北京：商务印书馆2003年版，第29-30页、第60页。

三国公使,这才正式代表中华民国担当国际外交舞台大梁。其间他促成了德国对北洋政府的承认,并出席第二、三届国际禁烟会议,代表中华民国政府签署了《各国禁烟公约》,得到了外交经验的历练。1920年8月,颜惠庆署理靳云鹏(段祺瑞手下"四大金刚"之一,1919年任国务总理,1920年再度组阁)内阁的外交总长。他上任后首先改革不合国际惯例的外交部部务,规范外交事务,并发挥其文教特长,在部内设立"储才馆",培养外交人才。同时,利用新成立的苏维埃俄国亲华态度亲自主持中苏建交谈判,以打破西方列强对中国的外交合围,表现出一个职业外交官的远见卓识,只可惜当时政府更迭频仍,中苏谈判无果而终。这一段主持民国外交的经历充分展示了颜惠庆的文法专长。1921年6月,他正式升任外交总长,并多次兼、代、署国务总理,甚至曾暂摄大总统之职,足见当时外交事务以及熟稔外交的颜惠庆在民国的重要地位。此时距颜惠庆涉足外交已有十五年之久。

自1913年颜惠庆正式出现在国际外交舞台上始,他最大的外交贡献当属在巴黎和会和华盛顿会议上展示的中国外交原则和策略。1918年一战结束,中国作为战胜国之一势将巴黎和会作为收回列强蚕食之权和改变不平等国际地位的一大契机。与陆征祥的乐观态度不同,任丹麦公使的颜惠庆对巴黎和会并未寄予厚望。向来务实的颜惠庆深知弱国无外交,中国非但不能如愿以偿,反而可能成为列国争抢战后利益的牺牲品,事实证明了颜惠庆的担忧。中国由于在参战时未得到协约国的明确许诺,因此会上提出的一系列收回主权之主张并未得到积极回应。不仅如此,列强还企图将山东出卖给日本并强迫中国接受。最终中国代表团以拒绝签字表达了强硬态度。当时身为代表团顾问的颜惠庆痛心疾首,未等会议结束就返回哥本哈根,其后回忆道:"在巴黎和会上,我国政府在历史上第一次全面阐述了我国在对外关系方面正当、合理的希望与要求。虽然这些要求当时没有得到圆满解决,但是此次陈述的内容日后一直是中国外交政策的基点。"① 这意味着巴黎和会改变了清末以来奉

---

① 颜惠庆:《颜惠庆自传——一位民国元老的历史记忆》,吴建雍、李宝臣、叶美凤译,北京:商务印书馆2003年版,第136—137页。

行的外交政策，重构了中国外交原则。

基于巴黎和会的教训，1921年华盛顿会议颇受当时已任外交总长的颜惠庆之重视。受到会议邀请后，颜惠庆成立了专门机构并严格甄别人选，期望参会人员一致对外。由于当时北京政局不稳，需有人留守北京做后援，因此颜惠庆临时改变计划，决定远程指挥华盛顿会议行动。当日本听闻中国参会的消息后，急于想在会前与中国谈判解决山东问题。颜惠庆为了安抚国内舆论且维护国家主权，不拒绝也不回避，将山东问题以"边缘谈判"的方式在华盛顿会议之外解决，同时巧妙利用国内舆论给日方施压。他将群众怒火导向曾与日本驻华大使接触过的总理梁士诒（1869—1933），梁因此被迫下台。此后，执掌内阁的颜惠庆继续指挥中日交涉，最终在美国的斡旋下同日方签订了《解决山东悬案条约》及附约，虽然中国政府仍未完全掌握胶济铁路的控制权，却推翻了袁世凯与日本签订的《中日民四条约》《中日山东问题换文》，以及《对德和约》关于山东问题的规定。颜惠庆认为"这项条约尚不能完全实现公众的期望，但是大总统和我均认为，这是一个未失公允的解决办法，似应为大多数有理智的人群所接受"。①

在北京对华盛顿会议远程操控的颜惠庆还有步骤地提出议案，一改巴黎和会上中方的被动姿态。"中国代表团先是在16日（1921年11月16日）提出与会'十原则'，再在23日提出关税自主案，以后又陆续提出要求撤销领事裁判权、撤退各国驻华军警、废止各国在华租借地、撤废各国在华邮局、撤退外国无线电台等案，这样在谈判的时候就能够比较主动，有较大的回旋余地。"② 华盛顿会议的步步为营，让各方完全摸不着中方意图，这种既在预料之外又在情理之中的外交谈判策略令中国外交从巴黎和会的原则化走向了华盛顿会议的具体化，为此后以国际法的基准开展弱国外交和大国外交提供了教科书式的规则经验，这些无疑都是颜惠庆所贡献的中国外交智慧。

---

① 颜惠庆：《颜惠庆自传——一位民国元老的历史记忆》，吴建雍、李宝臣、叶美凤译，北京：商务印书馆2003年版，第158页。

② 陈雁：《颜惠庆遥控华盛顿会议中国代表》，载《民国春秋》1997年第5期。

民国外交官群体与法政之外的外交家颜惠庆

民国政府试图以外交作为突破口，以换取民众支持，在政府高官看来，这或许比费尽全力改变国内混战颓败的局势更加容易。正是他们在内外交困的选择上偏向了突破外交困局，才成就了当时在国际外交舞台上闪耀的外交官群体。他们的大部分如颜惠庆一般，出生于东南沿海、有留学经历、受过中西方教育且先后供职于北洋政府和南京政府。① 当然，尤为难得的是，他们始终有着精忠报国之心，在艰难的弱国外交中挣扎前进，以改善民国外交的被动局面。学成归国的外交官不仅远见卓识，睿智渊博，而且因与国内派系无甚联系，较为超然，故而时常能成为军阀的座上宾，借以平衡各方，因此类似颜惠庆暂摄总理甚至总统的情形在当时便十分常见。著名外交官顾维钧（1888—1985）对此有着清醒的认识："我们的力量就在于不参与他们之间的倾轧，超脱于各派斗争之上。这样各军事集团就能利用像汤尔和、王宠惠、罗文干、颜惠庆和我自己这些文官……北方军阀之所以利用我们，是因为我们没有统治中国的野心。我们也没有政治组织和军事力量。我们只是为了一个共同的目标，即中国的福利，以个人身份从事工作的。"② 这些恰恰是民初政府能在国际舞台上挽回中国若干主权的重要凭借，否则，那些无知识修养且不懂法的军阀只能任由列强摆布，中国将继续受列强宰割。

在颜惠庆看来，外交场合必须以法权为准，超越政治，精诚合作，团结一致，不得将派系利益凌驾于国家利益之上。然而，外交实践的种种遭遇令他对派系之争深恶痛绝："与其他民族相比，我们的同胞名声不好，因为内部不团结，将家庭和个人利益置于国家利益之上，对于异国统治者和异国统治逆来顺受。"③ 由于对蝇营狗苟嗤之以鼻，颜惠庆

---

① 石源华：《论留美归国学人与民国职业外交家群体》，载《复旦学报》（社会科学版）2007 年第 4 期。
② 季啸风、沈友益：《中华民国史史料外编——前日本末次研究所情报资料》（中文部分第十册），桂林：广西师范大学出版社 1997 年版，第 297 页。
③ 颜惠庆：《颜惠庆自传——一位民国元老的历史记忆》，吴建雍、李宝臣、叶凤美译，北京：商务印书馆 2003 年版，第 373 页。

对政治看得相当平淡。他秉持了传统文人"为天地立心，为生民立命"的士大夫情结，极力想摒弃一切派系干扰施展外交才华，然却多受干扰。颜惠庆曾在1922年到1926年期间三次组阁，但都草草收场，于是选择告别政坛，退隐天津专心于实业。

由此看来，颜惠庆虽深受西学影响，但亦坚持传统的君子之风，"道不同不相为谋"，且这种性格一以贯之。1931年日军侵华战争爆发后，已退隐的颜惠庆再次出山担任国府外交特种委员会委员，同年11月被任命为驻美国公使，以争取美援。1932年，颜惠庆接替施肇基任国际联盟代表和理事会代表，他援引了国际联盟盟约第15条将日本侵略者发动的"一·二八事变"提交大会讨论，而没有采用施肇基引用第10条之规定将其提交理事会讨论的建议，这样便可以避免身为理事国之一的日本一票否决中国的提议。第15条还规定一旦大会讨论通过，三个月内任何一国不得挑起战争。为了达成此项外交目的，颜惠庆积极同他国代表团往来寻求支持，最终签订了《淞沪停战协定》，暂时遏制了日本侵略阴谋。1932年2月，在颜惠庆的促成下，中苏终于建交，实现了他十多年前的心愿。1933年1月，颜惠庆出任驻苏大使。因国府在对苏往来上态度消极，加上列国对日本侵华采取绥靖政策，1936年颜惠庆再次辞职，转而投身于慈善和实业。[①] 正所谓"合则聚，不合则散"，颜惠庆不是不能长袖善舞，而是有自己的政治底线，正如在外交战场上的他心细胆大，据法力争，才是新式知识分子应有的法政态度。虽然退隐，一旦国家需要，只要认为是值得全力促成的民族大义，颜惠庆便会毅然前往，在所不辞。例如1938年他再度赴美协助胡适拓展对美外交，但婉拒蒋介石邀其出任外交部长和此后的立法院长，说明他将大义放在大利之上。晚年他还抱病为国共合谈探路，希望早日结束内战，以解苍生之苦。颜惠庆因对国民党甚为失望，拒绝赴台，以自己的法政专长，在新中国成立后出任中央人民政府政治法律委员会委员和中苏友好协会会长等，于1950年病逝于上海。以上都是他站在民国法政之内的所思所想所作所为，虽历经晚清政府、中华民国政府和中华人

---

① 陈雁：《颜惠庆：北洋外交的领军人》，载《世界知识》2007年第9期。

民共和国中央人民政府,始终不变的是君子之风骨。

不是外交科班出身的颜惠庆如何能在晚清及民国法政界成为不倒翁,比科班出身的外交官做得都好?外交事务的复杂和重要不单是颜惠庆凭借"勤能补拙"就能弥补的知识短缺。颜惠庆遇到的是清末变法急需人才、逐渐摒弃用人的"门户之见"的时机,朝廷唯有保障"良才善用,能者居之"才能力挽狂澜。民国已经抛弃了清末"师夷长技以制夷"的技术专家治国的用人准则,反倒是唯才是举,而非唯学是举,这都是文学出身的颜惠庆进入外交界的机遇。不过,官场基于人际关系的传统举荐制并未退出历史舞台,没有伍廷芳等人的举荐和帮扶,颜惠庆基本无缘民国的外交界。这反映了在国家转型之际用人态度的变化。民初为了应对更加复杂的国内外政局,似乎已经从清末"中体西用"的治国方略中转向了"兼容并包,博采众长",通才比专才更适合当时的政治环境。然而,一时之下任免官员又不能彻底同传统决裂,人情关系在新式官制中逐渐蔓延开来,用人态度始终处在传统与现代之间。颜惠庆既要依赖新式官制下的考选制度获得资格,又要利用关系的经营把握时机获得重用,才能在民国法政和外交领域崭露头角,最终成为外交大家。

总之,作为外交官的颜惠庆不辱使命,始终在法政之内最大程度为国争利,为民请命。而卸下外交官的身份,他仍可以在法政之外继续为国为民不遗余力。鲜为人知的是,颜惠庆还是一名教育家,其主编的《英华大词典》为开山之作,开启了由中国留学生而非在华传教士编纂双语词典的先河,问世后畅销数十年之久。他亦是一名社会活动家,积极从事慈善工作,在抗战时期曾为中国红十字会争取援助,1946年11月当选为"联合国善后救济总署远东区域委员会"主席。他更是投资报国的实业家,曾两次下野投资实业,以实体经济提升国民福祉,可谓当时实业救国的身体力行者。这说明颜惠庆并非是顽固不化的传统知识分子,断不会选择以死谏的方式抗争国府的腐败无能。他能用更加多元的视角和多样的选择来解救苍生,为民请命,而非仅局限于外交舞台。多面手的颜惠庆在各种角色转换中,始终不变的是拳拳爱国之心与殷殷报国之志，这就是当时那群民国外交官中少有的能配得上"外交家"（可超然于外交的大家）之称的颜惠庆。

47. 杨绛之父杨荫杭：民国留洋法律人有着怎样的理想？

说起世纪文豪杨绛（1911—2016）先生，大家并不陌生，而其父杨荫杭却鲜为人知。杨荫杭先生可谓颇有铮铮铁骨的民国法律人之杰出代表，他先后做过译者和报人，曾入仕为官，后以律师为业，可谓铁肩担道义，妙手著文章。虽未成为封疆大吏，权倾一时，也未轰轰烈烈，大起大落，但在清末民国破旧立新之际，他首开政法译著先河，以文教开阔国人眼界；学成归国进入政界，则以新制良法刷新正义新颜；虽经历诸多波折，依然不弃法政理想，从底层推动弱者权利保护。他从不计较个人得失，与国民荣辱与共，亲身践行着其所坚信的政法新事业。

博学慎思：渐进改良的立宪主张者

杨荫杭（1878—1945），字补塘，或称补堂；笔名老圃，又名虎头，祖籍江苏无锡。他自幼就受到祖父和父亲的严格教育，十七岁即考入天津中西学堂，该学堂为盛宣怀创办，后改名为北洋大学堂（现天津大学），是中国近代史上第一所官办大学，采用美国模式办学，故有"东方康奈尔"之美誉。两年后，杨荫杭又考入了刚刚在上海成立的南洋公学，即上海交通大学的前身。甲午中日海战失败后，一大批爱国青年远渡日本或西洋，寻求富强之道，杨荫杭也加入其中，于1898年获得留学日本早稻田大学之资格。受革命思潮的影响，20世纪初的中国留日学生一般偏向于暴力革命，杨荫杭也不例外。他们受到孙中山、黄兴等人革命思想的影响，1900年春以"联络感情、激励志气"为名成立了励志会，杨也参与其中，积极宣传西方民主法治。1901年，他利用中途归国的机会，在无锡鼓动一批进步青年组织励志学会，并举行了两次集体活动，以宣传新思想，1906年遭到清廷通缉。

留日期间，他时常思索如何能将西方先进思想传播更广，如何能尽快启发国内民智奋起直追。杨荫杭在日加入了励志会后,励志"研究实学,以为立宪之预备;养成公德,以国民之表率;重视责任,以为辨办之基础"。① 1900年12月6日,杨荫杭与励志会成员在东京创办了《译书汇编》杂志,这是留学生最早在海外创办的译书杂志。同时在早稻田大学深造的冯自由(1882—1953)称:"江苏人杨廷栋、杨荫杭、雷奋等主持之。此报专以编译欧、美政法名著为宗旨,如卢梭《民约论》,孟德斯鸠之《万法精理》,约翰·穆勒之《自由原论》,斯宾塞之《待议政体》,皆逐期登载。译笔流丽典雅,风行一时。时人咸推为留学界杂志之元祖。"② 通过刊行译著,虽能将西方思想传入国内,但他国之法能否适用于本国国情仍有待商榷。考虑到国内民智未开,1902年杨荫杭等人将《译书汇编》改名为《政法学报》,以著述为主,编译为辅,试图从"政法"这一关键问题入手推动国内政治变革。杂志发行广泛,影响甚广,对当时国内政法界而言不啻为醍醐灌顶之言。

自洋务运动之学器物,至戊戌变法、辛亥革命之学制度,再到新文化运动之学思想可知,国人对西方的认识是一个由浅入深、从点到面的过程,杨荫杭则一直是走在时代前列的思想者,他在早期便认知到:西方富强的根本原因乃以自然科学为基础的优越政法制度,更深层次的则是西方的哲学理论和思维方式。1902年,杨荫杭学成归来,在母校南洋公学译书院当译员。据考证,现存署名为杨荫杭的译述有两部:一部为日本加藤弘之《物竞论》的中译本,另一部为《名学》。《物竞论》以"生存竞争、优胜劣汰"的进化论来否定"天赋人权",其巧妙融合了日本经验的西方朴素法政思想,让强权观念不断刺激着渴望拥有实权的人,颇有"王侯将相宁有种乎"的味道。在翻译过程中,杨荫杭常感叹此书"其义富,其词危,务使人发奋图强以图进取"。《名学》则是杨荫杭在读书之余,将日文版西方逻辑学之著作与中国典籍的典故相结合编译而成。由此,杨荫杭认为"名学"即"推理之学及推理之术",还曾把名学称为"学问中之学问,智门之键、哲理之冠、智力之

---

① 《译书汇编》第12期。
② 冯自由:《革命逸史》(初集),北京:中华书局1981年版,第98-99页。

眼、心意之灵药、智海之明灯、真理发见之技术"。《名学》加深了以往民众对西方制度的浅显认知，将民众的注意力更集中在思想和精神层面。求学问道期间的杨荫杭通过译书著述的方式，从深层次的视角探讨西方强大之原因，并且鞭策国民救亡图存，可谓视角独特且一针见血。

1907年，杨荫杭获早稻田大学法学学士学位。为躲避清廷通缉，他选择继续留学西洋，系统学习英美法律，于1910年获美国宾夕法尼亚大学法学硕士，硕士论文《日本商法》长达319页，被收入宾夕法尼亚大学法学丛书第一辑出版，这在清末法科留学生中十分少见。相较于留日学生，20世纪初的留美中国学生一般偏重渐进改良，原本崇尚暴力革命的杨荫杭开始反思两种救国之路。杨绛回忆道："父亲出国以后，他原先的'激烈'渐渐冷静下来。……（经过留学的四年多时间）脱离了革命，埋头书本，很可能对西方的'民主法治'产生了幻想。……（回国后）不再是鼓吹革命的'激烈派'……他认为（革命）只是改朝换代，换汤不换药。……我记得父亲曾和我谈过'革命派'和'立宪派'的得失……只觉得父亲倾向于改良。"① 1910年秋，杨荫杭抱着立宪救国的理想归国，经同乡好友张謇推荐任教于北京政法学校，并受到为宣统"辅政"的肃亲王善耆赏识。听说这个肃亲王是较为开明而毫无实权的人，杨荫杭被专门聘请到王府为其讲授法律。辛亥革命爆发之际，杨荫杭由京赴沪，在申报馆担任编辑并从事律师事务，并积极参与了上海律师公会的成立。

明辨笃行：新式司法的坚决践行者

以1911年为界，杨荫杭的一生被分成了两个时期，前期主要从事著译和出版活动，后期践行法政事业。辛亥革命后，新式司法建设颇受重视。经好友张謇引荐，杨荫杭开始走入政界，出任江苏高等审判庭长兼司法筹备处处长，但因北洋政府有"本省人不能担任本省官职"的规定，故被调往浙江任高等审判庭长之职。当时有一恶霸，自恃与浙江省朱督军有裙带关系，在乡里无恶不作，甚至行凶杀人。被害人家属上

---

① 杨绛：《回忆我的父亲》，载《当代》1983年第5期。

诉，经地方法院审理后呈报给杨荫杭，他提笔判处恶霸死刑。省长屈映光出面说情，请求杨荫杭减刑，杨当即答复："杀人偿命，不能宽宥"，不予理睬，屈映光于是向大总统袁世凯告状。幸赖袁世凯机要秘书张一麐与杨荫杭是北洋大学的同窗好友，从中说情，袁世凯才亲笔批了"此是好人"，并于1915年将杨荫杭调往北京了事。杨绛对此事回忆道："我父亲去世以后，浙江兴业银行行长叶景葵先生在上海，郑重其事地召了父亲的子女讲这件恶霸判处死刑的事……那凶犯向来鱼肉乡民，依仗官方的势力横行乡里，判处了死刑大快人心。他说：'你们老人家大概不和你们讲吧？我的同乡父老至今感激他。你们老人家的为人，做儿女的应该知道。'"①

不久，洪宪帝制失败，国内形成了以黎元洪为首的总统府和以段祺瑞为首的国务院两大阵营。这两大政治集团矛盾日益凸显，官员之间相互勾结倾轧。1917年4月前后，《大公报》《中华新报》《申报》等纷纷报道披露交通部直属的津浦路铁路管理局在向华美公司购买机车以及租用汉森公司车辆的过程中，上下勾结，收受贿赂，并声称交通总长许世英任用亲信担任铁路局长，并假借调查之名要求各路每月进贡一千元。随后，国会和政府相继介入调查。国会要求严办许世英，而国府则试图糊弄遮掩，双方互不相让。5月4日，杨荫杭直接以"在津浦路租车购车案中有刑事嫌疑"为由，传讯许世英，并将其羁押，且拒绝保释。此举一出，立刻引起轩然大波。百姓议论纷纷："像点共和样子了，这样的一品大员犯法照样要吃官司。"② 官场更是一片哗然，在政局扑朔迷离、官官相护的年代，许世英的势力范围之广，可谓牵一发而动全身，杨荫杭的此番做法立刻引起国务院的全体抵制。作为上司的司法部长张耀曾授意杨荫杭停止侦办此案，他却"亲诘司法总长，是否总长意见认为许世英道德高尚，绝无嫌疑之余地"，张耀曾听后，尴尬至极却又无可奈何，只能火速呈文大总统，以检察官"违背职务"为由，将其停止职务并交与惩戒。好在《申报》第一时间报道了"高检

---

① 杨绛：《回忆我的父亲》，载《当代》1983年第5期。
② 俞飞：《有为有守 斯人不朽》，载《检察日报》2013年6月28日。

长杨荫杭因传讯许世英交付惩戒"的事件,并特意将杨荫杭申辩书全文与司法部请交惩戒的原文一同刊出,公众纷纷要求还杨荫杭一个公道。最终,政府迫于压力,于当年 8 月 31 日将杨荫杭官复原职。[①] 杨绛于 1911 年 7 月 17 日生于北京,可见,当时已身为人夫和人父的杨荫杭需要多大的勇气为了司法正义而一往无前。

虽然许世英最终并未受到法律的制裁,但该案的影响和意义远超过了严惩许世英。杨绛曾回忆说:"父亲专研法律,主张法治,坚持司法独立;他小小的一个检察长——至多不过是一个'中不溜'的干部,竟胆敢拘捕在职的交通部总长,不准保释,一定是掌握了充分的罪证,也一定明确自己没逾越职权。他决不会顺从国务会议的'宣告',不会承认国务会议有判决议。……我父亲准是和北京的行政首脑在顶牛。"[②] 值得注意的是,杨荫杭曾在申报馆任编辑一职,此次案件的转机也发生在《申报》刊登申辩书与惩戒书之后,杨荫杭是否利用社会舆论为自己造势,现已无从查证,但经过此事,民众有了信任司法人员公正审判、直观感受法治国家优越性的可能和机会,这便是杨荫杭坚持用事实说话,秉公执法所要传达和树立的民国新式司法正义的初衷。

黯然离场:政法理想的坚守与幻灭

民国肇始,杨荫杭原本怀揣着建设法治国家的赤诚之心进入政界,然司法黑暗腐败,贪污受贿成风。经许世英案件后,杨荫杭"对官官相护的北洋政府已看透了,无意继续做官",于 1919 年结束了他短暂的仕途。1920 年移居上海,被聘为《申报》副总编兼主笔,但仍重操律师旧业。在他看来,"如今世界上只有两种职业可做,一是医生,二是律师"。[③]

1923 年后迁居苏州,杨荫杭任开业律师和自由评论家,而律师是他一生从事最长久的职业,他曾多次谈到对律师职业的认识,最为经典

---

① 参见吴学昭:《听杨绛谈往事》,北京:三联书店 2008 年版。
② 杨绛:《回忆我的父亲》,载《当代》1983 年第 5 期。
③ 杨绛:《回忆我的父亲》,载《当代》1983 年第 5 期。

的便是：在古代中国，"律师出于名家，春秋时有邓析，即律师之祖"①。杨荫杭在早年时编著《名学》一书似对名家有所钻研，故而对名学早期的代表人讼师颇有好感，进而他感叹道，"欧美所谓大法律家皆吾国之所谓讼师也。民主国大总统往往以讼师起家，而各国大臣出身于讼师及退位为讼师者更数见不鲜"②。他专门为人鸣不平，申诉冤情，而对那些违法犯罪者，无论其职位多高，权势多大，酬金多厚，一律不予受理。1929年某银行保险库内巨款失窃，明明是银行经理监守自盗，却诬告两位管库职工所为，杨荫杭知晓后义务为这两位职工辩护；驻外领事高瑛私贩鸦片，案情败露，他想请杨荫杭辩护，派秘书再三上门并许以重金，杨却坚决不予受理。他常常自告奋勇为穷人辩护，也有一些并不贫穷的当事人打胜官司后赖掉讼费，即律师的酬金。据杨绛回忆，父亲大约有三分之一的讼费被赖掉。③

在从事律师职业之余，杨荫杭还做评论家发表了许多文章，启迪民众。由于专业和职业使然，法政评论占了很大比重。例如，1924年发表的系列短文"读律余谈"中，杨荫杭对于继承时效、刑事程序、律师等社会热点问题都有颇具新意的议论，尤其是对检察官垄断刑事追诉权的现状十分不满："司法改革以来，最不惬人意者，莫如检察官垄断追诉权。"他认为这种制度"最不合中华之习惯与中华人之心理。自唐代以来的旧法虽含国家追诉之意，但从未设专司起诉之官，告发、告诉悉听人民自便，实与英美之法相近。但当前由国家垄断追诉权，若遇检察官渎职懈怠，则受害人除饮恨吞声之外，更无他法"④。总之，杨荫杭始终认为启发民智乃救国之要，并重视改造国民性的紧迫程度。因此，他一直保持着高度创作激情，孜孜不倦地发表自己于法学及其他领域的见解以改造羸弱的国民。不过，在律师执业生涯中，他目睹了各种败坏法制的腐败和无良，逐渐丧失了对以法治国的幻想。1937年，与杨荫杭相伴四十年的夫人唐须嫈（1878—1937）去世，唐须嫈才学出

---

① 杨绛整理：《杨荫杭集》（下），北京：中华书局2014年版，第679页。
② 杨荫杭：《和奸罪·讼师》，载《法学会杂志》1911年第1期。
③ 杨绛：《回忆我的父亲》，载《当代》1983年第5期。
④ 参见杨绛整理：《老圃遗文辑》，武汉：长江文艺出版社1993年版。

众但不争不抢,为内敛之人,她与杨荫杭相濡以沫,实为灵魂伴侣。夫人的离世令杨荫杭悲痛万分,但念及家中老小,加之抗日战争爆发,时局动荡,无法以法理抵抗军事,身为一介书生的杨荫杭只能辞去律师之职,归隐在上海震旦女子文理学院教授《诗经》,并寄情于音韵学,以求安稳度日,直至去世。杨荫杭虽然一直服膺以渐进改良的法制道路改造民国的方案,但在经历官场沉浮和世事变幻之后,坦然放下救世的理想,不再像其他民国法政人一般"倔强"抗争,知其不可为而为之,这或许是受到夫人与世无争的心态影响,放弃阳刚的坚韧,而回归阴柔的低调,能够在女子文理学院度过余生。

在其短暂的一生中,杨荫杭始终是以一个普通人的身份和视角审视着整个民初新世界和清末旧社会的政法纠缠。他的一生并没有大富大贵,可歌可泣,算得上是身处在大变革时代真真切切的一个小人物。但正是这样一个小人物,却怀揣着大人物的梦想并以小人物的姿态去身体力行,以专业的法律人操守和信念,凭借博学(赴笈日美,译介西学)、明辨(革命与改良,制度与思想)、慎思(弃政从文,坚持正义)和笃行(律师为业,为民请命)点滴积累共和初期的正义源泉,"虽不能至,心向往之"。到了迟暮之年,无力回天,也会平静接受,善待自己与他人。杨荫杭可谓是那群怀有高远理想,且以匹夫姿态践行的民国留洋法律人一生的真实缩影。

48. 近代法政人王世杰是如何在学术与政治间游走的?

而立之年法政人的相似过往

近代法政人在而立之年前的诸多经历都基本相似,他们天赋异禀,负笈海外,探寻救国之道,或从文或学理,获得博士学位后多毅然回国报效,立身处世既有理性高雅的文人气节,又有纵横捭阖的政治主张,为中国的现代化奔走呼喊,忘我耕耘,王世杰就是其中的佼佼者。

王世杰(1891—1981),字雪艇,湖北崇阳县人。其父早年经商,富甲乡里,遂聘请贤达对他进行私塾教育。王世杰自幼聪慧异常,敏而好学,后以第一名考入由张之洞创办的武昌南路高等小学堂。当时陪同两广学政梁鼎芬招生的辜鸿铭难掩对王世杰的赏识之心:"此子恰如我儿时模样,幼年离家求学,其志可嘉。"进入高等小学堂学习后,王世杰认识了两位挚友,一位是"天才外交家"郭泰祺(1889—1952),在外交舞台上与王世杰多有交集;另一位是著名地质学家李四光(1889—1971),曾助王世杰开启武汉大学之建设,三人义结金兰。

1910年,王世杰入北洋大学采矿冶金科学习,早期教育颇得洋务思想的浸润。辛亥革命爆发后,身为鄂人的他返回武昌投身革命,担任都督一等秘书,并参加守城战斗,胆识勇气不可小觑。1913年,王世杰、李四光等人响应中山先生号召,赴英留学,寻求科学救国之路。亲历革命的王世杰深感民主建国较实业建国更为急切与根本,故抵英后入伦敦大学政治经济学院,弃工从文,学习政法,1917年获学士学位,旋转赴法国,入巴黎大学研究公法。1919年还曾参与阻止中国在《凡尔赛和约》上签字的请愿,1920年冬以《联邦宪法的分权问题》一文获法学博士学位。

时值蔡元培亲赴欧洲为北大延聘师资,当时北大法科薄弱,蔡元培坚决主张开设比较法,王世杰学有所用,当即回国,于1921年1月到北大任教,1923年9月被任命为法律系主任。在蔡元培的改革之下,北大学生亦渐去猎官的陋习,学风甚浓。不过,王世杰当时并不安于任教,据陈翰生回忆,王世杰一心想入仕。他因崇尚国家主义,明确反对北洋军阀,拥护蒋介石,[①]与当时北大学习氛围凿枘不投。

学术主张的生成与切身实践

作为学者的王世杰可谓著作等身,现已发现著作近20部,文章130余篇,主要是时事论说和法律研究专文,而且基本都在其从政之前的20年代写就,其学术报国之志可见一斑。翻检他的学术作品,始终离不开政法交汇的主线,宪政建设与旧律改革、国际外交与法律争端是

---

① 马光裕记录整理:《陈翰笙谈〈现代评论〉周刊》(1979年12月15日)。

两大主题，他以学者所具有的家国情怀撬动社会变革的诸多敏感话题，足以令人景仰。

深受私塾及西学教育的他，始终能够在中西之间比较发微，大胆建言，入仕前完成了《女子参政之研究》（1921年）、《中国奴婢制度》（1925年）、《代议政治》（合著，1925年）以及成名作《比较宪法》（1927年）。研究奴婢和妇女史的问题，是为了废除奴婢制度和有碍妇女平等权实现的一切制度，如参政是否平等、婚姻是否平等、定罪量刑是否平等以及司法诉讼权利是否平等等问题。王世杰认为，基于法律服务于礼教的传统是导致妇女地位极其低下的关键原因，传统的缘坐之法和宗法家族制度是造成男女不平等的直接原因；即便是清末颁行的《禁革买卖人口条例》中规定的长期雇佣制，也是变相承认了奴婢制，是以奴工自愿为奴为借口而变相复活旧律，因此他主张彻底废除奴婢制。他以西方学理分析中国问题，融通中西。在女子参政的正当性和可能性的分析中，王世杰主要以欧美女权运动和女权主义法学为论据，有力驳斥了反对女子参政的种种论调。另外，在定罪量刑上，以刑法修改为契机，结合欧美刑法例，主张将女子"和奸罪"成立的年龄提高，将性侵未满十四周岁的未婚女子全部置于强奸罪的惩治之下，保障女子权益。① 这些看似细小的法律问题，全都在他的研究视野内，算得上是近代法学家的"另类"。他还探讨了清室优待条件的法律性质（1924年），并在《北京大学社会科学季刊》上连续对汉律考、宋刑统、中国法典编纂沿革史等发表书评，注重本土研究一直是其学术志趣。1929年，王世杰编校出版了古典政治学大师萨孟武（1897—1984）的《现代政治思潮》。当时留欧派向来轻视留日派，但他独偏爱萨氏。因萨孟武颇有本土情怀，以三大名著（尤其是《〈西游记〉与中国古代政治》一书）剖析中国古代社会与政治，独步天下。萨孟武一生信仰"国家主义"，他认为近代以来的国际关系全为弱肉强食之世界，中国当以"国家主义"自救，使一般民众"皆有国家意识，努力求国家之统一，

---

① 华友根：《略论王世杰关于奴婢与妇女地位的法律思想》，载《法学评论》1991年第3期。

努力刷新国家之政治"。这一点也为王世杰所认同，在其就任外长之后，不论是国共和谈，还是对外签约，都以国家一统为基本原则。

以中国法律史探析中国法制状况形成之原因，是为以西洋民主自由之宪政寻找改造国家的方略做铺垫，这是王世杰最为擅长的学术方法。他认为传统社会道德经义高于法律，法律与习惯多有间隙。1926年的上海商界习惯主张"合伙对外债务按股分担"，同大理院判例所坚持的"合伙人对外连带承担合伙债务"相冲突，二者相持不下。王世杰当即撰文指出，既存的习惯为社会上许多新制度与新事业发展的大障碍。因此，"国家机关正宜间接直接促进这些习惯的改变，不当更给这些习惯以优越的法律效力"。当且仅当一种习惯虽属地方性质，其所支配之事项倘亦仅存于该习惯之所在地，然全国其他各地既无相反习惯存在，亦得以为习惯法。① 王世杰通过介绍欧洲关于法律与习惯冲突的解决方案，从"地方性法律"的角度辩证地解决法律与习惯冲突的问题。② 这与他的彻底改良传统法制必以西法为圭臬的学术主张相符，即便后来他在外交舞台上也依然坚持联合英美。

王世杰于1927年出版了《比较宪法》一书，自此奠定了学术江湖地位。此后于1936年推出了与钱端升的合著本。虽然合著本的影响力更大，但合著本仅是独著本的修订增扩本。③ 独著本采当时流行的法律实证主义范式，以陈述而非批评为主，颇合王世杰平稳中和的性格。钱端升与王世杰是连襟，对独著本评价颇为公允。他认为该书以许多名家著作为根据，参以著者自己的意见，独树一帜。该书以宪法问题为专题讨论，是法国治宪学者常用的方法，侧重欧美宪政，足见作者的治学倾向。最初全书共五部分，与法国宪法的同类书十分近似，具体从国家与宪法概念（理论）、基本权利、国家机关及相关制度和宪法修改等关涉

---

① 王世杰：《大理院与习惯法》，载《法律评论》第4卷第20期（1926年9月）。
② 孟涛：《合伙债务、习惯法与国家——兼谈王世杰先生的"习惯法"》，载冯玉军主编：《朝阳法律评论》第一辑（2009年），北京：中国华侨出版社2009年版，第347页。
③ 沈宗灵：《再看〈比较宪法〉一书——为纪念钱端升先生百岁冥诞而作》，载《中外法学》1999年第5期。

宪法的核心问题展开，尤其对主权、基本权利与联邦制度的论述最为精彩，可以矫正当时国人不少肤浅认识。王世杰的博士论文虽于1920年在巴黎出版，但《比较宪法》一书并非是博士论文的增删版。他后来还在增订版中增加了第六编"中国制宪史略及现行政制"，以90页的篇幅作了精深扼要的阐述，被钱端升视为全书最有价值的部分。[①] 该部分显然是力图通过以西式宪法理论和中国制宪历程来针砭中国当时轰轰烈烈的制宪运动，包含着宏大而前瞻的问题意识。[②]

除了对宪法理论有整体认识之外，王世杰还在切身实践中关注宪法价值实现的现实问题。他是论述出版自由的第一人，代表作为《现代之出版自由》和《对于中国报纸罪言》。[③] 两篇重量级的论文从理论与实践上互相砥砺，深入阐述了人类表示其思考与意见之自由。[④] 前者写于1923年底，他以自由主义理论为原则，围绕欧美重要诸国有关出版的手续、出版物范围，与出版物的处分等种种制度，目的在"对于出版自由之演进及其现状能晓示其梗要"[⑤]。后者针对中国当时报纸缺乏社会责任之样态，"申述中国的报纸如何的妨害私人名誉（有关传闻、事实、更正、广告、函件、匿名和批评等七种问题，如何的妨害风纪（诲淫和赌博两种）"，并提出具体修改方案。[⑥] 除了关注出版自由外，其他自由和权利也是他关注和实践的对象。因为在他看来，人权、法治、自由是互为辅助，不可偏废，尤其是"言论、集会、结社这三种自由，人人都承认是民治主义的条件"[⑦]。而专制国家恰恰是对这三种

---

① 钱端升：《王世杰氏的〈比较宪法〉》，载《现代评论》第7卷第157期，1927年12月10日。

② 林来梵：《为人为学相为通——读王世杰、钱端升的〈比较宪法〉（节选）》，载《中国社会科学报》2011年7月26日。

③ 王世杰：《现代之出版自由》，载《东方杂志》第21卷第1号；王世杰：《对于中国报纸罪言》，载《现代评论》一周年纪念增刊。

④ 张斌：《论中国第一篇出版自由研究专文》，载《国际新闻界》2010年第7期。

⑤ 王世杰：《现代之出版自由》，载《东方杂志》1924年第21卷。

⑥ 王世杰：《对于中国报纸罪言》，载黄天鹏编：《新闻学论文集》，上海：光华书局1930年版，第84页。

⑦ 王世杰：《警律与法律》，载《现代评论》第1卷第21期。

自由横加限制，他曾欲著书表彰黄宗羲反对君主制主张法治之法。他大胆建议"人民于行使诸种自由之前，不受警察之任何干涉；人民行使诸种自由之后，亦不受警察的直接处分"。1922年，他与李大钊等人发起"民权运动大同盟"，发表争取民权的四大目标：①集会、结社、言论、出版有绝对自由权；②普遍选举；③劳动立法；④男女平权。另外，他还在发表过有关工会权限等问题的文章，提出工人有集会自由、罢工自由及团体契约权，不得干涉工人罢工等观点。1926年他甚至呼吁废止当时施行的《治安警察法》《管理新闻营业规则》《惩治盗匪法》等，声称这些"恶法律"是军阀压迫民众的工具。[①]

最为值得称道的便是1924年12月他与胡适等创办《现代评论》周刊，提倡民主自由，反对北洋军阀。该刊"趋重实际问题，不尚空谈"，话题主要集中在段祺瑞政府的性质、善后会议、清室待遇、庚子赔款以及学生运动等问题。[②] 为该刊撰稿的学界名人被称为"十三太保"，多为法律、政治、经济和理工科的学者。他们出于对理性和秩序的信任，认为可以通过法制、教育和科学等途径，以温和渐进的方式实现社会变革。王世杰则寄希望于《现代评论》复制英国费边社的组织模式，以其"政治上之实力与人格上之权威"，成为"一切政治运动社会运动的指导者"，最终塑造成当代智库的模样，施行专家治国和精英政治。他与当时的政治派别均有往来。[③] 当时北洋军阀对报纸采取高压态势，但对《现代评论》却网开一面，[④] 足见其后台过硬。王世杰也先后在《现代评论》上发表60多篇政论性质的文章。1945年7月王世杰出任外交部长，英国各派称他为具有大才干而思想开明的自由派和进步的自由分子，也算是对他一贯的自由风格的中肯评价。

---

① 王世杰：《这几种法令还不废止吗》，载《现代评论》第3卷61期。
② 梁展：《崇尚英美民主的〈现代评论〉》，载《枣庄师专学报》1996年第2期，第45页。
③ 颜浩：《〈现代评论〉：从"太平洋"到"东吉祥"》，载《中华读书报》2006年8月2日。
④ 马光裕记录整理：《钱端升谈〈现代评论〉周刊》（1979年12月18日）。

学人从政的法制经略与施展

王世杰由学入仕是从掌舵民国法制始。国民政府法制局主要草拟并修订法律条例案。王世杰身为局长，履职一年零四个月（1927年6月至1928年10月），规划了国民政府法制体系，"六法"都是他主持草拟、修订并实施的。他同时还在中央法制委员会、法官惩戒委员会以及立法院兼职。1928年至1934年间曾出任海牙国际常设仲裁院仲裁员，首次进入国际舞台施展抱负。1929年，王世杰奉命创办武汉大学，强调严整的纪律是大学的五个必备条件之一。① 执掌武大期间章法有度，甚至连学生请愿也合法有序。学院式的生活和修行，使得王世杰颇重授业传道之功业，故临终要求墓碑镌刻"前国立武汉大学校长王雪艇先生之墓"的字样。

1933年4月，王世杰出任教育部长，其间促成了南京的政治与华北的学术沟通无间；华北学术界也弦歌不辍，且严守信教自由，禁止任何学校以宗教为必修科目或强迫学生参加礼拜等仪式，数次力持，未稍迁就。他自称最为得意的一件事则是恢复留学生制度，他认为要"救国"必须有近代科学知识，而一切新的科学知识均在西欧、北美。他在任四年，是执掌教育部年限最长者。此后，王世杰被任命为国民参政会秘书长，国民参政会是抗战时期国民政府成立的最高咨询机关。他同知识分子的沟通能力是能够胜任这一职位的重要原因。其间他力推代议制民主，从国民参政会性质、人选，到保障人身自由的权利法令起草，以及扩大参政会职权等种种努力，都浸透了他执着践行民主与法治的心血。1938年，他参与起草了国民参政会首次大会宣言："中华民国作为独立自由国家，神圣不可侵犯之统治大权，属于国民政府。"这同他所主张的国家主义一致。联合抗日宣言使第一次大会十分成功，中共还发表社论，指出大会确立了抗日民族统一战线的方针，第一次确定了"实行民主政治"的方针，正式宣布了"在抗战时期保障民生"的必

---

① 徐正榜、陈协强：《名人名师武汉大学演讲录》，武汉：武汉大学出版社2003年版，第109页。

要，这些主张均与王世杰密切相关。虽然该会存在近十年，但在皖南事变后，中共拒绝出席，王世杰的民主政治抱负陷入了尴尬境地。①

20世纪三四十年代，王世杰在中国政坛颇为活跃，自1937年到1945年间，王世杰一直担任国民政府参事室主任，成为蒋介石智囊团的核心人物，足见蒋介石对他的信任。此后他担任的政府职务多达十几项，频频受命于危难之际，为国劳心劳力。他被称为"蔡孑民先生以来学人从政之第一人"，但始终恪守着有所为有所不为的学者风范。在他发表的所有文章中，从未用过当时公文流行的"共匪"字样，对蒋介石、毛泽东、周恩来均称"先生"，尽量避免政治偏见。在国共谈判的过程中，他更是积极推动，多方周旋。② 1944年下半年始，国共谈判的核心内容转到了如何组建民主联合政府的问题上。出于对民主的信仰，他认为不能使用武力对付共产党，应寻求政治途径。国民政府必须改良政治，实行资产阶级自由主义政治制度。他甚至向蒋介石建议，中共"如欲参加政府，政府可在行政院予以地位"。最后谈判通过的"双十协定"，国共都可以从相关表述中获得己方认同和需要的内容，王世杰的努力自然不可小觑。③ 1946年2月，中共中央曾以党内文件的形式指示："我们现在应谨慎地与蒋介石、孙科、王世杰、邵力子及政学系等人合作，进行民主化工作，而反对蓝衣复兴两系中的坚决反民主分子。"④

外交应对的法制观念与困顿

在国际法上的独到见解除了让王世杰深得高层信任外，也有助于他在外交场合不至于盲目被动。据顾维钧回忆，王世杰"一直想当中国外交部长，以便以他自己的方式执行外交政策。……他深切了解委员长对所有外交政策问题的看法，每当出现争论时，他都能提出建议，而且

---

① 蒋仕民、申燕：《王世杰与国民参政会》，载《文史精华》2002年第6期。
② 林绪武：《论王世杰与抗战时期的中共问题——以〈王世杰日记〉为中心》，载《开放时代》2010年第12期。
③ 薛毅：《王世杰与第二次国共合作》，载《武汉大学学报（人文科学版）》2010年第2期。
④ 中央档案馆：《中共中央文件选集》（第16册），北京：中共中央党校出版社1992年版，第72－73页。

总是迎合着委员长的意图"①。1945年7月30日，王世杰出任外交部长，履职外长共3年零4个月，签署各种条约、公约、协定、换文等60多件，但恰逢中国外交多事之秋，先是因抗战胜利，外交格局渐趋有利，然因大国操纵，不久又重蹈覆辙，加上国共内战，遂陷于困顿应对之境地，②致使他的诸多主张无法实现，但又只能据理力争。例如，他宁可被国人诟骂但还要接替宋子文签署严重损害中国主权的《中苏友好同盟条约》，20年后他道出了当时缔约的原因——"实为迁就当时国际环境之勉强措施"，如此才能以牺牲外蒙换取收复东三省，以及维持中美合作之局面。

他始终强调国家主权的不可分割性和有限制性，关注国际移民，力推国际迁徙自由，废除外国人在华特权，使一切外侨都受到平等保护。③对于撤销领事裁判权，他坚决反对建立本国人和外国人（法官或领事）组成的混合法庭为过渡，坚持中国司法主权为原则，撤销中外互派陪审员制，中国法庭之命令及判决可以不经外国领事署或其他外地官厅审查而直接执行。在签订中法和中越条约时，他围绕治外法权和华侨权利竭力力争，彰显了他一贯的学术主张。如《关于法国放弃在华治外法权及其有关特权条约》规定，法国公司及人民在中国应受中国政府管辖；《关于中越关系之协定》规定，中国人民应继续享有其历来在越南享有之各种权利、特权及豁免，在旅行、居住及经营企业等方面，中国人民享有最惠国待遇。他亦主张利用现有的国际法规则来解决中国的现实问题等，这与他颇重分析法学派有关。④比如他主张国联应依照规约第16条之规定，一面予日本以除名之处分，一面由各会员国一致对日经济绝交并实行经济封锁，而不应当仅采取国际调查的办法应对日本侵犯东三省的行为。然弱国无外交，结果自然令人扼腕。

---

① 《顾维钧回忆录》（第五分册），北京：中华书局1987年版，第603页。
② 蒋仕民：《王世杰与抗战胜利后的中国外交》，载《文史精华》2003年第6期。
③ 乔雄兵：《王世杰及其国际法思想评述》，载《武大国际法评论》2008年第41卷。
④ 曹东：《民国宪法研究的重要奠基人——民国法律人之王世杰》，载《检察日报》2014年3月14日。

学术与政治纠缠的法政命运

不苟言笑的他一直未改书生本色,主张自由主义,要言不烦,生活谨饬,廉洁自好;由学入仕,欲以国家主义之情怀,据西方民主原则从事政治制度改革,然面对的则是党国体制下的独裁专制。他虽深受蒋介石重用,但因派系斗争激烈,也多次背负骂名,但依然忍辱负重,忍气吞声,以"君子坦荡荡"的士大夫气节在官场艰难前行。陶希圣在为王世杰撰写的诔词中这样评价他:"子曰'君子欲讷于言而敏于事',雪艇先生谓欤!先生勇于著作,怯于辩论。讲学忠于法而依法为政。居安不苟一笑,临危不辞三命。"

然而,学术与政治之间的界限怎能如此分明,王世杰欲想改变颓局,尤其需要密切学界之联系。[①] 与王世杰共事的亲历者甚至认为,王世杰的政治本钱来自他的"学阀"势力。[②] 然官场沉浮,所幸晚年回归学界,出任"台湾'中央研究院'院长",对台湾科学研究以及经济发展,均有显著贡献。[③] 纵观王世杰的一生,可谓学术主张与政治主义互相纠缠的一生。

49. 瞿同祖的《中国法律与中国社会》缘何成经典?

法谚有云:没有人比法律规定更聪明。法律为何能使社会有效运转?中国历经千年形成的社会结构是如何影响法律及其社会治理的呢?瞿同祖先生(1910—2008)的经典之作《中国法律与中国社会》以此为切入点,运用整体史观,专题讲述,成为历史、法学、政治和社会学研究绕不开的经典。时下重温经典,不免要回答经典之所以成为经典的疑问。

---

① 刘猛:《王世杰先生的生平与事功》,载许章润、翟志勇主编:《法学历史主义》,北京:法律出版社 2013 年版。
② 万亦吾:《蒋介石的智囊之——王世杰》,载《文史精华》1997 年第 3 期。
③ 张昌华:《王世杰二三事》,载《人物》2006 年第 12 期。

冷眼观中国：立足法律与社会研究的本土化

瞿老在该书导论中指出："法律是社会产物，是社会制度之一，是社会规范之一。"既然是社会发展的产物，就必然带有历史印记，是历史积淀所造，并非一蹴而就。因此，瞿老通观历史中国，凝练法律特点，将法律置放于中国本土来理解，发掘法律的"中国特色"。研究社会中的法律，瞿老使用的是中国传统经验材料，尤其是法律文本，既能利用现有且不需要经过验证即能获得极高认同度的材料证据，又便于洞悉法律规则背后所需的社会结构要件，反思政治国家治理发展的社会与法律基础。

经典的出现需要契机，该书是瞿老年轻之时在云南大学和西南联大任教时的讲稿，后完成于1943年，可谓诞生于西方社会科学东渐与近代中国社会格局剧变的交汇点。虽然当时国人对舶来品皆趋之若鹜，但瞿老却返回传统，冷静看待中国独特的社会文化，以此解析中国法律在近代跟随西方现代化的过程中为何没有带来社会现代化的疑问。20世纪30年代，法社会学勃然而兴，其翘楚是曾任国民政府立法顾问的美国法学家庞德，他将法社会学的词汇和理论引入中国。经由沈家本和程树德等形成的文辞古奥的法律史书写特点，让当时仅有的学术著作同时参杂着佶屈聱牙的古文和莫名其妙的西方舶来词汇，难以满足经受过白话文运动洗礼的青年学生和学者之需。同样服膺于白话文的瞿老便开始追随其恩师吴文藻的步伐，致力于中国社会学的本土化实践，以法律为突破口，关注法律与社会的关系对政治国家治理的功能意义。

思路方法：言简意赅的教学操作和学术创作

在章节安排上，该书共分六章，分别为家族、婚姻、阶级、巫术宗教、儒家思想和法家思想。家族乃家之内核，阶级乃国之核心。家国同构，故而家族置于首篇。家族和阶级皆由婚姻联系起来，是社会生活的基础，巫术宗教乃精神生活的观照，前四章即构成了中国社会生活的基本要领，也是中国法律规范的主要对象和需要维系的基本关系。而这些法律规范的设计则是儒法思想共同作用的结果，附录部分还增补了关于中国法律儒家化的关键命题阐释。在内容上，瞿老在延续清末民国法律史研究结论的同时，提出了以社会（家国）结构解析中国法律传统的新命题，可谓言简意赅，既注重了教学实际的需要，又兼顾了学术作品的严谨。

以上思路设计端赖瞿老整体主义的方法论，即探寻汉至清代法律特点有无重大变化，梳理法律发展亘古未变的中国特色和基本精神。整体性分析有助于恰当理解法律的运作实态，分析法律为何在社会运转中失效。同时，书名将"法律"放在"社会"之前，即将法律置于社会框架内剖析其功能发挥的利与弊，是从社会结构的功能主义出发的研究进路，充分体现了瞿老运用社会学理论的自觉。这与当前法学研究者看重理想主义的规范重建不同，瞿老利用整体史观，站在功能主义的立场，为中国社会法律建设重新把脉，深层次揭示清末以来全盘移植西方国家的法律以解决中国治理功能危机为何失效的问题。

在论证的过程中，社会学和历史学出身的瞿老并非法律外行，反倒对历代法律史料信手拈来，而且利用社会学方法训练的优势，将历代律典、法律人物传记、司法案例等各类资料恰当地整合在一起，且兼及国外法律习俗，甚至还征引了非洲部落的习俗，如非洲 Bantu 部落将蜥蜴放在疑犯的鼻尖，若蜥蜴咬住了疑犯鼻子，则被认为有罪。这与上古时代皋陶利用独角兽判案异曲同工，可以说瞿老是较早从事中西法律传统暗合与差异研究的学者，展现了他力求沟通古今和中外的努力，让其经典结论"家族和阶级是中国古代法律的基本精神和主要特征"牢固可靠。瞿老通过以上思路和方法，深入浅出地勾勒了中国法律与社会对国家秩序建构的关键线索，将复杂的历史简单化地呈现。正如韩愈《进学解》所言："先生之于文，可谓闳其中而肆其外矣。"此句可以用来恰当地评价瞿老的这部经典之作。

在美发现学术：开创法社会学研究范式

1944 年，瞿老应德裔美籍社会史学家魏特夫邀请，有机会进入美国学界研究中国史二十余年。在瞿老 1965 年辞职回国后，魏特夫评价瞿老的成就，认为他已经将中国社会和历史的研究提高到了新的水平。

魏特夫表示："一本书有一本书的命运，在这个计划里面，世界大战和中国的发展都留下了印记。"《中国法律与中国社会》原本是在探讨传统中国社会与法律关系的问题，背后却是试图解析世界格局与中国变革的问题，因此，该书不仅具有单纯知识上的意义，还具有爱国动员的启蒙意义。该书诞生于抗战的烽火岁月，在同样是热血青年的瞿老看来，民族的救亡图存该从唤醒历史开始。该书首先是作为云南大学和西南联大学生的讲稿出现，意在启蒙青年学生：唯有了解过去之中国，才能正视现在之中国，进而建设未来之中国。在当时动乱的中国写作该书，其启蒙意义高于学术价值。虽然学术与政治当保持距离，但是在战火纷飞的岁月，学术必然卷入政治。

当时中国的现代化进程面临许多历史的制约因素，其中家族和阶级传统便是最为关键的现代化障碍。不过，即便是西方式的现代化——利用人权和平等改造过的法律来规制社会，扎根于传统不平等土壤下的中国社会也依然会被顽强抵制。瞿老即针对此问题开始撰写经典，然与其同门费孝通的《乡土中国》以及林耀华的《金翼》不同的是，瞿老能打通社会、政治和法律，以法社会学真正融合交叉的视角来观察传统中国法律与社会的关系。写作该书之时，瞿老任教于云南大学社会、政经、法律三系，正是这种跨系任职的机遇才促使他超越单纯的法学和社会学研究，探讨法律和社会的关系在国家治理中的意义。

瞿老通过传道授业解惑，向有志青年启蒙中国现代化行进障碍的关键问题，尤其是从历史传统中寻找现代化障碍的根源，辅之以古今中外纵横对比，颇有说服力，遂凭借此书一举成名。可以说，该书不仅是法律史社会化研究的经典之作，更是国家现代化治理的扛鼎之作。就此而言，该书的经典之处不仅塑造了法社会学的中国研究范式，而且启蒙了中国青年思考国家命运的历史缘由。在瞿老的眼里，他根本不认为历史与现实可以分离，因为从其中文书名中，我们很难看到"历史"二字，仅是在1961年由巴黎和海牙穆东书店出版的英文版，才重命名为《传统中国的法律与社会》，这一改变当是瞿老在进入美国东亚史学界后历史学术自觉的结果。

最后，这本书之所以成为经典，并非是中国学术界率先发现其价值，反倒是欧美学界力捧此书。国难当头之际，三尺讲台上，瞿老育人启蒙的初心当是这本书问世的主要目的。只有进入了欧美中国史学术圈后，该书才从启蒙教材转变为学术专著，成就经典之说。虽然学界认为瞿老开创的法社会学研究范式至今仍然无人超越，但其经典的启蒙价值更让当今学者难以望其项背。

50. 民国战时"抗战夫人"是如何挑战婚姻法的？

民国"抗战夫人"与原配夫人战后的夺夫之争

抗战全面爆发后，国人大规模迁移，尤以青壮年男性居多，众多夫妇失联。身在前线的夫君另娶夫人，即"抗战夫人"。据不完全统计，重庆官员另娶"抗战夫人"者不下二三万人，且在各战区前线，长官多默许部下置办"抗战夫人"，多是争取属下的忠诚支持，至少还有数十万。① 战后纸里包不住火，原配夫人遂与"抗战夫人"展开夺夫之争。一位名叫陈季政的女士抛开面子，于1946年10月同丈夫萨本驹对簿公堂，控告其犯有通奸罪，将"抗战夫人"这一普遍存在的战争情感婚姻问题诉诸公堂。

萨本驹先在上海从事地下抗日工作，立有战功，曾助英美侨民和官员从敌占区内逃脱而遭日人逮捕，备受酷刑，之后受到蒋介石褒奖；后调至安徽黄山屯溪工作时，与女同事史璧人相恋，公开同居。但史璧人并不知萨已有家室，同萨育有一子。萨本驹出身名门，是中国近代著名的海军上将萨镇冰（1859—1952）的侄孙。萨镇冰先后担任过清朝的海军统制（总司令）、民国海军总长等要职，还曾代理过国务总理，可谓德高望重，本案因此在当时轰动一时。该案尘埃落定后，"抗战夫人"与原配夫人的婚姻纠葛被搬上了银幕。1947年10月，由蔡楚生、郑君里导演的电影《一江春水向东流》特地选择在萨本驹案的审理地上海上映，《申报》对该片宣传道："沦陷夫人携翁姑，携幼子，含辛

---

① 韩学章:《"抗战夫人"与"沦陷夫人"》，载《现代妇女》1947年第4期。

茹苦！抗战夫人迎新欢，恋旧宠，淫逸骄奢！"当时"满城争看一江春"，首轮公映六周，观影人数约52万人，占上海全市人口的10.39%，可见战后夺夫之战的热度。

萨本驹案的审判结果与民国法官的审判考量

在陈季政自诉后，检察官以妨碍婚姻罪（重婚罪与通奸罪）对萨史二人提起公诉，一审判决萨史两人各处有期徒刑四个月，缓刑两年，如易科罚金，则以五百元折算一日。根据1935年《中华民国刑法》第237条规定："有配偶而重为婚姻或同时与二人以上结婚者，处五年以下有期徒刑。其相婚者，亦同。"第239条规定："有配偶而与人通奸者，处一年以下有期徒刑。其相奸者，亦同。"而第55条则规定："一行为而触犯数罪名或犯一罪而其方法或结果之行为犯他罪名者，从一重处断。"因此，本案应依重婚罪对萨本驹重惩，但只判其四个月有期徒刑，且缓刑两年，并判处易科罚金。而按照第41条规定："犯最重本刑为三年以下有期徒刑以下之刑之罪，而受六个月以下有期徒刑或拘役之宣告，因身体、教育、职业或家庭之关系执行显有困难者，得以一元以上、三元以下折算一日，易科罚金。"显然若按重婚罪论处萨本驹，其根本不适用易科罚金。退一步讲，南京国民政府自1935年开始发行法币，抗战胜利后通货膨胀完全失控，十年时间物价上涨了几千倍。"以五百元折算一日"的判罚轻得简直可以忽略不计。

法官似乎有意偏袒，因为还有其他的因素影响了判决结果。萨的辩护律师提出："萨曾奉委员长之命，营救英大使陆军武官韩达中校，裘瑞德少校，及开滦煤矿总经理兼英国新闻处长华慈等至渝……因而获委员长之褒奖，此事虽与本案主体无关，但萨有功于国家，亦可作判决时之参考。且萨与史之结合，实基于同事工作之感情密切之关系。"[①]1949年英国政府还特意为萨颁发奖状勋章对其嘉奖。时值国府审判系统推行"党化司法"，司法官国民党化，审判"党义化"均对有功于党国的萨本驹辩护有利。在国共内战之际，保护抗战有功之臣，免除前方

---

① 《见闻》（上海）1946年第1卷第14期。

将士因婚姻而受审的后顾之忧是法官需要考虑的社会因素。因一审违法判决了易科罚金，二审予以撤销，但维持了两年缓刑，并称若通奸再次发生，将执行四个月有期徒刑。宣判后，萨本驹并未回到原配身边，到次年8月，陈季政又侦查得知萨史二人同居，有继续通奸情事，遂报警将二人逮捕。8月19日，双方代理律师谈判协商，由萨氏给付陈季政生活津贴3亿元，二人宣告离异，陈的夺夫之争到此终结。1947年7月30日的《大众晚报》刊载了不同年份100元法币购买力的变化：在1938年尚可买一头大牛和一头小牛；到1946年只可买一个鸡蛋；1947年可买一只煤球；1948年仅能买4粒大米，足以证明3亿元法币并不多。① 显然陈女士虽胜犹败。

为何法院让当事人和解，而未执行四个月的刑期？考虑到萨本驹对当时国共战局亦有帮助，且熟悉地下情报工作，也因立功表明了对党国的忠诚之心，尚有可供利用的价值。故而为了奖掖英雄，维护党国形象，激励前方作战，法院并未动真格。另外，情感问题也不可勉强，即便是服刑四个月，萨史二人依然会继续同居，惩罚萨本驹对两个女人而言都将是悲剧。这都是战争带来的情感纠葛，同和平年代的重婚或通奸不同，还不如直接交由当事人协商，反倒可以帮助两个女人脱离苦海，正所谓女人何必为难女人。以上是法官站在当事人的立场行使司法权的考量。

因萨本驹属文职军人，且婚姻案件属于隐私，该案件审理过程中还涉及很多国家军事行动秘密，但官方为何选择公开审理？主要是此案不但具有轰动效应，而且具有示范效应。国府司法系统欲通过此案的审理树立典型，以禁绝此类案件的大规模诉讼难题。同时，国共酣战之际，司法系统也想通过此案审理免除前方战士涉诉之忧，为战争出力，这是法官必须要考虑到的部门利益和党国利益。

民国婚姻法对"抗战夫人"的直接和间接保护

为了激励士气，保护军婚始终是立法的首要考量。1938年10月12

---

① 陈雁：《性别与战争：上海1932—1945》，北京：社会科学文献出版社2014年版，第251－252页。

日，国府就颁布了《优待出征抗敌军人家属条例》，且在1938年12月31日、1940年4月5日、1941年12月30日三次修正，可见其重视程度。该条例第30条规定："出征军人在服役期内，其妻或未婚妻无论持何理由，不得离婚或者解除婚约。"1943年8月11日，再次颁布的《出征抗敌军人婚姻保障条例》第2条亦规定："出征抗敌军人在出征期内，其妻不得请求离婚。"正是因为有法律的优待，前方将士才有恃无恐，为了慰藉贫乏而单调的军旅生活，解决生理和心理之需，他们迎娶"抗战夫人"便无所顾忌，一时间成为军中风尚。

若原配夫人放弃民事诉求，直接以丈夫涉嫌重婚罪或通奸罪进行刑事指控是否可行？当时重婚罪和通奸罪均为亲告罪，先自诉再由检察院提起公诉，但需要提交明确的证据，这对于身在大后方的原配而言十分艰难。是否与他人举行公开的结婚仪式是重婚罪认定的重要证据。1931年施行的《中华民国民法·亲属篇》第1052条规定："结婚，应有公开之仪式及二人以上之证人。"当时"抗战夫人"和有妇之夫的结合流行在报纸上登载《同居启事》，以绕开公开的结婚仪式。据称，自1942年10月至1944年3月止，《贵阳中央日报》及《贵州日报》每天都有此类启事，最多的一天有16条。① 通奸罪就更难认定，需要通奸者双方的供认，如果只有一方供认，则还需要被害人陈述、物证、证人证言等证据。即便能够收集到明确的证据，胜诉只能是将夫君绳之于法，失去了夺夫之争的目的。同时，民国法律未禁止纳妾，但妾并无法律地位。《中华民国民法·亲属编》第1123条规定："虽非亲属而以永久共同生活为目的的同居一家者，视为家属。"这种模糊的"家属"用语目的是便于让"抗战夫人"与原配夫人合法地共同生活在一个屋檐下。

刑事判决不能直接判处离婚，也不能成为离婚请求的依据。更何况离婚对于原配来说好处不多，传统的贞节烈女观正在消失，最后她们可能会落得个不支持抗战、不明事理、无理取闹的闲话笑柄。依旧生活在传统夫权下的贫苦女性更不会诉诸司法，公开解决在外人看来近乎丑闻

---

① 岑家梧：《从婚姻广告观察中国战时婚姻问题》，载《社会建设月刊》1948年第7期。

的家事。毕竟，丈夫另娶一定程度上也说明原配不够"贤惠"。原配夫人倒不如效仿夫君，找个"抗战丈夫"过日子来得痛快和安稳。1943年的《出征抗敌军人婚姻保障条例》正是为了防范原配再嫁，还规定了"出征期内，其妻与他人订婚者，婚约无效，处六月以下有期徒刑、拘役或一千元以下罚金。其相与订婚者亦同。其妻与他人重行结婚者，撤销其婚姻，处七年以下有期徒刑，并处五千元以下罚金。其相婚者亦同"。立法保护并不能阻碍"抗战丈夫"，虽然传统女性有"一女不得事二夫"的保守观念。夫妻之间相互成全也算是弥补战争这一"不可抗力"对事实婚姻予以默认的法律伤痛。在萨本驹案中，二审法院最后选择放任自理，一定程度上抵消了战时婚姻法对"抗战夫人"的保护。

南京国民政府对"抗战夫人"案的应对及后果

针对战后可能集中爆发的大规模婚姻诉案，1944年就有学者建议"国家若想依法办理，最好多设监狱；否则预先要在立法上或法律的解释上准备下一个补救的方法"①。1945年后，《力行日报》曾报道首都南京地方法院也建议"立法院重新定立适合目前情况之婚姻暂行条例"。但在新条例出台之前，"凡在后方之公职人员娶有抗战夫人，不论沦陷夫人或抗战夫人前往告发者，法院概不受理。抗战与沦陷两夫人是同居是分居或是分离，一由本人自行解决"。可见，"抗战夫人"当时已经不再限于前方将士，后方公职人员亦有加入。当事人的范围扩大至整个国府军政队伍，影响相当广。因此，为了维护国府形象和公信力，地方法院才建议只有从立法上彻底解决，方能化解这一普遍存在的婚姻社会危机。在此之前，最好避免进入司法程序，浪费本已稀缺的司法资源，而交由当事人自行处理，婚恋毕竟属于传统观念上的"家务事"，清官难断。当代废除通奸罪，且婚姻案以调解为前置程序皆是如此逻辑。而避免进入司法程序有诉讼法之依据，当时要求离婚之案件须符合"告诉乃论"的标准，且在知悉丈夫另娶事实的六个月内提出诉

---

① 王政：《家庭新论》，重庆：中国文化服务社1944年版，第68页。

讼，逾期则被视为有宥恕或纵容之意，则不再受理。① 抗战胜利后，这些案件大多已过诉讼时效，而抗战是否可以作为诉讼时效中止或中断事由则由法院酌情认定。于是，多数"抗战夫人"案就这样被驳回了。即便进入审判程序，像萨本驹案最后也是交由当事人自行协商处理。

  总之，不论夺夫之争涉及的是民事案件还是刑事案件，按照"法不责众"的逻辑，当一个看似违背婚姻忠诚的违法或犯罪事实存在之时，作为一个已经宣称进入宪政阶段的政府，既不能接受学者和地方法院的建议制定明显违背女权主义的法律支持军人和"抗战夫人"，也不能制定违背党国利益的法律支持原配夫人。在这个立法两难的抉择下，国府唯一可行的办法是通过司法将婚姻纠纷推给民众自力救济。1947年1月1日，国府鉴于"抗战八载，艰苦异常，民不安生，易触法纲，显与平时情形不同"，凡"犯罪在中华民国三十五年（1946）十二月三十一日以前，其最终本刑为有期徒刑以下之刑者，均赦免之"。这一赦令并不适用萨本驹案，但已是国府在处理"抗战夫人"问题上的最后且最好的选择。而这一做法只是从刑法上了结了"抗战夫人"案，并没有从民法上解决夺夫的诉讼战。加上战后舆论对"抗战夫人"大多持反感态度，这种大赦无法得到那些尚未真正解放、依然是弱势群体的民国女性，尤其是一些女权主义者的认可。最终，国民党政府未能通过立法和司法正义抚慰战争所带来的婚姻创伤，这或许出于法律对待战时私人情感问题的无奈，也可能是南京国民政府不得民心全盘失败的法律根源。

---

  ① 吴俊范：《舆情、消费与应对：抗战胜利后上海的"抗战夫人"问题》，载《史学月刊》2017年第4期。

后 记

本书是我近年来对教学过程中有疑虑的问题进行解答的成果，大部分已经以更为短小精悍的篇幅发表在《法制日报》《人民法院报》《检察日报》《民主与法制时报》《南方都市报》上，前后历时三年完成，可以说这是在不断进行自我反思和自主教育，以提升三尺讲台自信的自觉，方不负前贤对传道授业解惑的谆谆教诲。

正所谓教学相长，本书所选问题均由我首先提出，而后查询资料、搜集线索、草拟思路，再交由有兴趣的学生完成初稿。待学生完成后，我都逐字逐句批阅，进一步论证修改，某种程度上相当于重写。其中部分题目是课堂的讨论话题或结课作业，少部分题目是学生自问自答，完成后交由我评阅。待我修正定稿后，再与学生讨论，以期实现以教促研，以研促教，让科研真正成为兴趣所在并真正为教学服务。为了鼓励学生大胆思考并热心写作，从字里行间感受中国法律史学习的乐趣和意义，在文章刊发之际，我都会和学生共同署名，因此，但凡参与写作和讨论的学生对本书均有特别的贡献。

在此要特别感谢的是华南理工大学法学院2016级硕士研究生张艺萍（现为中南财经政法大学法学院2019级博士研究生）、邓灵灵、李艳玲；2017级硕士研究生陈雅雯、魏静玉、何东妮、梁君如、周慧、刘阳；2018级硕士研究生龙舒婷；2019级硕士研究生姚继玲，以及华南理工大学法学院2011级本科生江怡（现为暨南大学法学院2020级博士研究生）；2012级本科生林敏静（现为中国政法大学法学院2019级博士研究生）；2013级本科生胡婕、陈奥；2014级本科生谭谨宜；2015级本科生徐翼（现为中山大学法学院2019级硕士研究生）；2016级本科生丘傲楠、钟楷；2017级本科生张晨曦、李偲祺、陈丹婷、牛辰宁、胡李灵、雷婧、余澳东、殷瑞轩、许鑫元，以及2018级本科生曾潞明。正是因为有了你们，才让我有了思考和写作的动力。师生戮力同心，薪火相传，人才辈出，唯愿中国法律史后有来者。

　　本书得以尽快成稿，承蒙美国密歇根韦恩州立大学法学院秦娅教授的邀请，有幸成为该院2019—2020年度访问学者，让我有较为宽松的学术环境和时间整理思绪。自求学以来，我一直在探寻入门之道，多年来始终有"只在此山中，云深不知处"的迷茫。近三年来细细打磨，待本书问世方有"采菊东篱下，悠然见南山"的舒畅。尽管本书只能算作中国法律史极其微小的注脚，但若能给正在学习探寻中国法律史奥妙的诸生些许启发，已属一大幸事。

　　愿史学繁荣，法治昌明。

沈玮玮

2019年12月31日

于美国密歇根州索斯盖特市寓所